Connell Cowan/Melvyn Kinder
Was Männer wirklich wollen

Connell Cowan/Melvyn Kinder

Was Männer wirklich wollen

Deutsch von Ulrike von Puttkamer

ECON Verlag
Düsseldorf · Wien · New York

Titel der amerikanischen Originalausgabe:
Women Men Love, Women Men Leave
Originalverlag: Clarkson N. Potter, Inc., New York
Übersetzt von Ulrike von Puttkamer

CIP-Titelaufnahme der Deutschen Bibliothek

Cowan, Connell:
Was Männer wirklich wollen / Connell Cowan; Melvyn Kinder.
Dt. von Ulrike von Puttkamer. –
Düsseldorf; Wien; New York: ECON Verl., 1988
Einheitssacht.: Women men love, women men leave <dt.>
ISBN 3-430-11936-7
NE: Kinder, Melvyn:

Gesetzt aus der Candida der Linotype GmbH
Satz: Computersatz Bonn
Papier: Papierfabrik Schleipen GmbH, Bad Dürkheim
Druck und Bindearbeiten: Pustet, Regensburg
Printed in Germany
ISBN 3-430-11936-7

Für Casey, die Frau, die ich liebe, und für Sean, Coby und Joey sowie für die Frauen, die sie eines Tages lieben werden.

C. C.

Für Sara, kluge Vertraute und liebevolle Frau, die ich von Jahr zu Jahr mehr liebe, und für unsere Kinder Eric und Alexandra.

M. K.

Inhalt

Erster Teil

Frauen, von denen Männer sich abwenden

1. Kapitel Warum Liebe so schwer zu fassen scheint

Auf viele Frauen wirken Männer heute verwirrend, ja, unbegreiflich. Sie scheinen nach undurchsichtigen Spielregeln zu funktionieren, die Frauen nie ganz begriffen haben.

Victoria (30) ist Krankenschwester in einer Großstadtklinik. Sie wäre bereit zu heiraten und eine Familie zu gründen, aber – wie vielen anderen Frauen heute – auch ihr gibt das männliche Verhalten Rätsel auf. »Ich helfe Männern jeden Alters durch alle Arten medizinischer Krisen, aber wenn es sich um Beziehungen handelt, habe ich keinen Schimmer, was im Kopf eines Mannes vor sich geht. Was wollen sie? Was muß man tun, damit sie gerne einen Telefonanruf beantworten? Wie verwandelt man ein paarmal Zusammensein in eine Beziehung und wie hält man sie in Gang? Ich habe es so satt, nach Hause zu gehen, wo die Einsamkeit mir weh tut und ich das Gefühl habe, daß sich nie etwas ändern wird.«

Donna ist eine 41jährige Anwältin und seit neun Jahren verheiratet. »Ich habe mich sehr verändert, seit Tom und ich damals geheiratet haben, aber das scheint er nicht zu schätzen. Ich weiß nicht, ob er sich eingeengt fühlt oder was, aber ich wünschte, er würde sich für das interessieren, was in mir vorgeht!« Donna möchte eine größere Intimität im Verhältnis zu ihrem Mann, hat aber keine Ahnung, wie sie das erreichen kann.

Arlene (28), Einkäuferin für ein Warenhaus, geht immerzu aus, aber nie öfter als drei- oder viermal mit demselben Mann. »Zum Schluß erfinde ich immer eine Rechtfertigung für mich. Manchmal lasse ich den Kerl fallen oder ziehe die Sache ins Lächerliche. Jetzt, um die Dreißig herum, fürchte ich, daß ich nie einen Mann dazu bringen werde, mich zu lieben. Alle meine Freunde sind gebunden, und ich verstehe nicht, warum ich nicht.« Arlene weiß, daß an ihrem Verhalten etwas ist, was die Männer vertreibt, aber sie weiß nicht, wie sie dieses selbstvernichtende Verhalten ändern soll, das sich manchmal schon beim ersten Rendezvous in Gang setzt.

Cecile, eine 36jährige Graphikerin, lebt seit 18 Monaten mit einem Mann zusammen und beschreibt ihre zunehmende Beunruhigung: »Ich weiß zwar, daß Rusty mich liebt und wohl auch heiraten möchte, aber trotzdem mache ich mir Sorgen. Immer wieder höre ich von Freunden, die sich kurz vor ihrer geplanten Verlobung getrennt haben. Meine Gefühle sind so widersprüchlich. Ich habe Angst, ihn zu drängen, aber gleichzeitig kann ich nicht einfach passiv bleiben und nichts sagen.« Wenn Cecile verstände, warum Männer sich schließlich an eine Frau binden, wäre sie nicht so besorgt. Doch da ihr diese Einsicht fehlt, kann sie ihrer Angst nicht entkommen.

Der gemeinsame Faden, der sich durch das Leben all dieser Frauen zieht, ist der drängende Wunsch, das Wesen der männlichen Liebe zu begreifen. Ob erste Verabredung oder jahrelange Ehe, sie möchten das Gefühl haben, daß sie den Gang der Liebe beeinflussen, ihre eigene Anziehungskraft auf den Mann steigern und seine Bindungsbereitschaft stärken können. Aber leider fühlen sie sich außerstande, diesen Wunsch in Wirklichkeit zu verwandeln.

Warum ist Liebe so rätselhaft?

Wir alle möchten reiche und erfüllende Beziehungen finden und sie hegen und pflegen. Wenn wir also alle dieselben hoffnungsvollen Absichten haben, warum schwindet die Liebe dann so leicht; warum leben Paare sich auseinander? Warum blüht die Liebe für die einen in voller Pracht, scheint aber bei anderen nie Wurzeln zu schlagen?

Beziehungen lösen sich in der Regel nicht wegen größerer Konflikte – diese werden erstaunlich häufig auf konstruktive Art bewältigt. Viele Partnerschaften sterben langsam und ohne bewußte Wahrnehmung der Betroffenen. Eine feine Trennlinie verläuft zwischen einer Beziehung, die sich positiv entwickelt, und einer, die stumm in Apathie verfällt oder zu einer Ansammlung von Enttäuschungen und Groll wird. Die meisten von uns wissen nicht, wo diese Linie entlangläuft, und haben kein Gespür für die Wegweiser, denen sie eine Zeitlang folgen könnten.

Sobald wir begriffen haben, was Beziehungen beeinträchtigt, sind wir imstande, Veränderungen einzuleiten. Manche Männer und Frauen glauben zwar, Liebe sei etwas zu Besonderes, Zerbrechliches und Wundersames, um hineinzupfuschen. Die Wirklichkeit ist jedoch, daß Liebe nicht von Launen des Schicksals gesteuert wird, sondern von besonderer Psychologie – von der Einsicht und Voraussicht, wie Menschen sich in gewissen Situationen verhalten werden. Wenn jemand verliebt ist, fühlt er sich steuerlos, »hingerissen« vor Verliebtheit, und doch innerlich pessimistisch und hilflos, wenn in der Liebe etwas auf mysteriöse Weise schiefgeht. Ist es nicht besser, ein gesundes Verständnis für die Dynamik der Liebe zu besitzen? Hoffnung und Optimismus gehen nie fehl, wenn sie auf Wissen und Gewißheit aufgebaut sind.

Die Stimmen, die wir zu Beginn dieses Kapitels gehört

haben, fragen im wesentlichen: »Wie finde ich Liebe, und wie erhalte ich sie lebendig?« Es gibt Antworten auf diese Fragen. Es *ist* möglich, diese wunderbarste, schönste und notwendigste Lebenserfahrung zu beeinflussen. Eine Frau *kann* lernen, auf männliche Gefühle des Vertrauens, der Freundschaft und der Leidenschaft einzuwirken.

Die Fähigkeit, Veränderungen zu schaffen, ist weder ein Zufall des Schicksals noch eine instinktive Eigenschaft, die nur wenige Frauen besitzen. Der erste Schritt besteht darin zu begreifen, daß Wissen und Information den Lauf der Liebe beeinflussen können.

In den vergangenen zwanzig Jahren ist viel über die Hoffnungen, Träume und geheimen Ängste von Frauen geschrieben worden. Leider gab es keine vergleichbaren Informationen über die Entwicklung des Wesens der männlichen Psychologie, vor allem im Verhältnis zu Frauen. Neben dieser Informationslücke gibt es aber auch noch einen anderen Grund, warum Männer für Frauen so unbegreiflich sind. Tatsache ist, daß es Männern allgemein nie so sehr darum ging, von den Frauen zutiefst verstanden zu werden. Die »männliche Mystik« hat den Männern sehr dabei geholfen, die Wahrheit über ihre Ängste und Unsicherheiten zu verschleiern; dadurch wurden sie davor bewahrt, für Frauen eine Enttäuschung zu sein. Aber trotz dieses Wunsches, sich stark und unangreifbar zu fühlen, empfinden Männer ein noch zwingenderes Bedürfnis, von der Frau, die sie lieben, auch verstanden zu werden.

Der Wunsch nach Liebe

Das Verlangen, mehr über das andere Geschlecht zu wissen, scheint heute stärker als je zuvor, und zwar aus einigen besonderen Gründen. In den letzten Jahren haben Männer und Frauen begonnen, sich wieder mehr der Ehe und der Familie zuzuwenden und sie als Teile einer allgemeinen Rückkehr zu traditionellen Werten zu schätzen. Infolge einer Desillusionierung über die Freuden des Single-Daseins, der wachsenden Sorge über Geschlechtskrankheiten und des daraus folgenden Endes der sexuellen Revolution bevorzugen Männer und Frauen wieder einen mehr konservativen und monogamen Lebensstil.

Für manche Frauen gibt es außerdem ein paar spezielle und ziemlich unentrinnbare Zwänge. Frauen aus der Generation des Baby-Booms – Frauen zwischen 25 und 40 – wünschen sich in steigender Zahl die Ehe und Gründung einer Familie, solange sie das noch können. Zudem haben viele von eben diesen Frauen ihre erfolgreichen Karrieren nicht so ausfüllend gefunden, wie sie erwartet hatten. Ziemlich desillusioniert und dabei sich ihrer biologischen Uhr schmerzlich bewußt, wollen daher viele alleinlebende Frauen dieser Generation einen Mann finden und eine feste Bindung entwickeln.

Dieser Wunsch nach Bindung hat neue Beunruhigungen entstehen lassen. Frauen wünschen zwar eindeutig eine feste Bindung, sind aber überzeugt, daß die meisten Männer eine solche Bindung nicht wollen. Wir glauben, daß das Gegenteil der Fall ist, und werden überall in diesem Buch Informationen darüber anbieten, was eigentlich das Besondere an einer Frau ist, das den Mann wünschen läßt, sich wirklich an sie zu binden. Wir werden auch erörtern, welcher grundlegende Unterschied zwischen Männern und Frauen in bezug auf das »Timing« von Bindung und Heirat besteht – eine ganz reale Ursache für Spannungen. Denn dieser Unterschied vor allem trägt zu dem Mythos bei, Männer wollten sich eigentlich nicht binden.

Männer unter 35 scheinen oft bindungsunwillig, weil sie von Arbeit und Karriere in Anspruch genommen sind. Vor allem in den achtziger Jahren mit ihrer starken, neuen Leistungsethik und dem Aufkommen einer neuen, materialistischen »Yuppie«-Philosophie schieben Männer die Eheschließung lieber noch länger auf als in der Vergangenheit. Das bedeutet allerdings nicht, daß sie nicht im Grunde wünschen, eine Beziehung einzugehen. Es heißt vielmehr, daß ihr äußerst konzentriertes Engagement im Beruf vorherrscht. Im Gegensatz zu Frauen haben Männer keine biologischen Uhren, die sie zu einer Neuordnung ihrer Prioritäten zwingen.

Das Bedürfnis nach Liebe setzt nicht nur alleinstehende Frauen, sondern ebenso verheiratete unter Druck. Auch sie machen sich Sorgen, wie es um die Beziehung zu ihren Männern steht. Die Grundstruktur ihrer Ehe mag noch so stabil erscheinen: Eine Frau spürt oft Spannungen, fühlt, daß sie ihren Mann enttäuscht und selbst auch enttäuscht ist, und weiß vielleicht nicht, wie sie das ändern kann oder ob eine Veränderung überhaupt möglich ist.

Ein paar grundlegende, aber wenig verstandene Unterschiede zwischen den Geschlechtern erklären viele der Verwirrungen und Spannungen, die in Liebesbeziehungen auftreten. Kennt man die Ursachen für diese Unterschiede und begreift man, wie solche Unterschiede die Beziehungen beeinflussen, wird der Kontakt zwischen Männern und Frauen weitaus verständlicher und weniger entmutigend.

Spannungen zwischen den Geschlechtern

Die meisten Menschen scheinen anzunehmen, daß Frauen stets zur Liebe bereit, Männer dagegen ambivalenter seien – sie könnten lieben oder auch nicht; Frauen sei Monogamie und Treue eher angeboren, während Männer polygam seien und eher geneigt auszubrechen, sogar dann, wenn sie von der Frau, die sie lieben, anscheinend alles bekommen haben; Männer seien weniger zu Intimität fähig und fühlten sich darin nicht so wohl, während Frauen der Liebe mühelos vollen Ausdruck verleihen; Männer seien nur in der Werbung romantisch und ihre amourösen Gesten bloße »Tricks«, auf die sie verzichteten, sobald sie sich der Liebe einer Frau sicher fühlten; Frauen seien liebessüchtig, Männer dagegen wichen der Liebe aus; Frauen ließen sich gern hinreißen und Männer würden dagegen gern in einer Beziehung gehätschelt.

Tatsache ist, daß alle diese Behauptungen etwas Wahrheit enthalten. Da liegen die Ursachen der uralten Spannungen und Mißverständnisse zwischen Männern und Frauen – des Kampfes der Geschlechter. Zweifellos haben Sie diese merkwürdigen Spannungen auch schon in Ihrem eigenen Leben empfunden. Sie sind damit nicht allein – wir alle kämpfen mit ihnen. Männer und Frauen waren schon immer voneinander fasziniert und gefesselt, empfanden aber auch Argwohn und Frustration.

Der Ausdruck »Kampf der Geschlechter« entstand, weil sich bei Männern und Frauen, die sich zueinander hingezogen fühlen, Empfindungen wie Argwohn und Verdacht noch steigern. Warum ist das eigentlich so? Welche Gründe haben Männer und Frauen, die sich brauchen und begehren, gleichzeitig so vorsichtig zu sein, so leicht enttäuscht und frustriert? Für dieses komplexe Dilemma gibt es eine einfache Erklärung: Männer und Frauen sind verschieden. An manchen dieser Unterschiede haben wir unsere Wonne, und doch gelingt es uns einfach nicht, viele andere zu verstehen, geschweige denn zu schätzen.

Vielleicht stammt der grundlegende Konflikt zwischen Männern und Frauen aus dem fundamentalen Unterschied, wie sie Intimität betrachten – was sie bedeutet, welchen Stellenwert sie in ihrem Leben hat und wie wohl sie sich damit fühlen. Das bedeutet nicht, daß ein Geschlecht stärker zur Liebe fähig ist als das andere. Es besagt, daß die Geschlechter die Liebe verschieden sehen und Nähe unterschiedlich erleben. Unsere Enttäuschungen in der Liebe kommen daher, daß wir diese primitiven Unterschiede nicht in Betracht ziehen.

Auf dem Weg zur Intimität

Frauen und Männer nähern sich der Liebe auf verschiedenen Wegen aufgrund ihrer Kindheitserfahrungen: Jungen bilden ihre Identität und ihr Ich-Gefühl heraus, indem sie sich von ihren Müttern lösen und sich nach ihren Vätern formen, während Mädchen ihr Selbstgefühl durch ein ständiges Zugehörigkeitsempfinden zu ihren Müttern, die ihr Vorbild bleiben, entwickeln. Diese einzige Variation zwischen Jungen und Mädchen ist für Myriaden von Verwirrungen und Mißverständnissen verantwortlich, die entstehen, wenn Männer und Frauen lieben.

Intimität tritt ein, wenn wir unsere innersten Gedanken und Gefühle offenbaren und unser Partner uns dasselbe Geschenk zurückgibt. Intimität ist eine Voraussetzung für die Liebe und das Knüpfen eines dauerhaften Bandes mit einer anderen Person. Um Ihnen dabei zu helfen, wie Sie sich die kritischen Unterschiede im weiblichen und männlichen Umgang mit Intimität vorstellen können, haben wir eine sogenannte »Skala der Intimität« entwickelt.

Stellen Sie sich Bedürfnis und Wunsch nach Intimität auf einer Skala eingeordnet vor, mit »Bindung« am einen und »Getrenntheit« am anderen Ende. »Getrenntheit« stellt den Zustand des Alleinseins, der Autonomie, der Unabhängigkeit dar. »Bindung« ist die Erfahrung, sich verbunden, nahe zu fühlen – im äußersten Fall: vereint mit einer anderen Person.

Skala der Intimität

Getrenntheit .... Bindung

Jeder von uns besitzt eine optimale »Bindungszone«, die anzeigt, bei welchem Grad der Intimität wir uns am wohlsten fühlen.

Obwohl Männer und Frauen die Liebe gleich bewerten und dem Finden und Erhalten einer engen Verbindung dasselbe Gewicht und dieselbe Bedeutung beimessen, unterscheiden sich ihre Plätze auf der Skala der Intimität oft auffallend. Solche Unterschiede zwischen Männern und Frauen stellen allgemeine Muster dar, was bedeutet, daß es in speziellen Fällen immer Ausnahmen gibt. Manche Männer sind stärker auf Intimität bezogen als Frauen im allgemeinen, und manche Frauen sind Männern ähnlicher, weil sie ein starkes Bedürfnis nach Unabhängigkeit und Autonomie haben.

Affinität: Wie Frauen sich binden. Bei unserer therapeutischen Tätigkeit haben wir herausgefunden, daß Frauen in einer Beziehung durch ihr Bedürfnis nach Nähe und Verbundenheit viel stärker motiviert sind als Männer. Die Bindungszone einer Frau – der Punkt auf der Skala der Intimität, wo sie sich besonders wohl und ausgefüllt fühlt – ist sehr nahe dem Bindungsende der Skala. Das ist der Punkt, wo sie sich mit einem Mann einzurichten sucht.

Bindungszone der Frau

Getrenntheit ....(Verbindung) >>>> Bindung

Die Ursprünge dieser mächtigen Triebkraft, die wir den Affinitäts-Faktor nennen, lassen sich in den frühesten Erfahrungen eines Mädchens finden. Die Welt eines Kleinkindes ist gänzlich auf die Mutter ausgerichtet, und das kleine Mädchen schöpft ein Gefühl der Kraft aus der Beständigkeit dieser Beziehung. Nähe bleibt für immer mit Sicherheit verknüpft. Etwa um das zweite Lebensjahr beginnt der Entwicklungsprozeß der eigenen Identität, das kleine Mädchen fängt an, seine magisch-mächtige Mutter zu imitieren. Auch dabei lernt es, daß Stärke aus Zugehörigkeit, Bindung und Nähe erwächst.

Im Heranwachsen bleibt dem Mädchen eine starke und dauerhafte Erinnerung an dieses idealisierte Band, an diese Tiefe der Intimität. Wenn aus jungen Mädchen Frauen werden, so erfolgreich oder karriereorientiert sie dann auch sein mögen, bleiben doch die Gefühle der Sicherheit, die so stark mit der Mutterbindung einhergehen, im Unbewußten vorhanden und üben einen mächtigen Einfluß aus. Diese frühen Erfahrungen sind die Ursprünge des Affinitäts-Faktors, der Kraft, die Nähe und Bindung so ungemein wichtig für Frauen macht.

Das bedeutet jedoch nicht, daß die Sehnsucht nach Nähe stets der primäre Antrieb im Leben einer Frau ist. Während sie ins Erwachsensein eintritt, gewinnen Begriffe wie Unabhängigkeit und Leistung mehr und mehr Bedeutung für sie; sie können für Frauen ebenso wichtig werden wie für Männer. Doch obwohl das Bedürfnis nach Bindung in Zeiten von Höchstleistungen schlummern mag, es verschwindet nie ganz und verliert auch nie seine zwingende Macht.

Da eine Frau Sicherheit mit Bindung assoziiert, signalisieren Trennung und Alleinsein ihr Verlust der Sicherheit und stellen damit Situationen dar, die sie vermeiden muß. Nicht gebunden zu sein, ist für viele Frauen ein negativer und erschreckender Zustand, weil er die Angst hervorruft, Wärme und Sicherheit, die sie so hoch einschätzen, nie wieder zu empfinden.

Polarität: Wie Männer sich binden. Viele Frauen haben heutzutage das Gefühl, daß Männer sich vor einer engen Bindung fürchten. Sie sehen ein Zögern der Männer, sich den emotionalen Anforderungen einer Beziehung zu stellen. Sie empfinden die Ambivalenz der

Männer als ein Negativum, das auf Schwäche, Unentschiedenheit und sogar auf eine Unfähigkeit, rückhaltlos und dauerhaft zu lieben, hindeutet. Ganz gleich, ob eine Frau allein lebt oder seit Jahren mit demselben Mann verheiratet ist, wahrscheinlich hat sie das Verhalten eines Mannes zwischen Annäherung und Ausweichen schon einmal erlebt: Mal fühlt er sich stark zu ihr hingezogen und ist romantisch und liebevoll, dann weicht er wieder zurück, wenn sich emotionale Intensität entwikkelt. Dieses Verhalten verursacht der Frau viel Verwirrung, Unmut und Kummer.

Warum handeln Männer so? Wir glauben, daß es einen mächtigen, unterschwelligen Prozeß oder eine Kraft gibt, die dieses oft aufreizende Verhalten von Männern erklärt. Es handelt sich nicht um Schwäche oder Unentschiedenheit oder gar die Unfähigkeit, zu lieben. Dieses Pendeln zwischen Nähe und Trennung ist eher ein Grundgesetz männlicher Psychologie. Wir haben für dieses Grundsätzliche im männlichen Verhalten die Bezeichnung »Polaritäts-Faktor« gewählt, und auch er hat seinen Ursprung in Kinderheitserfahrungen.

Ebenso wie Mädchen bilden auch Jungen ein unglaubliches Band der Abhängigkeit zu ihrer Mutter. Während aber Mädchen in enger Zugehörigkeit zu ihrer Mutter verharren, beginnt bei Jungen um ihren zweiten Geburtstag herum etwas völlig anderes zu passieren: Allmählich wird ihnen bewußt, daß sie anders als ihre Mütter sind – mehr wie ihre Väter. Jungen sind dann gezwungen, sich von der Mutter zu trennen und den Vater zum Vorbild zu nehmen. Jungen müssen sehr früh lernen, daß Autonomie der Kern der Männlichkeit ist. Dieser Drang nach Unabhängigkeit zieht Jungen, und später Männer, in die eine Richtung, während ihr weniger offensichtliches, aber trotzdem mächtiges Bedürfnis, umsorgt zu werden, sie in die andere Richtung zieht. Diese beiden gegensätzlichen Kräfte erzeugen einen Pendel-Rhythmus in Männern – sie neigen dazu, zwischen den beiden Polen von Getrenntheit und Bindung hin- und herzuschwanken – daher der Ausdruck »Polarität«.

Das männliche Verhalten bei der Suche nach Intimität sollte man sich so vorstellen:

Bindungszone des Mannes

Getrenntheit<<<<<(Bindung)>>>>>Zugehörigkeit

Männer schwanken zwischen einem Wunsch nach Zugehörigkeit und intensiver Nähe am rechten Ende der Skala und einem Wunsch nach Getrenntheit und Autonomie am linken Ende. Nur ungern bleiben sie für längere Zeit bei einem dieser Extreme. Wenn Männer in ein Stadium der Zugehörigkeit geraten, empfinden sie Angst vor Einengung und Schwäche. Umgekehrt beginnen sie, wenn sie sich zu weit in Richtung der Getrenntheit bewegen, leise, aber bohrende Angst vor Verlassenheit, Isolation und Alleinsein zu verspüren.

Männer fühlen sich am wohlsten und sind am bindungswilligsten, wenn sie sich etwa in der Mitte dieser Skala der Intimität glauben. Wenn man diese Einordnung mit der idealen Bindungszone der Frauen vergleicht, wird klar, daß eine Diskrepanz zwischen weiblichen und männlichen Wünschen vorgegeben ist.

Konflikt: Die dunkle Seite der Liebe. Frauen verstehen diesen Druck nicht, den Männer von beiden Polen der Skala der Intimität spüren, weil er ihnen so fremd ist, so fern ihrer eigenen Erfahrung. Frauen pendeln nicht in dieser Weise; in der Regel bevorzugen sie eine Bindungszone, die ziemlich stabil und dem Pol der Zugehörigkeit näher ist. Unglücklicherweise ist die Bindungszone, in der sich Frauen am wohlsten fühlen, gerade diejenige, in der Männer sich umzingelt und gefangen vorkommen! Dieser Zwiespalt bildet den Kern vieler männlich-weiblicher Konflikte und Zwangslagen.

Affinität und Polarität weisen klar auf die Unvermeidbarkeit von Konflikten hin. Spannung ist aber nicht nur natürlich und voraussagbar, sie bildet auch die eigentliche Basis von Interesse und Attraktion zwischen Männern und Frauen. Wir halten es für wesentlich zu begreifen, daß diese Unterschiede niemals verschwinden können, sie durchziehen unsere gesamte gemeinsame Erfahrung mit einem Partner. Wir nehmen vielleicht fälschlich an, daß es nur in den ersten Stadien der Liebe Differenzen gibt und daß wir durch genug Zuwendung, Vertrauen und Zeit schließlich doch mit unserem Partner eins werden und keine Konflikte mehr erleben. Wir erwarten vielleicht naiv, daß die Liebe auf magische Weise fundamentale, psychologische Gesetze ändern wird. Aber das wird sie nicht. Der faszinierende Konflikt zwischen Mann und Frau ist allgegenwärtig. Männer werden immer zwischen dem Wunsch nach Autonomie und dem nach Intimität hin- und hertanzen. Frauen werden stets nach Bestätigung der Intimität suchen. Es ist aber möglich, diese Unterschiede zu verstehen und zu lernen, wie man mit ihnen umgeht.

Mit unserem Buch beabsichtigen wir, das scheinbar Mysteriöse am Verhalten von Männern gegenüber Anziehungsbereitschaft und Bindung zu entwirren und den Frauen genau zu sagen, was im Herzen und im Verstand eines Mannes in bezug auf die Frau vor sich geht. Der erste Schritt auf dieser Forschungsreise besteht darin zu begreifen, daß Liebe nicht einfach passiert, sondern daß sie gelernt werden muß und ihr Gang geändert werden kann.

Wie man Liebe lernt

Ein guter Partner oder Ehepartner zu sein ist weder angeboren noch intuitiv. Unser Verhalten und unsere Erwartungen in einer Beziehung werden in großen Zügen von all unseren Erfahrungen geprägt – als Kinder wie als Erwachsene. Wir beobachten unsere Eltern und ahmen sie meist nach, ganz gleich, wie sehr wir anders sein möchten als sie. Der Umgang unserer Eltern miteinander lehrt uns, was wir von unserem eigenen Leben zu erwarten haben und wie wir uns zu Zuwendung, Zuneigung, Respekt und Nähe einstellen.

Als Jugendliche bringen wir manche dieser früheren Erkenntnisse über die Liebe in die ersten Beziehungen ein, die über bloße Freundschaft hinausgehen. Da erwartet uns oft ein Schock, denn wir entdecken, daß andere mit Verliebtheit und Zuneigung ganz anders umgehen als wir. Zu den entscheidendsten Dingen, die wir zu dieser Zeit lernen, gehört, wie wir uns selbst wahrnehmen – unseren Wert und unsere Anziehungskraft. Für viele von uns bedeutet diese Periode auch, daß Scham, Peinlichkeit und Enttäuschung bewirken, daß wir uns gegen Kränkungen wappnen. Viele von uns fühlen sich durch Erniedrigungen in der Pubertät, die einen unauslöschlichen Stempel hinterlassen haben, traumatisiert. Viele von uns stellen fest, daß unsere Einstellung zu Rendezvous und Liebe aus diesen jugendlichen Erfahrungen stammt.

Diese Lernprozesse formen unsere Selbstachtung. Von den unglücklichen Situationen, die wir als Erwachsene erleben, gehen die meisten auf Verletzungen unseres Selbstvertrauens zurück, die wir in der Jugend erlitten haben.

Der Punkt, auf den es ankommt, ist hier nicht, daß unser ganzes Leben schon in einer frühen Altersstufe bestimmt wird. Das Gegenteil ist in Wahrheit der Fall. Die meisten unserer selbstzerstörerischen Liebes-Muster lassen sich beeinflussen, umwandeln und sogar in positiver Richtung deutlich verändern.

Wie man die Bahn der Liebe beeinflußt

Wir schreiben unsere eigenen Lebensdramen selbst. Von frühen Kindheitserfahrungen abgesehen, sind wir verantwortlich für Gestaltung, Richtung und Qualität unserer Beziehungen. Wir brauchen nicht Opfer unserer Erfahrungen zu sein; wir sind ihre Autoren, Produzenten und Regisseure. Menschen, die in gelungenen Beziehungen leben, lernen zwar aus der Vergangenheit, lassen sich aber nicht von ihr tyrannisieren.

Niemand entgeht dem quälenden Schmerz und der Enttäuschung durch Beziehungs-Traumata. Inhalt und Handlungsverlauf menschlicher Szenarien sind verschieden, aber eine Tatsache bleibt: Jeder wird einmal von einem anderen verletzt, irgendwann. Vor Verletzungen kann man sich nicht schützen, man kann aber die Wahrscheinlichkeit reduzieren, noch einmal auf die gleiche Art verletzt zu werden, und das muß man lernen.

Was eine Beziehung lähmt und sie schließlich in eine zerstörerische Richtung lenkt, ist ein einfacher Faktor: Beide Beteiligten handeln immer wieder gleich. Sie hoffen zwar, daß die Dinge sich ändern werden, aber sie verhalten sich weiter genauso wie zuvor, oft deshalb, weil sie meinen, sie müßten das Verhalten des Partners ändern, nicht ihr eigenes. Doch das trifft nicht zu, denn wenn sich eine Person in einer Beziehung ändert, muß es die andere auch tun – die andere ist gezwungen, auf neue Art zu reagieren.

Einfluß auf eine Beziehung zu nehmen – Anziehung zu erzeugen und den Gang der Liebe zu beeinflussen –, beginnt mit der ersten Begegnung zwischen einem Mann und einer Frau. Gleich zu Anfang wird die Saat für positive wie für negative Strukturen gesät. Unsere Ängste, Wünsche und Hoffnungen sind als eine Art heimlicher Agenda vom ersten »Hallo« an präsent.

Wenn sich Mann und Frau begegnen, was passiert

dann? Was erzeugt die »Chemie«, die tiefer geht als körperliche Anziehung – auch tiefer als das oberflächliche Gefühl: »Er ist interessant, aber ...« oder »Es macht Spaß, mit ihr zusammen zu sein, aber ...«? Welches Verhalten, welche Fingerzeige oder Signale wecken die viel tiefere Hoffnung oder Gewißheit, daß dies eine Person ist, mit der man eine starke, dauerhafte, emotional erfüllende Bindung knüpfen könnte?

Fraglos bilden viele von uns sich dieses wichtige Urteil über die Grenzen einer Beziehung schon frühzeitig. Warum fühlen wir uns schon nach nur einer Verabredung mit jemandem voll Hoffnung und Begeisterung, oder im Gegenteil abgestoßen und mißtrauisch? Was eine Frau in jenen Augenblicken oder Stunden des Anfangs ausstrahlt, bestimmt sehr oft Richtung, Wesen und Stärke der männlichen Reaktion.

Singles fürchten oft, Beziehungen stellten unüberwindliche Anforderungen – Liebe sei schwer zu finden, Bindung noch schwerer zu erreichen. Verheiratete sind insgeheim oft der Überzeugung, die jahrealten Strukturen seien so eingeschliffen, daß sie realistischerweise nicht hoffen könnten, sie zu ändern. Die meisten Menschen glauben, die Anstrengung, die erforderlich ist, um eine Beziehung in Gang oder auf den rechten Weg zurückzubringen, sei überaus gewaltig und erfordere eine übermenschliche Leistung. In Wahrheit aber kann man die Einsichten und Handlungen, die für diese Veränderung einer Beziehung notwending sind, erlernen, und dieser Prozeß muß nicht so schwierig sein, wie man denkt.

Veränderung kann für uns alle erschreckend sein. Wir denken nicht daran, daß es auch ein Abenteuer sein kann – ein wachstumsförderndes und kraftspendendes Abenteuer –, mit neuen Seinsweisen zu experimentieren. Zu oft sind wir pessimistisch, was unsere Fähigkeit, selbstzerstörerische Muster aufzubrechen, anlangt. Entweder glauben wir insgeheim, wir könnten uns nicht ändern, oder wir wehren uns gegen die Veränderung und erklären: »Das bin ich, so bin ich eben – nehmt mich, wie ich bin, oder laßt es bleiben.« Wann immer wir so starr und ängstlich agieren, ziehen wir unweigerlich den kürzeren.

In den folgenden Kapiteln dieses ersten Teils lesen Sie von verschiedenartigen Frauen, deren Verhalten zu den negativen Prägungen ihrer Beziehungen beitrug. Während des Lesens sollten Sie nach denselben Verhaltensweisen bei sich selbst forschen – nicht aus Angst oder Besorgnis, sondern als positive Aufgabe, als Weg zu neuen Erkenntnissen und Entdeckungen. Unser Ziel besteht in der Aufklärung und Erweiterung der Persönlichkeit, und deshalb betonen wir die verschiedenen Möglichkeiten, die Ihnen offenstehen, um diese selbstzerstörerischen Muster aufzubrechen, nicht für den Mann, sondern für Sie selbst. Veränderung im Innern und für das eigene Selbst ist schließlich der wirkungsvollste Weg, um Liebesbeziehungen zu vertiefen und zu beleben. Denken Sie daran: Etwas zu riskieren, mit neuen Handlungsweisen zu experimentieren, wirkt befreiend nicht nur deshalb, weil es zu mehr Erfüllung im Verhältnis zu anderen führen kann, sondern weil wir uns selbst stärker vertrauen und lieben können, wenn wir Risiken eingehen.

2. Kapitel Frauen, die unbewußt Intimität fürchten

Helene (38), eine attraktive und charmante Geschäftsführerin aus der Filmbranche, versucht, einen Ausweg aus einer Depression zu finden, die vom Zerbrechen ihrer bisher längsten Beziehung – ein Jahr nur – ausgelöst wurde. Diese Frau, der alles in den Schoß zu fallen scheint, fragt: »Warum laufen mir die Männer immer weg?«

Nach vier Ehejahren stehen sich Agnes und Bill wie höfliche Fremde gegenüber. Dabei sieht sie auf Partys einen lustigen, charmanten Bill, der manchmal sogar flirtet – mit anderen Frauen. Sie fürchtet sich entsetzlich davor, er könnte das zwischen ihnen herrschende, quälende Schweigen eines Abends brechen und die Scheidung verlangen.

Greta brachte nach siebzehnjähriger Ehe ihren Mann Alex in die Eheberatung mit, nachdem sie von seinem Verhältnis mit seiner Sekretärin erfahren hatte. Ganz sicher in der Überzeugung, daß sie stets eine fabelhafte Ehe geführt hatten, war sie der Meinung, er ginge nur durch seine »Midlife-crisis«. Während der Beratung mußte sie allerdings etwas ganz anderes einsehen: Er hatte das Gefühl, überhaupt keinen emotionalen Kontakt mit ihr zu haben.

Alle diese Frauen sind attraktiv, intelligent und voll guter Absichten. Alle haben den tiefen Wunsch, ihre Beziehungen zu erhalten. Trotzdem sind sie alle an Wendepunkten angelangt. Mit Ausnahme von Helene, deren Liebhaber sie bereits verlassen hat, sind die Männer dabei, sich von diesen Frauen zu lösen. Und zwar alle aus demselben Grund: Diese drei gehören zu den Frauen, die ohne Absicht einen Prozeß blockieren, der für die Dauerhaftigkeit einer gesunden Beziehung absolut notwendig ist – die Entwicklung der Intimität.

Was ist Intimität?

Intimität ist das innerste Wesen der Liebe wie auch der Freundschaft. Mit einer anderen Person intim zu sein, heißt, ein enges, emotionales Band zu spüren, das sich durch gegenseitige Anteilnahme und Verständnis auszeichnet. Man hat den Wunsch, die innersten Träume, Sehnsüchte und Sorgen des andern zu kennen, und öffnet sich auch selbst dem anderen. Intimität schafft Gefühle von Wärme und Sicherheit, die an die Obhut und das Vertrauen erinnern, die wir als Kinder empfanden. Wenn Intimität fehlt, spüren wir dagegen den akuten Schmerz, einander fremd zu sein, ein Gefühl von Isolation oder Trennung.

Die Fähigkeit zur Intimität spielt bei Beziehungen eine Schlüsselrolle, denn sie legt die äußersten Grenzen oder Höhen der Liebesfähigkeit eines Menschen fest. Intimität erfordert eine Menge Vertrauen. Wir müssen vertrauensvoll genug sein, um die geheimsten und verletzlichsten Seiten unseres Selbst zu offenbaren, und müssen überzeugt sein, die privaten und verwundbarsten Seiten des anderen akzeptieren zu können, ohne erdrückt zu werden.

Intimität ist nicht gleichbedeutend mit Bedürftigkeit oder Abhängigkeit. Ein Mensch kann von der physischen Gegenwart eines anderen total abhängig sein, und trotzdem findet kein ehrlicher tiefer Austausch von Gefühlen statt. Manche Paare weisen auch eine Tendenz auf, die oft mit Intimität verwechselt wird – übermäßige Kommunikation, die nicht empfangen wird.

Mann oder Frau mögen ihre innersten Gedanken, Träume und Gefühle offen und ungeschützt austauschen, aber wenn einer von ihnen nicht ausreichend aufrichtig »Einfühlung« zustande bringt oder sich nicht erkenntlich zeigt für das, was ihm der andere anbietet, ist das Paar nicht intim. Das ist Pseudo-Intimität – eine Intimität, in der jeder von beiden schließlich isoliert bleibt. Dieses Phänomen tritt meist in der frühen, romantischen Phase einer Beziehung auf, wenn Gefühls-Projektionen und Phantasien noch oft mit Einfühlung und Liebe verwechselt werden, und dann dauert es nicht mehr lange, bis die beteiligten Individuen allmählich spüren, daß sie kein Gehör finden.

Die Angst vor Ablehnung, Verlassenheit und Verlust

Warum sollte sich jemand vor der emotionalen Nähe zu einer anderen Person überhaupt scheuen? Schließlich ist wahre, echte Liebe – einen Partner zu haben, der uns kennt und anerkennt, der uns liebt, wie wir wirklich sind – eine unvergleichliche Lebenserfahrung. Die seltsame Wahrheit ist aber, daß Intimität von vielen Männern und Frauen gemieden wird und ihnen sogar Angst einjagen kann. Viele von uns sind zur Intimität nicht so bereit, wie wir gerne glauben möchten, denn die Liebe, dieses doch so wundervolle Gefühl, kann gleichzeitig intensive Ängste vor Ablehnung, Verlassenheit und Verlust auslösen.

Wenn man sich dabei wohl fühlen will, von einer anderen Person gekannt und geliebt zu sein, muß man zuallererst sich selbst akzeptieren und lieben. Wenn man an seinem Selbstwert zweifelt, wenn man glaubt, die verborgenen Facetten der eigenen Persönlichkeit seien schlecht oder unannehmbar, fürchtet man leicht, der

Partner könne einen im selben grellen, kritischen Licht sehen, das man selbst auf sich richtet. Sich zu offenbaren heißt, sich Beurteilungen auszusetzen, positiven wie negativen. Als Therapeuten hören wir täglich ängstliche Äußerungen wie: »Wenn er mich wirklich kennenlernt, wird er mich nicht mögen, fürchte ich.« Lernt man aber, die eigenen guten und auch die nicht so strahlenden Eigenschaften zu akzeptieren und sich allgemein selbstsicher zu fühlen – »Ich bin nicht vollkommen, ich bin fehlerhaft und menschlich, aber unter dem Strich eine liebenswerte Person« –, fällt es einem allmählich leichter, sich einem anderen zu offenbaren. Intimität wird dann nicht nur erträglich, sondern kostbar, tröstlich und wohltuend.

Die Furcht vor dem Verlassenwerden – »Warum soll ich mich mitteilen, warum so nahe kommen, mir soviel Mühe geben, wenn er mich doch früher oder später sitzen läßt?« – ist eine andere tödliche Epidemie, die der Intimität droht. Seit die Scheidungsrate in den letzten paar Jahrzehnten stark gestiegen ist, hat sich die Angst vor dem Verlassenwerden von einer vorwiegend neurotischen und unrealistischen Angst in eine Sorge verwandelt, die auf sehr realer, statistischer Wahrscheinlichkeit beruht. An die Stelle von »Bis daß der Tod uns scheidet« ist eine eingeschränkte Form von Liebe getreten, gedämpft durch das Bewußtsein, daß Liebe unbeständig ist und viele Paare sich trennen. Bedenken dagegen, sich frei in eine Beziehung einzubringen, stammen oft aus der Erkenntnis: »Nichts ist für immer und ewig.« Dabei ist uns als ironische Realität ebenso klar, daß Männer oder Frauen, die sich vor den normalen Risiken einer offen bekannten Liebe scheuen, oft in genau die Verlassenheit geraten, die sie fürchten. Menschen, die allzu zurückhaltend sind und sich vor der Intimität fürchten, leiten oft einen Prozeß der Entfremdung und schließlich Ablehnung ein – genau die Katastrophe, die sie so verzweifelt zu vermeiden suchen.

Manche Menschen meiden oder beschränken Intimität, weil sie sich des quälenden Schmerzes beim Tod eines geliebten Menschen erinnern. Wenn sie beginnen, Liebe für jemanden zu empfinden, schrillt eine geheime Alarmglocke: »Nur nicht zu nahe kommen – dann verlierst du ihn und mußt dieselben Schmerzen wieder durchmachen!« Wenn ein geliebter Mensch stirbt – besonders trifft das zu bei einem Liebespartner oder Elternteil –, reagieren wir meist auf eine von zwei Arten. Entweder wir trauern tief um den schmerzlichen Verlust und schreiten dann langsam weiter, um die Lücke durch neue, liebevolle Beziehungen zu schließen, oder der Verlust trifft uns so vernichtend, daß wir vergessen, wie aufbauend die Liebe war; wir denken nur noch an den Schmerz des Verlustes, daran, wie gefährlich es ist, jemanden zu lieben. In solchen Fällen wird eine neue Liebe durch die Angst vor dem Verlust getrübt. Vergangene Schmerzen dieser Art müssen sich auflösen, ehe wir wirklich wieder lieben können.

Die Wahrheit ist: Tiefe Verbundenheit und Nähe bedeuten immer auch die Gefahr von Ablehnung, Verlassenheit und Verlust. Selbstbejahung und Selbstachtung gehören dazu, mutig diese Risiken einzugehen und dabei den wundervollen Lohn der Intimität zu ernten.

Die Angst, die eigene Identität zu verlieren

Bezeichnend für Frauen ist, daß sie die Nähe und den Austausch von Gefühlen mehr genießen als Männer und die Intimität einer Beziehung eher fördern. Es gibt aber auch Frauen, die befürchten, bei zu großer Nähe zu einem Mann könnten sie ihre Autonomie und Unabhängigkeit verlieren. Sie haben Angst, daß ihre besondere Identität verlorengehen oder aufs Spiel gesetzt werden, daß ihre Persönlichkeit in der des Mannes aufgehen könnte.

Sie haben wahrscheinlich selbst schon Momente mit dem Anflug dieser Art Angst erlebt. Nach mehreren Wochen des intensiven Zusammenseins haben Sie vielleicht das fast verzweifelte Bedürfnis verspürt, Zeit getrennt zu verbringen, allein oder mit Ihren eigenen, alten Freunden. Diese Empfindung bedeutet, daß Sie die Vertrautheit Ihrer eigenen, selbständigen Persönlichkeit fühlen möchten. Das ist etwas Natürliches und Positives.

Auf einer bewußteren Ebene fürchtet eine Frau vielleicht manchmal, aus intensiver Nähe könne ein seidenes Netz werden, das sie einschnürt. Sie hat Angst, sie werde mit den emotionalen Bedürfnissen und Anforderungen des Mannes nicht richtig umgehen können – daß er zuviel von ihrer Zeit und Kraft verlangen wird. Sie schränkt daher das Maß der Intimität ein, weil sie ihre Unabhängigkeit und ihre harterrungenen Erfolge hüten will. Ohne Zweifel gibt es Männer, die entgegen ihren bewußten Wünschen immer noch emotionale Schwierigkeiten haben, die Berufstätigkeit einer Frau zu akzeptieren. So ein Mann sehnt sich insgeheim nach mehr Anteilnahme und Fürsorge von ihrer Seite, als vernünftig ist. Die Lösung dieses Problems – wie wir in späteren Kapiteln erläutern werden – besteht nicht in der Verhinderung von Intimität, sondern darin, sie sich allmählich entwickeln zu lassen und sich – bei wachsendem Vertrauen und Liebe – auf ihre Bedingungen zu einigen, immer darauf bedacht, daß nichts einseitig geschieht.

Die Angst, den Bedürfnissen eines Mannes zu unterliegen

Ein weiterer Grund, weshalb manche Frauen sich gegen Intimität wehren, besteht darin, daß sie sich von der Verletzlichkeit eines Mannes bedroht fühlen, die ihre Achtung vor ihm herabsetzt. Sie haben Angst, in den Sorgen und Selbstzweifeln des Mannes unterzugehen, die unvermeidlich offenkundig werden, wenn die Beziehung tiefer wird. Aufrichtigkeit ist ein wesentlicher Bestandteil einer intimen Beziehung. Trotzdem können die ehrlichen Aufschlüsse eines Mannes die Befürchtung auslösen, er sei schwach und außerstande, für die Frau zu sorgen. Während der romantischen Phase einer Begegnung läßt sich eine gewisse Idealisierung nie vermeiden – er wirkt stark und selbstsicher auf sie. Aber im Lauf der Zeit ist eine gewisse Desillusionierung unvermeidlich: Er ist doch nicht ganz der tapfere Prinz, nicht immer stark und selbstsicher. Indem sie keine Intimität zuläßt, verhindert eine Frau, daß dieses neue und vielleicht nicht sehr anziehende Bild von ihm zum Vorschein kommt.

Frauen, die befürchten, von den Bedürfnissen und emotionalen Forderungen eines Mannes erdrückt zu werden, sträuben sich oft mit Recht, endlos zuzuhören und sich auszuliefern. Tatsache ist, daß es Männer gibt, die von Frauen zuviel erwarten. Um festzustellen, ob ein Mann zuviel verlangt, muß eine Frau das Bedürfnis eines Mannes nach Gefühlsbindung, aber auch seine Angst davor verstehen.

Die Angst der Männer vor Abhängigkeit

Eines der wichtigsten Themen dieses Buchs ist der Konflikt, in den die emotionale Abhängigkeit von einer Frau einen Mann stößt. Aufgrund des Polaritäts-Faktors stürzt nichts einen Mann so in Widersprüche, wie emotional an eine Frau gebunden zu sein. Von der Kälte und Isolation der Getrenntheit werden Männer zur Wärme der Zugehörigkeit hingezogen wie zu einem glühenden Ofen. Aber Männer macht ihr Wunsch nach Nähe betroffen, und sie befürchten, daß Bindung sie schwächen und einengen wird. Es ist entscheidend für Frauen, den Konflikt zu verstehen, den der Mann erlebt, denn er entscheidet darüber, wie Männer sich an Frauen binden, ob sie sie lieben ode verlassen. Wenn der tiefe Wunsch eines Mannes nach Wärme und Zuwendung nicht beachtet wird – was nur allzu leicht geschieht, weil dieser Wunsch gewöhnlich unter der Oberfläche seiner Wahrnehmung schlummert und er nie darüber spricht –, kann diese Nichtbeachtung seine Fähigkeit zur Bindung hemmen, Angst hervorrufen und ihn zwingen, undurchdringliche emotionale Mauern zu errichten.

Wie schon gesagt, entwickeln Jungen ihr Männlichkeitsgefühl durch schrittweise Loslösung von der Mutter und Nachahmung des Vaters. Während Mädchen ihre Kraft aus Zugehörigkeit und Verbundenheit ziehen, geschieht das bei Jungen durch Trennung und Autonomie. Sie haben ein gutes Selbstgefühl, wenn sie unabhängig sind, wenn sie herumradeln, bei einem Freund übernachten oder zum ersten Mal Auto fahren. Ein verwandter Aspekt dieses Prozesses von Autonomie lehrt sie aber auch, ihre Gefühle zu verbergen. Gefühle verwandeln sich schmählich in das Eingeständnis von Schwäche. Wir haben alle schon beobachtet, wie ein kleiner Junge sich der Mutter entwindet, wenn sie ihn zu umarmen versucht. Warum? Um sich von der Mutter in die Arme nehmen zu lassen und die Umarmung zu akzeptieren, muß sich ein Junge nämlich entspannen und seine Beherrschung lockern. Dieses Gefühl ruft Erinnerungen aus der Säuglingszeit wach – an Hilflosigkeit und Schwäche, das genaue Gegenteil von Selbstvertrauen und Stärke, den Merkmalen der Männlichkeit, nach denen der Junge immer mehr strebt. Was ein Junge erlebt, wenn ihm sein Bedürfnis nach Nähe zu sehr bewußt wird, können wir Angst vor »Ertrinken« oder »Erstikken« nennen, im Grunde ist es aber Angst vor dem Verlust an Männlichkeit.

Wenn Jungen für immer die Sicherheit und den Trost der Zugehörigkeit zur Mutter aufgeben, bleibt ihnen sowohl der Wunsch nach Intimität wie die Angst davor – ein Konflikt, der ihnen lebenslänglich zu schaffen machen wird, eben der Polaritäts-Faktor. Die verführerische Lockung, sich umarmen und trösten zu lassen, ist stets da, eine ständige Versuchung, aber Männer lernen, ihr nur in bestimmten Situationen nachzugeben – und nie für lange Zeit. So ziehen sich Männer häufig in ein Kinderstadium zurück, wenn sie körperlich krank sind. Denn dieser Rückfall in die Abhängigkeit scheint ihnen akzeptabel – die meisten Männer lassen sich gern pflegen, wenn sie krank sind, ohne um den Verlust ihrer »Männlichkeit« zu fürchten, da sie wissen, daß dieser Zustand nur vorübergehend ist.

Wenn Männer sich einsam fühlen

Es gibt nur wenige Männer, die sich nicht nach dem Lohn der Intimität sehnen, auch wenn sie nur zögernd ihren Teil Arbeit übernehmen, die dazu gehört. Frauen, die Intimität verhindern, steigern noch die Grundängste der Männer. Bei einem Mangel an Nähe fühlt sich ein Mann allein und verlassen. Doch versucht er, diese Gefühle mitzuteilen, läuft er Gefahr, sich erniedrigt vorzukommen, weil er seine Bedürfnisse und seine Abhängigkeit preisgibt. Und er *ist* auch erniedrigt, wenn seine Versuche, seinen Wunsch nach einem engeren und reicheren Erleben mit einer Frau mitzuteilen, auf taube Ohren treffen.

Wie wir schon vorher geschildert haben, weist der Polaritäts-Faktor darauf hin, daß Männer sich etwa in der Mitte zwischen Getrenntsein und Zugehörigkeit aktiv gebunden fühlen. In diesem Mittelfeld fühlen und zeigen sie den höchsten Grad an Leidenschaft und Interesse. Wenn aber Männer das Gefühl haben, der Getrenntheit entgegenzutreiben, erleben sie Unbehagen und Angst. Die Frau, die Intimität verhindert, läßt unabsichtlich zu, daß der Mann ihr entgleitet.

Versagt eine Frau dem Mann die Liebe und Intimität, die er braucht, kann seine Reaktion verschiedene Formen annehmen. Zunächst wird er sich vielleicht frustriert und ärgerlich fühlen, schämt sich aber wahrscheinlich, das vor ihr – oder gar vor sich selbst – zuzugeben. Dann zieht er sich emotional von ihr zurück, um sich so vor dem Gefühl der Isolation und Trennung zu schützen. Vielleicht fängt er auch an, gegen seinen zunehmenden Schmerz und das Gefühl der Entfremdung abzustumpfen. Das Endstadium kann sein, daß er die Frau eindeutig und gezielt links liegen läßt, oft eine unbewußte Vergeltung dafür, daß sie ihn vernachlässigt hat. Allerdings rächt sich ein Mann selten, er zieht sich einfach nur zurück. Er redet nicht mehr, verkriecht sich in seiner Arbeit, hinter Sport und Hobbys, verliert das sexuelle Interesse oder beginnt ein Verhältnis. Oder er gibt die Beziehung einfach völlig auf. Und das tut er vielleicht, ohne sich überhaupt der besonderen Gründe bewußt zu sein, warum er davonläuft.

Die Versteinerte

Barbara (34) ist zweimal geschieden. In das Sorgerecht für ihre beiden Kinder teilt sie sich mit den Vätern. Sie arbeitet als freie Lektorin und trifft sich seit fast zwei Jahren regelmäßig mit Frederick. Er war früher Schauspieler, arbeitet aber zur Zeit als Immobilien-Vertreter und wartet auf einen »Haupttreffer« bei einer seiner vielen Anlagespekulationen. Barbara bezeichnete die Jahre, die sie miteinander verbracht haben, bei Beginn der Partner-Beratung als »chaotisch und erschöpfend«, sagte das aber mit einem Lächeln. Frederick war zwar mit dieser Formulierung einverstanden, das Drama ihrer Verstricktheit fand er allerdings nicht so amüsant. Bald wurde klar, daß er viel mehr litt als sie. Er gab zu, die meisten ihrer Streitereien selbst angezettelt zu haben, bekannte aber auch, er verzweifle inzwischen an der Fortdauer ihres Verhältnisses, eine Krise, die sie veranlaßt hatte, sich in Behandlung zu begeben.

Barbara betrachtete ihn als übertrieben anhänglich, fordernd und sogar infantil im Ausmaß seines Bedürfnisses, ihr nahe zu sein. »Ich muß manchmal allein sein können«, erklärte Barbara, »wahrscheinlich sehr viel mehr als Fred, aber was mich wirklich nervt, ist nicht bloß sein Bedürfnis, mehr mit mir zusammen zu sein, sondern vor allem das Bedürfnis, endlos über seine Probleme zu sprechen. Das finde ich nicht besonders interessant und bestimmt nicht sehr romantisch.« Sie sehnte sich nach den frühen Tagen ihrer Beziehung zurück, als er ihr viel sorgloser, stürmischer und verwegener erschienen war – Eigenschaften, die ihren beiden erzkonservativen Ehemännern total gefehlt hatten. Sie glaubte ehrlich, daß Frederick zuviel verlange und daß er selbst mit seinem Bedürfnis fertig werden müsse – es sei sein Problem. Frederick sah das anders. Er betrachtete sich als ziemlich reifen und selbstgenügsamen Mann, der aufgrund seiner turbulenten Berufslaufbahn eine Vertraute brauchte, eine ihm zugetane Zuhörerin, mit der er das Gute ebenso teilen konnte wie seine Ängste und gelegentlichen Anfälle von Selbstzweifel. Er warf ihr vor, gefühllos und zugeknöpft zu sein, nur auf Leidenschaft aus und nicht auf Liebe. »Schau«, sagte er zu ihr, »ich verlange nichts, was ich nicht selber auch geben will. Du verheimlichst die Dinge, die dich bekümmern – ich weiß, daß es sie gibt, aber du sprichst nie darüber. Nun gut, ich aber bin nicht bereit, dasselbe Spiel zu spielen. Ich glaube nicht, daß das Liebe ist.«

Barbara sah allmählich ein, daß ihr Zorn auf Frederick nicht nur aus Furcht vor seiner Verletzlichkeit stammte, sondern auch vor ihrer eigenen. Mit Offenheit und dem Bekenntnis von Gefühlen hatte sie sich schon immer schwergetan. Sie konnte eine sehr aufmerksame Zuhörerin sein, wie ihre vielen Freunde bestätigten, aber sie vertrug Zuhören nicht als ständige Kost und gewiß nicht im Zusammenhang einer engen männlich-weiblichen Bindung. Barbara versuchte, sich davor zu hüten, zuviel geben zu müssen und ihre Gefühlsreserven zu erschöpfen. Anfangs hatte sie geglaubt, in Frederick endlich den Mann gefunden zu haben, der die passende Ergänzung zu ihr selbst sein könnte. Sie spürte, daß auch er sich Leidenschaft, Intensität und Anregung wünschte und seine Partnerin nicht mit »kindischen« Bedürfnissen auslaugen oder sich von ihr auslaugen lassen wollte.

Was Barbara entging, war, daß Frederick tatsächlich der Mann war, für den sie ihn gehalten hatte. Nur spielte – wie bei den meisten von uns – mit der Vertiefung der Bindung eine breitere Skala von Bedürfnissen eine Rolle. Gelegentliche Verletzlichkeit und der Wunsch nach etwas Zuwendung gehören dazu. Im richtigen Maß ist das natürlich und gesund. Doch dadurch, daß Barbara diese normale Komponente der Intimität ablehnte, schloß sie von vornherein die Möglichkeit aus, mehr aus einer stürmischen und leidenschaftlichen Romanze zu machen.

Wie man die Angst vor der Verletzlichkeit des Mannes überwindet. Vor Angst, von einem Mann emotional ausgebeutet oder ausgelaugt zu werden, wurde Barbara zu Stein. Wenn Barbaras Problem auch das Ihre ist, sollten Sie wissen, daß es positive Schritte gibt, die dazu führen, diese Angst zu überwinden. Aber zunächst ist es wichtig zu begreifen, was ein Mann will, wenn er zu einer Frau über seine Sorgen spricht.

Während Sie vielleicht glauben, er erwarte von Ihnen die Lösung irgendeines seiner Probleme, wollen die meisten Männer einfach einen interessierten und empfänglichen Resonanzboden. Sie brauchen jemanden, bei dem sie ihre Sorgen offen und ehrlich aussprechen können, rückhaltlos. Sie möchten angehört und verstanden werden, nicht unbedingt sich helfen lassen. Vielen Männern fällt es viel leichter, sich statt mit einem Mann mit einer Frau über Probleme ihres Lebens auszusprechen, die ihnen Kummer machen. Wenn ein Mann seine weiche »Unterseite« vor einer Frau preisgibt, braucht er sich nicht um unvermeidliche Vergleiche und Rivalitäten zu kümmern, die immer zu seinem Umgang mit Männern gehören. Es ist also verständlich, warum es für einen Mann so wichtig ist, mit der Frau, die er liebt, von seinen Sorgen sprechen zu können.

Um eine Angst zu verstehen, welche es auch sein mag, muß der erste Schritt darin bestehen, klarer zu begreifen, um was es sich handelt – in unserem Fall: was Sie veranlaßt, sich von einem Mann zurückziehen zu wollen, wenn er verletzlich ist. Diese Art Klarheit ist notwendig, um in den Griff zu bekommen, woher das eigene Unbehagen stammt, denn nur durch die Einsicht in seinen Ursprung kann man beginnen, wirkungsvoller damit umzugehen. Fragen Sie sich zum Beispiel, was Sie wirklich einem Mann gegenüber empfinden, der Ihnen nahesteht, wenn er Ihnen seine tiefsten und intimsten Kümmernisse und Sorgen mitteilt. Was befürchten Sie, was geschehen könnte?

Bei manchen Frauen lautet die Befürchtung etwa so: »Ich besitze gerade Kraft genug, meine eigenen Probleme zu bewältigen. Wenn ich auch noch Energie auf fremde Sorgen verwenden soll, bleibt für mich kaum noch etwas übrig.« Diese Furcht beruht auf der Annahme, daß ein Mann, der von seinen Problemen spricht, von Ihnen erwartet, Sie sollen etwas dagegen tun – sie lösen. Zu verstehen, daß gar keine besondere Aktivität von Ihnen verlangt wird, kann enorm befreiend sein, denn Zuhören heißt noch lange nicht ausgelaugt zu werden – diesen Eindruck haben wir nur dann, wenn wir glauben, wir müßten uns mit dem, was wir hören, auch praktisch befassen.

Eine weitere verbreitete weibliche Sorge wird oft so formuliert: »Wenn ein Mann von seinen Problemen spricht, denke ich, er ist schwach, und ich hasse es, mir vorzustellen, daß der Mann in meinem Leben nicht für sich selbst sorgen kann.« Doch Probleme allein machen niemanden schwach, Probleme gibt es überall. Stärke und Charakter werden nie am Vorhandensein von Sorgen oder Not gemessen, sondern daran, wie wir sie bewältigen. Wenn ein Mann seine innersten Sorgen offenbart, bedeutet das nicht automatisch, daß er schwach ist oder mit sich selbst nicht wirklich fertig wird. Tatsache ist, daß viele Männer solche Gefühle nur einer Frau gegenüber eingestehen, die sie lieben. Der übrigen Welt zeigen sie die Rüstung, die man sie gelehrt hat zu tragen. Es ist ein sehr reales Kompliment für eine Frau, wenn ein Mann seine Unsicherheit und seine Selbstzweifel zu erkennen gibt, denn das ist ein Ausdruck von liebendem Vertrauen, nicht von Schwäche.

Frauen, die als Reaktion auf männliche Gefühlsbedürfnisse versteinern, fürchten sich oft vor der Wiederkehr alter, schmerzlicher Empfindungen aus der Vergangenheit. Diese vorweggenommene Angst dient als Warnsignal. Eine Frau hat zum Beispiel gesehen, wie ihre Mutter ihrem Vater vieles, alles liebevoll und unbegrenzt gab und zuwenig dafür zurückbekam. Diese Erinnerung weckt die geheime Furcht, einem Mann immer mehr geben zu müssen, wenn sie erst einmal damit angefangen hat – und vielleicht Frau und Mutter zugleich sein zu müssen.

Die Aufgabe, der Sie sich unterziehen müssen, besteht grundlegend darin, sich auf Ihre Fähigkeit zu verlassen, das Verhältnis in einem ausgewogenen Gleichgewicht zu halten. Sich zu verweigern, um Erschöpfung oder Ausbeutung durch einen Mann zu vermeiden, führt nur zu ständiger Furcht auf Ihrer und Groll auf seiner Seite. Eine bessere Atmosphäre entsteht, wenn Sie einem Mann in der festen Erwartung geben, etwas von ihm zurückzubekommen, eine Atmosphäre, in der gegenseitiger Respekt und Zuwendung möglich sind. Ohne Angst vor Ausblutung geben zu können, kann sogar Ihren emotionalen Besitzstand vergrößern, denn dadurch entsteht die Kraft, frei zu lieben. Liebe schwächt nur dann, wenn sie in Ketten geht und der gespenstische Schatten des Ressentiments herumspukt.

Aber was ist, wenn ein Mann wirklich zuviel verlangt? Die Lösung für die Frau heißt dann, einfach Gegenseitigkeit zu fordern, bestehen Sie darauf! Keiner hat die Pflicht, einseitig zu geben, und gewiß nicht die Frau. Machen Sie Ihre Besorgnis klar, und sagen Sie ihm eindeutig, daß Sie nicht seine Mutter sind und daß sie von ihm ebenso viel großmütige Zuwendung erwarten, wie Sie zu geben bereit sind. Frauen, die zuviel geben, die sich ausbeuten lassen, sind gerade diejenigen, die das Thema mit dem Mann in ihrem Leben nie erörtern. Solche Frauen scheuen sich, klar und offen Gegen- und Wechselseitigkeit zu verlangen. Wenn aber diese Offenheit fehlt, kann eine Frau sich schließlich von den Forderungen eines Mannes erdrückt fühlen.

Die Sphinx

Manchmal begegnet ein Mann einer Frau, die scheinbar sämtliche Vorzüge aufzuweisen hat und der es bisher seltsamerweise trotzdem nie gelang, eine enge Beziehung aufrechtzuerhalten. Das ist ihren Freunden ebenso rätselhaft wie ihr selbst, da sie von allen als der Idealtyp der Frau gesehen wird, die bei einem tollen Kerl vor Anker geht.

Helene ist so eine Frau. Sie ist 38 Jahre alt und hat nie geheiratet, obwohl sie mit den begehrenswertesten Männern liiert war. Ihre Arbeit als Filmproduzentin bringt ihr jede Menge Beifall im Geschäft ein, sogar die Anerkennung des Publikums. Sie ist schön, intelligent, erfolgreich und fühlt sich in ihrem rauhen Beruf wohl. Sie ist ebenso ein zäher Verhandlungspartner wie eine sehr charmante Frau.

Als Helene die Bilanz ihrer vergangenen Beziehungen zog, ergab sich ein Leitmotiv für das Abschiednehmen der Männer, eine Übereinstimmung der Kommentare, die sie über die Jahre von Männern gehört hatte. Manche Männer fanden sie zu perfekt; ihre Perfektion machte sie unsicher. Andere meinten, sie habe keinen wirklichen Sinn für Homor, was sie zugab, obwohl sie versuchte, leicht und unbeschwert zu sein. Wiederum andere wurden nach einer Weile zu ihren Gegnern und Rivalen. Diese Männer, so hatte Helene stets gefunden, seien eben zu schwach, um mit ihrem Erfolg fertig zu werden. Mit einem einzigen Mann, dem sie begegnet war, war sie nie aneinandergeraten, aber er hatte scherzhaft gemeint, er kenne sie eigentlich gar nicht. Sein Spitzname für sie war »Mona Lisa«, er war eine Zeitlang hingerissen von dem Rätselhaften, das sie ausstrahlte.

Die Männer in ihrem Leben spürten tatsächlich eine höchst reale Barriere. Helene schildert das so: »Ich habe nie geglaubt, daß ich mich auf eine intime Beziehung einlassen und gleichzeitig die Maßstäbe halten kann, die für mich gelten. Ich weiß, daß ich nicht ununterbrochen verständnisvoll, witzig, gescheit und stark sein kann, nicht einmal hübsch. Ich denke, wenn ich mich zurückhalte, habe ich mehr Kontrolle und das Gefühl, daß keine Gefahr besteht, jemanden zu enttäuschen.«

Helene fürchtete, wenn ein Mann ihr zu nahe käme, würden ihre tiefsten Gefühle zum Vorschein kommen und das, was er sähe, würde ihn abstoßen. Ihre Geheimnisse? Nichts wirklich Schreckliches – die unheilbare Krankheit ihres Vaters vor vielen Jahren und die Depression ihrer Mutter nach des Vaters Tod. Als Mädchen hatte sie bei diesen Familientragödien jedoch Scham und Schande empfunden und solche Angst gehabt, auf andere nicht absolut perfekt zu wirken, daß sie alles, was möglicherweise ihre eigene Traurigkeit und Unsicherheit auslösen konnte, systematisch von ihrer Person wegschob ... das glaubte sie jedenfalls.

Paradoxerweise gehört Helene zu jenen Menschen, die unter dem Fluch der exquisiten Sensibilität und Effizienz ihrer psychologischen Abwehr leiden. Sie hat schon früh gelernt, wie man attraktiv und ansprechend wirkt. Das gelang ihr so gut, daß sie vergaß, daß sie diese Fähigkeiten ursprünglich nur entwickelt hatte, um sich vor Verwundung und Schmerz zu schützen. Ihre Maske, ihre Fassade, so reizend auch immer, erwies sich als Barriere, um Männer auf Distanz zu halten. Männer wurden schließlich des Gefühls des Alleinseins überdrüssig, das sie in ihrer Gegenwart empfanden.

Helene lernt allmählich, Risiken einzugehen. »Ich weiß jetzt, daß ich immer kühl und verhalten war, daß ich immer auf dem Sprung war, in peinlichen Momenten alles zu bemänteln oder einen Mann mit irgendeiner oberflächlichen Bemerkung zu stoppen, wenn er versuchte, etwas Schmerzliches mit mir zu teilen. Ich dachte, ich würde anziehend auf Männer wirken, wenn ich alles perfekt und unkompliziert erscheinen ließ, aber nun muß ich das Gegenteil feststellen – gerade in diesen peinlichen oder schmerzhaften Augenblicken erfahren wir intensive Nähe und die wunderbaren Gefühle, die zwischen uns hin- und herfließen. Mit dem Mann, mit dem ich jetzt zusammen bin, habe ich bereits ein paar sehr zärtliche Momente erlebt.« Allmählich wirft Helene immer mehr Schutzschichten der Verteidigung ab und ist zuversichtlich, daß ein Mann sie schließlich nicht verlassen, sondern sich mehr und mehr von ihr angezogen fühlen wird.

Lernen, sich offen preiszugeben. Frauen, die oberflächlich ganz begehrenswert und gewinnend wirken, können jahrelang blind sein gegenüber der Art, wie sie sich gegen Intimität wehren. Wenn Sie sich in Helene ein bißchen wiedererkennen, wenn Männer anscheinend nie eine dauerhafte Beziehung zu Ihnen gewinnen, obwohl Sie über eine Menge positiver Eigenschaften verfügen, könnte es sein, daß Sie eine schützende Fassade errichtet haben, die auf die wahre, männlich-weibliche Anziehung blockierend wirkt. Warum wir solche Strategien entwickeln, hängt meist mit alten Wunden und Ängsten zusammen, die vielleicht dominierender sind, als wir annehmen möchten. Vorgeblich bauen wir diese Barrieren, um Menschen, die uns nahestehen, vor unseren Unzulänglichkeiten zu schützen. In Wirklichkeit blockiert dieser Schild aber nur, was wir am meisten nötig haben – Bejahung und Vertrauen, die zur Intimität gehören. Wenn wir uns fürchten, unsere Fehler zu zeigen, dann deshalb, weil wir nicht sicher sind, wie sie aufgenommen werden – ob man uns samt ihrer lieben oder uns ihretwegen verurteilen wird. Obwohl wir alle wissen, daß niemand vollkommen ist, nehmen wir unsere eigenen Schwächen besonders deutlich wahr. Das Problem ist, daß wir niemals herausfinden können, ob wir trotzdem liebenswert sind, wenn wir diese Schwächen vor anderen verbergen. Damit leben wir in ständiger Angst, sie könnten ohne Vorankündigung plötzlich bekannt werden und uns sabotieren. Wir werden dadurch aber auch immer blasser und farbloser. Männer hängen am stärksten an Frauen, die vielseitig und farbenfroh sind. Die »rauhen Kanten«, die zum Vorschein kommen, wenn Sie ganz Sie selbst sind, bilden das eigentliche Bindemittel in einer engen Beziehung.

Es kommt darauf an, daß Sie den Mut finden, Ihr Selbst umfassender auszudrücken. Das Risiko lohnt sich stets, denn es schafft zunehmende Möglichkeiten größerer Intimität. Der erste Schritt besteht darin, die besonderen Ängste herauszufinden, die Sie vor Nähe und damit »Erkanntsein« haben. Fragen Sie sich: Was genau wird jemand herausfinden, wenn er mich wirklich kennenlernt? Welche Fakten an mir oder welche meiner Gefühle sind so unangenehm oder entfremdend? Zumeist sind unsere Befürchtungen stark übertrieben, sogar irrational, oft würden unsere Eigenschaften anderen weder beschämend noch peinlich erscheinen.

Von Kindheit an haben viele Angst davor, nicht gemocht zu werden oder »anders« zu sein. Wir alle neigen dazu, mit falschem Stolz, mit Scham und mit dem Wunsch zu kämpfen, daß unsere Fehler irgendwie verborgen bleiben. Doch wenn wir uns gezwungen fühlen, perfekt zu erscheinen, damit man uns nicht für fehlerhaft und unzulänglich hält, dann gibt es Schwierigkeiten.

Man kann sich von diesen Ängsten befreien, indem man den Mut zum Risiko findet. Versuchen Sie, den anderen mehr von sich selbst zu zeigen. Sie werden erstaunt sein, wie leicht die Menschen Sie als die akzeptieren, die Sie wirklich sind. Der bloße Akt persönlicher Offenheit macht, daß wir lebendiger und gewinnender wirken und uns auch so fühlen und damit zur Intimität ermutigen.

Die ewige Optimistin

Greta (39) ist mit Alex seit siebzehn Jahren verheiratet. Als höchst energische, intelligente und tüchtige Frau ist sie in einer Reihe von politischen und sozialen Gruppen aktiv. Ihr großer Freundeskreis findet sie besonders lebhaft, tatkräftig und charmant. Aber ihr Mann kennt die Wahrheit über Greta. Sie ist nicht die warmherzige, freundliche Frau, für die sie sich ausgibt. In Wirklichkeit fürchtet sie sich davor, von jemandem wirklich erkannt zu werden.

Greta brachte Alex zur Beratung mit, als sie entdeckt hatte, daß er ein Verhältnis unterhielt. Greta wollte gern glauben, es handele sich vor allem um ein sexuelles Abenteuer, aber Tatsache war, daß die Frau im gleichen Alter wie Greta war und, objektiv betrachtet, körperlich sogar weniger anziehend. Greta hoffte, das Verhältnis werde bald wieder platzen und für Alex nur eine »Midlife-crisis« bedeuten. Sie hatte das Gefühl, ihre Ehe sei im Grunde in Ordnung; sie hatten ein phantastisches Liebesleben, gelungene Kinder und gingen jeden zweiten Abend auf Partys und Wohltätigkeitsveranstaltungen.

Greta versuchte aufrichtig, in ihrem Innersten nach Gründen zu suchen. Ihre Freunde, die sie alle schätzten, waren jedoch keine Hilfe, da sie ihre Meinung teilten, Alex sei einfach »ausgeflippt«. Bezeichnenderweise wollte Alex ihre Ehekrise nur in einer Therapie diskutieren. Er behauptete nämlich, seine Versuche, sich mit ihr allein zu verständigen, gingen meist schief, weil Greta sie in Sprüche umfunktioniere und ihm nur die großartige Ehe verkaufen wolle, die sie führten.

Jahrelang hatte sich Alex in seiner Ehe total einsam gefühlt, ohne zu wissen warum. Erst nachdem er dieses Verhältnis angefangen hatte, wurde ihm klar, wie unterernährt seine Gefühle gewesen waren. Immer, wenn er sich Greta anvertrauen wollte, wechselte sie liebevoll, aber entschieden das Thema oder reagierte mit unverfänglichen Plattheiten. Unter dem Strich war das für Alex äußerst schmerzlich, und er fühlte sich der Frau, mit der er so lange zusammengelebt hatte, völlig entfremdet.

Gretas Art, mit ihren Ängsten umzugehen, bestand darin, sie in sich zu verschließen und der Welt eine aufgesetzte Maske des Wohlbefindens zu zeigen. Was waren ihre Befürchtungen? Es gab viele, nicht bloß eine. Greta entsprach in mancher Hinsicht dem Typus vieler Männer und Frauen von heute, die versuchen, sich optimistisch und positiv zu geben, um lang genährte innere Selbstzweifel zu tarnen. Greta hatte tatsächlich vor langer Zeit beschlossen, einen Lebensstil und eine eheliche Beziehung ohne Schattenseiten aufzubauen – sich nie mit der rauhen, steinigen Kehrseite des Lebens zu befassen. Als sie gerade erwachsen wurde, hatten ihre Eltern sich scheiden lassen. Ihr Vater war immer zärtlich zu ihr gewesen, aber ein stiller, passiver Mann und seltsam fern vom täglichen Alltag. Ihre Mutter war kommunikativer, aber kühl und kritisierte den Vater ständig. Als er schließlich die Familie verließ, gab Greta insgeheim ihrer Mutter die Schuld und schwor sich, ihr so wenig ähnlich wie möglich zu werden. Weil ihre Mutter bitter und negativ war, wollte sie alles ignorieren, was ihr weh tat, sie aufregte oder ärgerte. Sie wollte nicht verlassen werden. Sie wollte anders sein.

Das Problem war, daß Greta die Tiefe und den Reichtum ihrer Beziehung zu Alex stark einschränkte, als sie alle Gefühle, die ihr gefährlich schienen, zum Schweigen brachte. Greta war keineswegs eine oberflächliche Frau, aber die starren Zwänge, unter die sie ihre Gefühle stellte, ließen sie so erscheinen.

Wie man unter die Oberfläche gelangt. Unaufhörlich optimistisch und positiv zu sein, schafft nicht nur überflüssigen, inneren Druck, sondern setzt auch einen Maßstab, mit dem der Partner unmöglich mithalten kann. Mit einem solchen Partner zu leben, kann einen Menschen sogar in schlechtere Laune, mehr Unvernunft und aufreizende Ansprüche treiben. Er fängt geradezu an, sich vorzuwerfen, normaler Stimmung zu sein.

Wie befreit man sich aus diesem ewig sonnigen Gefängnis falscher Fröhlichkeit? Es ist nicht leicht, aber es geht, und der Lohn kann sogar groß sein. Zuerst muß man sich darüber klarwerden, daß es eine geheime, leicht scheinheilige Genugtuung gibt, die wir daraus schöpfen, stets netter als unser Partner zu sein. Doch wenn Sie glauben, so nett zu sein, sei gut für die Beziehung, dann stimmt das leider nicht, weil Sie sich selbst und Ihrem Partner Ihre wahren Gefühle vorenthalten.

Beziehungen bestehen aus einer ausgeglichenen Mischung von positiven und negativen Gefühlen. Menschen, denen es zu sehr darum geht, positiv zu sein, neigen im allgemeinen zu zwei Befürchtungen, die beide im wesentlichen unbegründet sind. Erstens: Sie haben Gefühle wie Zorn, Trauer oder Schmerz so lange unterdrückt, daß sie – sollten sie ihnen jemals freien Lauf lassen – von dem Schwall ihrer Empfindungen mitsamt ihrem Partner überwältigt würden. Zweitens: Sie befürchten, ihren Partner derart an ihr Verhalten gewöhnt zu haben, daß er einen plötzlichen Wechsel nicht akzeptieren kann. Falsch in beiden Punkten! Veränderungen brauchen immer ihre Zeit, und ein Schwall von Negativität ereignet sich selten. In Wirklichkeit kann es für die andere Person eine wirkliche Erleichterung bedeuten, wenn Sie ein wenig unsicher sind, Ihre Trauer oder Ihren Schmerz offener zeigen und ehrliche Forderungen stellen.

Es winkt Ihnen doppelter Lohn. Sie werden feststellen, daß Sie viel mehr Energie haben und sehr viel weniger dazu neigen, sich innerlich deprimiert zu fühlen; denn zu verbergen, was Sie fühlen, kostet viel mehr Kraft, als es zu zeigen. Und Ihr Partner wird einem realen dreidimensionalen Wesen gegenüberstehen, mit dem er kommunizieren kann – jemandem, der viel komplexer und interessanter ist als die Person aus Zuckerwatte, die immer so nett sein wollte.

Keine Ehe kann ohne gegenseitige Anteilnahme und Offenheit bestehen. Wenn das fehlt, bleibt nur ein kaltes, stilles Nebeneinander, das eines Tages auseinanderbricht, wenn ein Teil zum Handeln übergeht. Greta muß, wie Helene, das Risiko eingehen, mehr von sich preiszugeben. Eine Frau, die sich zu erkennen gibt, braucht nicht zu befürchten, daß der Mann enttäuscht wird, der Vorgang der Preisgabe an sich wird die Bindung zwischen den Partnern verstärken.

Wenn Sie mit diesen unterschwelligen Sorgen kämpfen, machen Sie sich klar, daß wir alle diese Sorgen haben. Keiner von uns wächst ohne Narben auf, frei von Selbstzweifeln, was den eigenen Wert und die Anziehungskraft auf andere betrifft. Aber diesen Ängsten zu erliegen, heißt, Straßensperren auf dem Weg zu Nähe und Intimität zu errichten.

Die Einzelgängerin

Nachdem sie ein Jahr miteinander befreundet waren, verlobten sich Mickey (35) und Irene (30) an Silvester und setzten das Hochzeitsdatum für Juni fest. Sie bezogen eine neue große Wohnung und feierten eine große Party. Doch etwa Mitte März dachte Mickey ernsthaft daran, ihre Heiratspläne wieder rückgängig zu machen.

»Ich hatte nie vorher eine so lebendige und lustige Frau gekannt wie Irene. Am Anfang lachten wir uns kaputt – sogar unsere Streitereien endeten in Gelächter und im Bett. Wir waren meist drei oder vier Abende und Nächte in der Woche zusammen und telefonierten täglich. Ich dachte, wir würden nach unserer Verlobung und nach dem Zusammenziehen eher noch mehr zusammen sein, aber wir scheinen uns auseinanderzuleben.

Sie hat einen großen Auftrag angenommen und verzieht sich mehrere Abende in der Woche sofort ins Studio, die anderen Abende verbringt sie mit einer weiblichen Therapie-Gruppe, arbeitet außer Haus oder trifft sich mit ihren Freunden auf einen Drink. Am Wochenende gehen wir zum Abendessen aus und ins Theater oder in einen Film, und das ist dann alles. Und wenn ich sie jetzt umarmen möchte, hält sie mich ein ums andere Mal hin. Ich dachte, als ein Paar würden wir uns näherkommen – statt dessen muß ich mir einen Freund suchen, der mit mir auf den Sportplatz oder ins Kino geht, und werde im Bett weggeschoben.«

Irene erlebte ein ähnliches Abgleiten in die Desillusionierung. »Ich dachte, ich hätte endlich den richtigen Mann getroffen. Er hatte viel Sinn für Humor und war dazu noch ein richtiger Romantiker. Ich weiß nicht, was da kaputtgegangen ist. In meinen Augen ist er jetzt nur noch ein Klammeraffe mit einem ständigen Bedürfnis nach Bestätigung ... und das hat mich abgeschreckt. Ich glaube auch, daß ich teilweise deshalb so geschäftig geworden bin, seit wir zusammen wohnen, weil ich meine Unabhängigkeit nicht verlieren will. Ich möchte nicht zu diesen Paaren gehören, die alles miteinander machen. Ich möchte weiterhin meine Freunde treffen und allein etwas unternehmen, zum Beispiel in einen Fitneß-Club gehen oder am Samstag ein paar Stunden durch die Kunstgalerien schlendern.«

Irene spürt Beklommenheit vor der kommenden Eheschließung. Sie befürchtet, ihre Identität einzubüßen und zu einem jener Paare zu werden, die immer in einem Atemzug genannt werden: »Mickey-und-Irene«. Sie ist aber nicht nur ein größerer Einzelgänger und selbständiger als Mickey, sie hat auch Angst, ihn zu nahe heranzulassen.

Vertrauen Sie Ihrem Selbstgefühl. Wenn zwei Menschen sich der Intimität nähern, führt das zu begreiflichen Anpassungsproblemen und Kompromissen. Das gilt für jede Partnerschaft. Heißt das aber, daß unser Entschluß uns irgend etwas nimmt? Natürlich nicht. Wenn wir unsere eigenen Grenzen kennen, unser Gefühl der Identität, wenn wir wissen, wer wir sind und was uns zusteht, dann brauchen wir uns vor Bindung und Intimität nicht zu fürchten.

Sie müssen sich zutrauen, daß Sie Ihr Gefühl der Identität behalten, dieses einzigartige Gefühl der Autonomie und Besonderheit. Einem Mann zu erlauben, mit Ihnen intim zu werden, bedeutet nicht, Ihre Identität zu verlieren – in Wirklichkeit wachsen Ihre Kräfte, wenn Sie es riskieren. Sie erleben eine wundervolle Bestätigung und Anerkennung Ihrer Person.

Eine wesentliche, liebevolle Beziehung zu einem Mann zu haben, erfordert einen Aufwand an Zeit und gemeinsame Erfahrungen. Versuchen Sie, das Verhalten eines Mannes klar zu interpretieren: Setzen Sie seinen Wunsch, Zeit mit Ihnen zu verbringen, nicht gleich mit dem Wunsch, von Ihnen abhängig zu sein. Und verwechseln Sie seinen Wunsch, sich für Sie wichtig zu fühlen, nicht mit dem Wunsch, Sie durch sanfte Manipulation zu umgarnen und abhängig zu machen.

Es stimmt allerdings, daß Frauen, die ihr Gefühl von Autonomie und Unabhängigkeit erst vor kurzer Zeit erworben haben, sich manchmal vor der Annäherung an einen Mann scheuen. Diese Furcht ist nicht irrational, denn es gibt Männer, die insgeheim und unbewußt wollen, daß die Frau die Verantwortung für die Beziehung an erster und die Verantwortung für sich selbst erst an zweiter Stelle empfindet. Sorgen um Autonomie müssen in der Beziehung erörtert werden. Sie dürfen nicht unterdrückt, sondern sollen offen geäußert werden. Das ist der leichte Teil der Aufgabe. Manche Frauen spüren indessen eine Besorgnis, die sich von ihrer Ambivalenz in bezug auf Unabhängigkeit im allgemeinen herleitet. Viele Frauen sind heute unsicher, wie weit sie autonom zu sein wünschen, und diese Unsicherheit schafft einen fruchtbaren Boden für die Sorge um den Verlust der Identität. Frauen, die an ihrem Selbstgefühl zweifeln, sind am anfälligsten für Ängste in bezug auf Nähe. Aber wenn Sie in Ihrem Bekenntnis zur Unabhängigkeit und zu sich selbst ganz sicher sind, vertrauen Sie auch mehr auf Ihre Fähigkeit zur Intimität.

Wenn Sie das Gefühl haben, Ihr Begriff von Identität sei nicht klar definiert, fangen Sie an, regelmäßig Tagebuch zu führen. Schreiben Sie Gedanken über sich selbst, über Ihre Ziele und Wertvorstellungen nieder. Sich das alles täglich bewußt zu machen, führt dazu, es als Teil Ihrer Identität zu bekräftigen. Gewinnen Sie mehr Vertrauen in diese besonderen Aspekte Ihrer Persönlichkeit, indem Sie sie klarer und klarer bestimmen, und bringen Sie sie dann in Ihre Beziehung ein.

Welche Verantwortung hat der Mann?

Keine der Frauen, deren Beziehungen wir in diesem Kapitel durchleuchtet haben, darf man als »Alleinschuldige« ansehen. Wir haben uns zwar auf ihr Verhalten und ihre Wirkung auf Männer konzentriert, das soll aber nicht heißen, daß sie allein verantwortlich für die Art sind, in der Spannungen in ihren Beziehungen zum Ausdruck kommen. Zu einer unglücklichen oder negativen Beziehung gehören immer zwei. In jedem unserer Fälle hätte der Mann in seiner Reaktion auf die Frau aktiver und direkter sein können. Er hätte nicht passiv zulassen müssen, daß ihr Verhalten bei der Kommunikation oder deren Fehlen den Ton angab. Allzuoft beklagen sich Männer, werden zornig oder einfach still und verschlossen, wenn es ihnen nicht gelingt, von einer Frau zu bekommen, was sie wollen. In den von uns beschriebenen Beispielen hätten sich alle negativen Verhaltensmuster kontrollieren lassen, wäre der Mann direkter gewesen – hätte er der Frau gesagt, was er fühlt, und nicht nur, was sie falsch macht.

Wie in jeder negativen Verbindung zwischen Mann und Frau muß man sich auch fragen, warum der Mann sich diesen Typus Frau ausgesucht hat. Vielleicht fühlte er sich unbewußt wohler mit jemandem, der Intimität nicht förderte. Vielleicht suchte er eine Beziehung, in der er seine eigenen Zweifel und Ängste weiter verbergen und gleichzeitig seine Sehnsucht nach Nähe kundtun konnte. Das sind zwar sicherlich wichtige Überlegungen, das Ziel unseres Buches ist aber herauszufinden, womit Frauen Männer anziehen oder abstoßen – und, vor allem, wie sie ihr Verhalten selbst steuern können.

Wie man den Mangel an Nähe erkennt

Es gibt eine Reihe von Anzeichen, die uns sagen, wann Intimität in einer Beziehung eingeschränkt oder, schlimmer noch, nicht vorhanden ist. Kommt der Mann zu Ihnen mit dem Wunsch oder dem Bedürfnis, über seine Sorgen zu sprechen – zeigt er Ihnen so, daß er Sie braucht? Wenn Sie offen mit ihm über den Zustand Ihrer Beziehung sprechen, hört er dann wirklich zu und teilt auch seine Gefühle mit? Gibt es kein Geben und Nehmen, dann stimmt etwas nicht – es gibt dann einen Grund, weshalb er sich bei der Mitteilung seiner Gedanken und Gefühle nicht sicher fühlt.

Männer vermitteln ihre Wünsche oft nicht geradeheraus. Beklagt er sich zum Beispiel, daß Sie zuwenig Zeit miteinander verbringen? Spricht er sehnsüchtig von gemeinsamem Urlaub? Wann immer ein Mensch an die Adresse des Partners Klagen vorbringt, tut der andere gut daran, diese Klagen für bare Münze zu nehmen.

Ebenso klug ist es aber auch, unter die Oberfläche zu blicken und sich zu fragen, ob der Partner auch noch etwas anderes sagen will. Männer, die häufig kritisieren und sich beschweren, tun das oft, um indirekt ihre wahren, unterschwelligen Gefühle auszudrücken: »Du kümmerst dich nicht um mich«, »Ich fühle mich allein«. Das heißt nicht, daß Sie aufspringen und alles in Ordnung bringen sollen. Darauf kommt es uns hier nicht an. Doch wenn Sie zwischen den Zeilen der undeutlichen, wunderlichen Klagen eines Mannes lesen, werden Sie oft ein anderes, tieferes, dringlicheres Anliegen finden.

Intime Partner sind auch Freunde. Das Klischee vom Mann als dem tüchtigen Ernährer und der Frau als der abhängigen Hausfrau ohne eigene Identität oder Bedeutung gilt längst nicht mehr. Tiefe Freundschaften sind stets das Ergebnis gemeinsamer, intimer Erfahrungen. Ganz anders, als viele Frauen denken, wollen Männer mit den Frauen in ihrem Leben enger befreundet sein, und sie fühlen sich, wenn das nicht gelingt, leicht betrogen, alleingelassen und schließlich enttäuscht. Diese Feststellung ist wahr, auch wenn mancher Mann weder willens noch fähig ist, solche Wünsche in Worte zu kleiden.

Ein weiteres Gebiet, auf dem sich das Maß an Nähe zwischen einem Mann und einer Frau mit Sicherheit herausstellt, ist die Sexualität. Wir meinen damit nicht das Mechanische oder die Häufigkeit, sondern mehr die Zärtlichkeit und den Ausdruck von Liebe, wenn wirkliche Intimität vorhanden ist. Schauen Sie sich beim Liebesakt an? Können Sie sich in die Augen sehen, ohne den leisen Anflug von Peinlichkeit, der ein Zeichen unterentwickelter Intimität ist?

Eine verbreitete Äußerung, die auf Mangel an Intimität hinweist, lautet: »Eigentlich habe ich das Gefühl, daß ich dich gar nicht kenne.« Diese Worte bedeuten meist genau, was sie sagen. Ganz gleich, wie sicher Sie sich Ihrer Bemühungen sind, sich zu erkennen zu geben, wenn der andere immer noch sagt: »Wir sind wie Fremde«, dann sind Sie es auch! Es mag unklar sein, welche Person mehr die Schuld trägt, aber miteinander Vertraute erheben diesen Vorwurf nicht. Hören Sie zu und beginnen Sie, nach Wegen auszuschauen, um die Barrieren abzubauen.

Wie man Intimität ermutigt

Versuchen Sie als Einstieg, sich an Ihre intimsten Augenblicke mit Männern zu erinnern. Das müssen nicht eindeutige Momente gewesen sein, voll heftiger Liebe und Leidenschaft. Vielleicht nur ein Spaziergang im Park, still unter einem Baum sitzen, Hand in Hand nebeneinander gehen. Wie entstand dieser Augenblick? Wie haben sich diese intimen Empfindungen entfaltet? Was hat sie ausgelöst? Wenn Sie Ihre Erinnerung auf diese Weise erforschen, können Sie wichtige Aufschlüsse gewinnen.

Wie steht es mit Augenblicken gemeinsamer Wärme und Freude? Wie konnten sie sich entwickeln? Bei manchen Paaren mit Kindern bedeutet das Zusammensein als Familie, der Austausch stolzer und warmer Bestätigung, Augenblicke großer Intimität. Austausch von Freuden und Träumen ist wichtig. Haben Sie das in letzter Zeit erlebt oder mit dem Mann Ihres Lebens darüber gesprochen?

Wenn Sie sich an jene Zeiten erinnern, als Sie am meisten Nähe empfanden, müssen Sie verstehen, daß das keine Zufälle waren. Wir erfahren Nähe, wenn wir am verletzlichsten und am offensten sind. Sorgen Sie dafür, daß es zwischen Ihnen und ihm keine Mauern gibt – weder die, die Sie errichtet haben, noch solche, die Sie beide durch eine Verschwörung des Schweigens haben bestehen lassen. Riskieren Sie es, und öffnen Sie sich für ihn. Sprechen Sie von jenen persönlich aufschlußreichen Dingen, die sich vielleicht im stillen aus ihrem Gespräch fortgeschlichen haben, und ermutigen Sie ihn, dasselbe zu tun.

Intimität zu erneuern und zu verstärken, erfordert immer Aktivität – eine Art realen Verhaltens, nicht bloß Hoffen und Wünschen. Die wirkungsvollste Art, Offenheit und Austausch mit einem Mann zu fördern, ist, sich selbst als Muster für diese Verhaltensweise anzubieten. Denken Sie wieder daran, daß wir damit nicht sagen wollen, es sei allein Ihre Aufgabe, so zu handeln, aber wenn Sie Veränderung bewirken wollen, gibt es nichts Besseres, als offen und ehrlich zu sein, ohne automatisch dasselbe vom anderen zu erwarten. Dies letztere ist entscheidend. Menschen, die spüren, daß Ihre Verletzlichkeit herausgefordert ist, offenbaren sich selten. Stattdessen fühlen sie Unwillen und verschließen sich nur noch mehr.

Machen Sie sich als ersten Schritt klar, daß das Aufbrechen von Verhaltensmustern eine andere Aktivität und Kommunikation erfordert als der normale Umgang miteinander. Versuchen Sie zum Beispiel, an Ihrem körperlichen Ausdruck von Zuneigung etwas zu verändern. Drücken Sie Ihre Liebe wortlos aus, auch das ohne die Erwartung, daß die Geste erwidert oder zunächst überhaupt erkannt wird. Im Kino Händchen halten, mal über den Rücken streichen – diese einfachen Ausdrucksformen können neue Gelegenheiten für Nähe schaffen. Teilen Sie Träume, erlauben Sie sich Spielereien – lassen Sie ihre Gefühle heraus, riskieren Sie, eine neue Facette von sich zu zeigen.

Schaffen Sie neue, gemeinsame Erfahrungen – besuchen Sie einen Kurs, der Sie beide interessiert, nehmen Sie sich gemeinsam etwas vor, fahren Sie zusammen in ein geruhsames Wochenende – kurz, tun Sie alles, was neue und gemeinsame Zeit schafft.

Bedenken Sie, daß Intimität stets mit Verletzlichkeit verbunden ist. Machen Sie persönliche Aussagen darüber, was Nähe Ihnen bedeutet, und achten Sie darauf, daß sie nicht auf getarnte Klagen, Forderungen oder Kritik hinauslaufen. Und gehen Sie nicht ohne weiteres davon aus, daß Sie ihn verstehen. Es tut uns allen gut, ab und zu von vorne anzufangen und zu unterstellen, wir wüßten wenig voneinander.

Oft ist es eine delikate Aufgabe, in Fragen der Nähe offen und ehrlich zu sein. Bei manchen Männern ist es das beste, sanft nachzufragen, ob sie sich in der Beziehung zu Ihnen wohl fühlen und ob es etwas gibt, was sie gern ändern würden. Das können Sie sogar spielerisch erörtern. Tun Sie es in einem unbelasteten Moment. Gehen Sie diesen Themen nie in einer harten Auseinandersetzung auf den Grund, außer Sie wollen einen wirklich ernsthaften Streit.

Seien Sie ehrlich mit sich selbst, wie viele seiner inneren Gedanken Sie wirklich erfahren wollen. Fürchten Sie seine Verletzlichkeit? Spüren Sie ein begründetes, emotionales Interesse, ihn weiter so zu sehen wie stets bisher? Können Sie riskieren, ihn in einem neuen Licht zu betrachten?

Lassen Sie nicht zu, daß Langeweile und Gewöhnung sich einschleichen. Langeweile ist nicht die natürliche Begleiterscheinung des Alltagsdaseins, sondern der Feind der Nähe. Greifen Sie ein, tun Sie etwas Ungewöhnliches, und seien Sie sich dabei bewußt, daß Sie in Wahrheit nur eine Ihrer Seiten offenbaren, die bisher geheimgehalten wurde. Selbst-Enthüllung ist immer ein Katalysator für intimen Austausch.

Überschlagen Sie sich dabei nicht. Bedenken Sie: Annäherung ist ein schrittweiser Prozeß. Versuchen Sie nicht, an einem einzigen Abend ans Ziel zu kommen – das gelingt nicht. Wie wir festgestellt haben, können Männer von zuviel Nähe und sogar von zuviel Reden über Nähe zuviel bekommen.

Intimität fällt keinem von uns leicht. Männer wie Frauen ringen darum, jemanden zu finden, der ihnen ein Gefühl der Nähe, Liebe und Zärtlichkeit gibt. Und trotzdem kann dieselbe Verletzlichkeit, die zur Annäherung zweier intimer Partner gehört, soviel Angst hervorrufen. Sie verlangt die Enthüllung der geheimsten Seiten Ihres Wesens. Wenn Sie es aber riskieren und den Mut zu dieser Offenlegung finden, werden Sie zu neuen und erfüllenderen Ebenen der Zuwendung und Partnerschaft gelangen.

3. Kapitel Wie harmlose Erwartungen gefährlich werden können

Gloria verlangt nur, was sie selber so bereitwillig geben möchte – Romantik und jene »einfachen, kleinen Dinge«, die ihr das Gefühl geben würden, mehr geliebt zu werden und jemand Besonderes zu sein.

Cara protestiert schimpfend und ärgerlich: »Ich fühle mich bei Chuck nicht richtig sicher. Er hätte nicht die blasseste Idee, wie er mich beschützen soll, wenn wir in eine gefährliche Lage kämen, und im Haus ist er nichts als ein Tolpatsch.«

Belinda beschreibt ihre verhältnismäßig junge, aber vielversprechende Beziehung zu Ray und sagt: »Mir scheint, wenn er mich so sehr lieben würde, wie er sagt, würde er auch heiraten wollen. Ich habe nicht die Zeit, jahrelang darauf zu warten, daß er sich entschließt.«

Wenn wir uns auf eine Liebesbeziehung einlassen, hegen wir meist unausgesprochene Erwartungen, daß sich unser Partner in gewissen Richtungen ändern wird. Wir glauben insgeheim, daß kleine Fehler, störende Gewohnheiten und ein Sortiment von Eigenarten auf irgendeine magische Weise verschwinden werden. Ein wichtiger Teil unserer Sehnsucht, zu einer anderen Person zu gehören, gründet sich auf Wünsche und Erwartungen, und ändert sich unser Partner dann nicht, so wundern wir uns und fühlen uns schließlich enttäuscht und desillusioniert. Während wir allmählich bemerken, daß unser Partner sich uns zuliebe weder ändern will noch kann, fangen wir oft an, sanfte, aber hartnäckige Forderungen an ihn zu stellen, die ihn unabsichtlich abstoßen können.

Wann erwartet man von einem Mann zuviel? Muß man jedesmal, wenn man einem Mann sagt, was man sich wünscht, befürchten, übertrieben viel zu fordern? Ist nicht die Rückkoppelung von Vorlieben und Abneigungen die Basis jeder Kommunikation in einer Beziehung? Was ist vernünftig und was ist zuviel?

Zunächst einmal nimmt sich niemand vor, derart übertriebene Bedürfnisse und Erwartungen zu haben, daß sie schließlich die Liebe, die man von einem Partner braucht und sich wünscht, ersticken. Es ist normal und natürlich, daß Männer wie Frauen etwas von einer Beziehung verlangen. Es gibt aber gewisse Arten von Druck, die Frauen auf Männer ausüben können, die der Liebe schaden können. Ablehnung und der Verlust von Vertrauen und Glück sind letztlich die Folge.

Zurück zum Anfang. Wenn wir die frühesten Stadien der Verliebtheit betrachten, stellen wir fest, daß sie sich auf Bejahung gründen. Zu Beginn möchten wir alle gern glauben, unser Partner sei der oder die Größte. Entweder übersehen wir seine oder ihre Fehler, oder wir machen sie zu Tugenden – Teilen des Gesamtbilds von Charme und Attraktivität. Die Liebe muß in den ersten Wochen und Monaten nicht unbedingt blind sein, aber sie ist ganz gewiß kurzsichtig! Bejahung und das wunderbare Gefühl, selbst liebenswert zu sein, sind vielleicht die wichtigsten Bestandteile im Prozeß der Bindung zwischen Frauen und Männern. Wir empfinden, daß unser Liebespartner mag, was er oder sie sieht, und unsere Unsicherheit schmilzt langsam in der Wärme des Gefühls, so geschätzt zu werden, wie wir sind. Wir müssen uns dauernd anfassen, unsere Freunde bekommen uns sehr viel weniger zu sehen, und wir fühlen uns in unserer Liebe herrlich vervollkommnet.

Wenn die Verliebtheit sich zur Liebe vertieft, bejahen wir nicht mehr alles unterschiedslos. Während wir uns in unserer Bindung immer sicherer fühlen, werden wir vielleicht auch kritischer und sind leichter zu enttäuschen. Wir beginnen, die tönernen Füße unseres Geliebten zu sehen. Wenn Hoffnungen und Erwartungen sich in Enttäuschungen auflösen, handeln wir manchmal ganz merkwürdig. Wir ziehen nicht den Schluß, unsere Wünsche könnten unrealistisch sein, sondern entwikkeln mehr Erwartungen oder klagen lauter um diejenigen, die wir gehabt haben. Erwartungen häufen sich an, auch wenn unser Partner sie nicht wahrnimmt; sie werden immer mehr, während wir auf der Erfüllung unserer Wünsche bestehen. Das Ergebnis dieser Zunahme ist eine Art Vergiftung, die die Beziehung in negativer und sogar zerstörerischer Weise infizieren kann. Wir alle kennen Menschen, die sich über irgendeinen Fehler ihres Partners beklagen, der sich überhaupt nicht ändern läßt. Trotzdem machen sie unbarmherzig weiter, ohne zu begreifen, daß ihr Mangel an Bejahung die Saat künftiger Ablehnung durch ihren Gefährten legen kann.

Was sind vernünftige Erwartungen?

Welche Rechte haben Sie, wenn Sie Forderungen an Ihren Partner stellen möchten? Woran erkennen Sie, wann ein gesundes Gefühl persönlicher Berechtigung die Grenze überschreitet und sich in übertriebene oder unrealistische Erwartungen verwandelt? Die Antwort ist nicht so einfach, wie Sie vielleicht hoffen, denn gewisse Ansprüche sind angemessen, andere nicht, und es mag schwerfallen, gerade auf einige der unangemessensten zu verzichten.

Im alltäglichen Leben stellen wir alle Forderungen an unsere Partner. Meist leben sie mit diesen Forderungen und richten sich innerhalb ihrer Fähigkeiten danach. Es gibt eine ganze Palette von realistischen Ansprüchen, die nicht bloß vernünftig, sondern auch notwendig sind – würden wir sie nicht erheben, bestände die Gefahr, daß man uns einfach so hinnimmt und nicht als Individuen berücksichtigt. Sehen wir uns ein paar davon an.

Zunächst haben wir alle ein Recht darauf, die Tolerierung von Unterschieden zu erwarten. Wir sind nicht an der Hüfte zusammengewachsen wie siamesische Zwillinge; wir denken, handeln und fühlen nicht auf gleiche Art. Wir sind alle zu der Erwartung berechtigt, daß unsere Grundbedürfnisse nach Sicherheit, Partnerschaft und Zuneigung gestillt werden. Wir alle haben ein gesundes Verlangen, daß unser individuelles Wachstum und unser Selbstausdruck, wenn nicht gefördert, so zumindest doch nicht beeinträchtigt werden. Es ist angemessen, eine Beziehung zu wollen, die grundlegend auf Gleichberechtigung beruht. Und obwohl sich alle Beziehungen ständig weiterentwickeln, können wir in bezug auf Fragen von gemeinsamem Interesse Offenheit, Klarheit und Integrität erwarten. Doch das ist auch schon alles – alle anderen Forderungen, die wir an unseren Partner stellen, sind ein bißchen fragwürdig.

Wir können nicht erwarten, daß unser Gefährte genauso denkt und fühlt wir wir, besonders dann nicht, wenn es um die Offenbarung von Gefühlen und das Genießen der Nähe geht. Wir können auch nicht erwarten, daß wir dasselbe Zeitgefühl haben, was Bindung anlangt. Und vor allem: Wir können von einem Partner nicht erwarten, daß er die Lösung unserer persönlichen Probleme, vor allem das Ringen mit Unsicherheit und geringer Selbstachtung, auf sich nimmt.

Fühlen wir uns innerlich sicher und mögen wir uns so, wie wir sind, werden unsere Ansprüche an unsere Partner kaum jemals die Grenze überschreiten. Nur wenn wir versuchen, unsere eigenen inneren Zweifel oder Ängste zu unterdrücken, können unsere Ansprüche ungerecht werden, und wir üben auf den Partner einen unrealistischen und unfairen Druck aus, damit er sich ändert.

Übertriebene Erwartungen vereiteln sich selbst, weil

sie nach äußeren Lösungen für ganz persönliche und innere Probleme suchen. Wie oft haben Sie schon jemanden sagen hören: »Wenn er mich wirklich lieben würde, würde er mich genauso gerne heiraten wollen wie ich ihn«? Männer sind genau wie Frauen zu tiefer Liebe und Treue fähig, aber ihre Uhr geht oft ganz anders als die einer Frau. In Wirklichkeit kann die Basis des Widerstands eines Mannes gegen Heirat gerade sein Unbehagen gegenüber der Tiefe seines Begehrens und seiner Liebe zu einer Frau sein. Eine Frau, die zu früh und zu schonungslos auf Bindung drängt, tut das aus dem Bedürfnis heraus, ihre ängstlichen Gefühle der Unsicherheit zu beschwichtigen – nicht aus Liebe oder irgendeinem realen Feingefühl. Solche zeitlich unpassenden Forderungen bewirken meist das Gegenteil, weil der Schwerpunkt bei den Bedürfnissen der Frau liegt und nicht bei dem, was für beide Parteien wirklich angenehm wäre.

Ein anderer Aspekt unrealistischer Erwartungen erwächst aus unserem Wunsch nach persönlicher Erfüllung oder Bestätigung. Wir alle wollen hochgehalten und geschätzt werden. Solche Gefühle nähren unser Selbstvertrauen und unsere Liebenswürdigkeit. Eine Frau, die sich ohne einen Mann unvollständig fühlt, nicht vollkommen ohne den zusätzlichen Status, den sie durch die Verbindung mit einem Mann gewinnt, wird Männer schließlich eher als Lösungen denn als Partner betrachten.

Wenn ein Mann sich unzulänglich fühlt

Männer haben eine instinktive Antwort auf die Forderungen einer Frau – sie wissen, welche Erwartungen berechtigt sind, selbst wenn sie sie nur schwer anerkennen können, und ebenso, welche übertrieben sind. Das bedeutet nicht, daß der Mann immer recht hat, weist aber darauf hin, wie empfindlich Männer dagegen sind, wenn man ihnen sagt, sie müßten etwas leisten. Die meiste Zeit ihres erwachsenen Lebens fühlen sich Männer verpflichtet, gewisse Maßstäbe zu erfüllen, ob im Beruf oder den Frauen ihres Lebens gegenüber. Für Männer bedeutet dieser Anspruch Ziel und Bürde zugleich. Männer müssen »etwas aufstellen«, am Arbeitsplatz wie im Bett.

Von Kindheit an kämpfen Männer mit der Herausforderung und dem Vergleich: stark und konkurrenzfähig zu sein, kein Weichling. Erwartungen sind immer auf Männer zugekommen. Das heißt nicht, daß es bei Frauen anders wäre; von Kindheit an erleben sie einen ähnlichen Druck, wenn die Gesellschaft sie klar und deutlich wissen läßt, was sie tun müssen, um »richtige« Frauen zu sein.

Wenn eine Frau einem Mann direkt oder andeutungsweise zu verstehen gibt, er solle sich im Sinne ihrer Erwartungen ändern, spürt er den bitteren Stachel ihrer Enttäuschung; er fühlt, daß er versagt hat, und empfindet Schuldgefühle. Zumeist ist er vielleicht unfähig, diese Schuldgefühle in Worte zu fassen. Diese betonten Forderungen lösen in einer Beziehung eine Abwärtsspirale von Ereignissen aus. Zunächst geben sie dem Mann das Gefühl, er sei zunehmend für das Wohlbefinden der Frau verantwortlich. Dieses Gefühl erschreckt Männer, auch Frauen wollen nicht für das Wohlbefinden eines Mannes die Verantwortung tragen. Forderungen setzen einen Mann auch möglichen Gefühlen von Mangelhaftigkeit und Scham aus, weil er nicht »besser« ist und nicht eher der, den die Frau sich wünscht.

Auf einer primitiven Gefühlsebene können Ansprüche von Frauen bei Männern sogar unbewußte, aber mächtige Erinnerungen an das Schelten der Mutter und die Hilflosigkeit gegenüber ihrem Zorn auslösen. Das trifft besonders zu, wenn die Forderungen einen unbarmherzig-kritischen Ton annehmen. Der Mann gerät in einen Konflikt, da er instinktiv die Frau, die er liebt, zufriedenstellen möchte. Er will und braucht ihre Bejahung und Bestätigung. Wenn ein Mann dauernd das Gefühl hat, in den Augen der Frau unzulänglich zu sein, kommt eine Auseinandersetzung in Gang: Er möchte das Vertrauen in sein eigenes Verhalten behalten und wünscht gleichzeitig, er könne ihre idealisierte Version von sich selbst sein und so ihren Beifall finden.

Leider reagieren Männer auf übertriebene Ansprüche oft verhüllt und versteckt. Selten gibt ein Mann offen zu, er fühle sich unzulänglich oder schäme sich, gewissen Maßstäben im Leben nicht zu entsprechen. Statt dessen weisen oft nur Zorn und offene Feindseligkeit auf sein Unbehagen hin. Männer fühlen sich in der andauernden Peinlichkeit, eine Enttäuschung zu sein, überhaupt nicht wohl, aber ebenso schwer fällt es ihnen, einer Frau zu sagen, was sie fühlen. Bei den meisten Männern gibt es dann eine fast voraussagbare Reihe von Reaktionen. Die Konflikte, die diese Ansprüche auslösen, führen erst zu Schuldgefühlen, dann zu sturem Groll und schließlich, wenn die Forderungen nicht nachlassen, zu zorniger Ablehnung und dem Entzug der Liebe.

Die Romantikerin

Nach Glorias Ansicht war es Tim gelungen, alles zu verderben. Es ging nicht nur um die Energie, die sie auf ihre Beziehung verwendet hatte, obwohl sie beträchtlich war. Es war überhaupt alles. Seit Wochen hatte sie ihre besondere Überraschung für Tims Geburtstag geplant. Als der Tag gekommen war, holte sie ihn mittags vom Büro ab und tat, was sie sich vorgenommen hatte. Sie ließ Tim die Augen schließen, während sie zu dem historischen Landgasthof fuhr, wo sie noch am Morgen das romantischste Zimmer gemietet hatte: mit Himmelbett, alten Spitzenvorhängen und, im Badezimmer, einer

Wanne auf Löwenfüßen, groß genug für zwei. Als sie ihn ins Zimmer führte und sagte, er solle die Augen aufmachen, war sie voller Vorfreude und ganz aufgeregt.

Alles war perfekt – das Essen, der gekühlte Champagner, auch die Frühlingsblumen, die sie so sorgfältig arrangiert hatte. Alles war perfekt bis auf ein entscheidendes Element – Tims Reaktion. »Na ja, er hat sich bei mir bedankt und gesagt, was für eine Überraschung es war, aber ich wußte, daß es ihm nicht wirklich so gefiel wie mir. Wir aßen zu Mittag und stießen auf seinen Geburtstag an und alles das, aber als er zum zweiten Mal auf die Uhr sah, wußte ich, daß er nur an die Rückkehr zur Arbeit dachte. Ich war verletzt, enttäuscht und verlegen.«

Gloria wollte sich vor allem besonders fühlen, den »Schauer« der Leidenschaft spüren. Sie fühlte sich verletzt, denn ihr schien, als müsse sie bei Tim um die paar romantischen Gesten betteln, die sie bei ihm erreichen konnte. Ihr zugespitztes Bedürfnis nach Romantik fing an, seinen Tribut von ihm zu fordern. Selbst wenn Gloria etwas Besonderes für ihn tat, empfand das Tim mehr als unterschwellige Forderung denn als Geschenk. Gloria begriff nicht, daß Tim sie zwar liebte, daß Männer und Frauen sich aber oft auf sehr verschiedene Art lieben. Gloria hungerte nach Romantik in ihrer Ehe. Sie wollte, Tim solle sie so lieben, wie sie ihn, doch er tat es nicht. Ihre gesteigerten Erwartungen wurden zu unnachgiebigen Forderungen nach Nähe und hatten auf Tim tatsächlich die gegenteilige Wirkung.

Glorias Wünsche nach mehr Romantik schufen bei Tim ein vages und unbehagliches Gefühl der Unzulänglichkeit. Er beschrieb das so: »Ich genieße unsere Abendessen bei Kerzenlicht an den Wochenenden wirklich und auch einen gelegentlichen Abend vor dem Kamin mit einer Flasche Wein, aber sie braucht das ständig zum Leben und ich nicht. Was unser Liebesleben betrifft, so redet sie immer davon, unsere Umarmungen müßten ein ›Ereignis‹ sein. Ich hasse es, wenn ich mich schuldig fühlen soll, bloß weil ich erschöpft bin oder verkrampft und einfach kein Interesse habe.« Ihr Bestehen auf Romantik löste anstelle der Leidenschaft und Zärtlichkeit, nach denen sie sich so sehnte, Beklemmungen bei Tim aus.

Tim spürte eine langsam wachsende Abneigung, da er wußte, daß er seine Frau – in ihren Augen – vernachlässigte, nicht glücklich machte. Und je mehr sie ihn drängte, desto schlechter fühlte er sich und war, traurig genug, immer weniger bereit, ihr zu geben, was sie wollte.

Romantische Phantasien aufgeben. Frauen zeigen ihre romantischen Gefühle meist offener als Männer. Weil sie es mit Nähe leichter haben, genießen sie auch die Gesten, die die Bedeutung einer Beziehung signalisieren: einen sanften Ton, ein rührendes Geschenk, einen improvisierten Abend außerhalb. Männer andererseits fühlen sich irgendwie nicht ganz wohl dabei, ihre Liebe so direkt auszudrücken. Das liegt nicht daran, daß sie gleichgültig sind, sondern einfach daran, daß ein Mann romantische Gesten als graphischen Maßstab für das Ausmaß seiner intensiven Bindung an die Frau und seines Bedürfnisses nach ihr erlebt. Natürlich fallen Frauen solche Zugeständnisse meist leichter. Gloria glaubte, daß Tim unbedingt ebenso viel an Romantik liegen müsse wie ihr, wenn er sie nur ebenso liebte wie sie ihn. Tim liebte Gloria keineswegs weniger, aber bei ihm waren romantisches Verhalten und Zuneigung nicht gleichbedeutend. Gloria begriff nicht, daß unablässige, romantische Forderungen ermüdend wirken können – gelegentliche dagegen nicht.

Frauen wie Gloria sollten sich entspannen, sich ein wenig zurückhalten, sogar für ein bißchen Abstand sorgen. Das bedeutet nicht, weniger liebevoll zu sein – das Vertrauen eines Mannes in die Wärme und Beständigkeit der Liebe einer Frau befähigt ihn, sich weniger befangen, entspannter und fähiger zur Intimität zu fühlen. Um sich aber ganz aktiv mit ihr verbunden zu wissen, braucht ein Mann auch einen gewissen Grad gelegentlicher Distanz zwischen sich und einer Frau. Er muß das Gefühl haben können, sie sei nicht in allem und jedem von ihm abhängig.

Gesteigerte Erwartungen aufgrund romantischer Phantasien können nicht nur deshalb gefährlich sein, weil sie Männer vertreiben können, sondern weil sich hinter ihnen oft ein tiefergehendes Problem verbirgt, mit dem die Frau sich befassen muß – Selbstachtung. Frauen, und Männer übrigens ebenso, suchen manchmal äußere Lösungen für innere Fragen von Selbstwert und Wohlgefühl. Romantik kann einen solchen Lösungsversuch darstellen. Wir fühlen uns nicht nur interessanter und wertvoller, wir fühlen uns irgendwie gehoben, und das Leben gewinnt an Reiz.

Langeweile ist ein Problem, denn die meisten von uns verspüren sie von Zeit zu Zeit. Wir haben leicht das Gefühl, daß unser Leben fad oder sogar wertlos ist, machten wir nicht etwas Wunderbares. Die Suche nach Reizen, nach »Höhepunkten«, soll oft als Mittel gegen diese Fadheit oder Trübseligkeit wirken. Im Verlauf der Therapie entdeckte Gloria, daß sie während der meisten Zeit ihres Erwachsenenlebens leicht depressiv gewesen war. Ihr Hunger nach Romantik war ein Versuch, sich lebendiger zu fühlen, ihrem Alltagsleben mehr Sinn zu geben.

Erkennen Sie sich in Gloria teilweise wieder, können Sie einiges tun. Zuerst können Sie sich ein paar Fragen stellen. Wie werde ich mich selbst und meine Beziehung erleben, wenn alles so weitergeht wie bisher und kein regelmäßiger »Auftrieb« durch intensive, romantische Momente erfolgt? Was bin ich ohne solche Momente oder ohne diese Bestätigung meines Werts? Bin ich genug? Bin ich ein wertvoller Mensch?

Damit soll nicht gesagt werden, daß wir ohne Romantik leben sollten. Wir müssen uns aber überlegen, ob wir uns mit uns im Einklang befinden können, weil wir sind, wie wir sind und nicht davon abhängen, wie andere auf uns reagieren.

Hier besteht die Aufgabe grundsätzlich darin herauszufinden, was vernünftige und was unvernünftige Erwartungen sind. Die unvernünftigen sind in Wirklichkeit Ausdruck ungelöster, persönlicher Zwangslagen.

Die ewige Braut

Belinda (34) ist Kinderärztin, möchte heiraten und ein Kind haben, und glaubt, Ray sei der richtige Mann. Das Problem ist, daß nach acht Monaten Zusammensein die Diskussion über Bindung und Heirat unerfreulich wird, eine Quelle sich steigernder Frustrationen und Belastungen. Belinda fühlt sich verunsichert und enttäuscht, weil Ray nicht bereit ist. Ray fühlt sich gedrängt, einen Entschluß zu fassen, der – in seinen Augen – übereilt erscheint, da er Belinda noch nicht richtig kennt. »Ich möchte ihr immer sagen: ›Drängle nicht, mach es nicht kaputt‹«, klagt er. »Aber wann immer ich so etwas sage, sind ihre Gefühle verletzt, und ich fühle mich scheußlich. Ich weiß, daß ich sie liebe, aber ich brauche mehr Zeit – ich möchte keinen Fehler machen.«

Belinda erklärt: »Es hat mich ganz plötzlich getroffen. Ich bin 34, und ich möchte wirklich Kinder haben. Ich habe den ganzen Tag mit Kindern zu tun, aber ich möchte wenigstens zwei eigene, und – so ist das nun mal – ich habe nicht mehr so viel Zeit, um zwei oder drei Kinder zu bekommen.« Belinda erlebt eine Art von Druck, wie ihn heute viele Frauen spüren – daß die Zeit sie einholen wird, nachdem sie Ehe und Familie zugunsten von Ausbildung und Berufsleben zurückgestellt haben.

Der Fehler, den Belinda bei Ray macht, ist schwerwiegend. Ihr Wunsch und ihre Bereitschaft zur Ehe, doch vor allem ihr schwindendes Vertrauen in seine Liebe machen ihr Zusammensein mühsam und angespannt. Ihr dringendes Bedürfnis nach einer konkreten Zukunftsplanung bringt Ray in eine emotional schwierige Lage. Er fühlt sich gezwungen, sich zu seiner Bindung an sie zu bekennen, obwohl diese erst teilweise ausgereift ist, noch nicht voll entwickelt. Sie ist äußerst empfindsam für ihr eigenes »Timing« und denkt gern an Heirat, aber gleichzeitig ist sie ohne Gespür für Rays Bedürfnis, alles etwas langsamer anzugehen. Zwar gibt es gewiß auch Männer, die einen kleinen Schubs in Richtung auf diesen entscheidenden Schritt gebrauchen können, aber die Ernsthaftigkeit der ehelichen Verbindung erfordert, daß Belinda Rays Vorstellung von Wohlbefinden und »Timing« anerkennt und begreift.

Ray ist gern mit Belinda zusammen und würde, ließe man ihm etwas Zeit und akzeptierte seine Unsicherheiten, sich auf eine enge Bindung mit ihr zubewegen. Aber ihre Gier und ihr wachsender Drang nach fester Bindung drohen, ihn zu vertreiben.

Wie man Unterschiede im »Timing« begreift. Eine der Fragen, die Belinda quälen, lautet, ob sie ihre Zeit verschwendet, wenn sie auf einen Entschluß von Ray wartet. Da es keine Richtlinien für Bindung und den richtigen Zeitpunkt gibt, stehen Frauen im gebärfähigen Alter heute oft unter starkem Druck. Woher weiß man denn, wann die richtige Zeit ist?

Nach unserer Erfahrung scheinen Männer nach ein oder zwei Jahren des Zusammenseins mit einer Frau für den Gedanken an Bindung reif zu sein. Frauen dagegen haben oft das Gefühl, schon nach etwa sechs Monaten oder spätestens nach einem Jahr müsse das Thema ernsthaft zur Sprache kommen. Achten Sie auf die Diskrepanz! Die meisten Frauen bewegen sich zweimal so rasch auf die Ehe zu wie die Männer! Diese Diskrepanz schafft eine Menge Mißverständnisse und Spannungen. Interessant ist dabei die Beobachtung, daß Männer um die Vierzig oft viel bindungsbereiter sind – manchmal sogar erstaunlich schnell – als Dreißigjährige, die glauben, sie hätten noch viel Zeit, um über Ehe und Familie zu entscheiden.

Die emsige Nestbauerin

Die Besorgnis einer Frau, wie ein Mann zur Ehe steht, kann schon bei den ersten paar Begegnungen mit ihm zum Vorschein kommen. Und diese Sorge bringt sie in Schwierigkeiten.

Glenn (42), von Beruf Industrie-Zeichner, hatte in dem Jahr nach seiner Scheidung eine Reihe von Verabredungen mit Frauen. Während des ersten gemeinsamen Monats war er sehr begeistert von Sandra, der Personalleiterin eines Warenhauses. Sie war gescheit und an einigen derselben Gemeinde- und sonstigen politischen Aktivitäten beteiligt wie Glenn. Doch nach nur sechs Wochen begann Glenn bereits, ihr gegenüber abzukühlen, und teilte ihr mit, er glaube nicht, daß aus ihnen beiden etwas werden könnte.

Er beschreibt, was seiner Meinung nach schieflief. »Wenn ich zurückschaue, dann waren die Alarmsignale von Anfang an da. Als wir zum erstenmal zusammen zum Abendessen gingen, gab mir Sandra sofort zu verstehen, sie sei an mir interessiert und wolle mich bald wieder treffen, also machten wir aus, uns zwei Tage danach wieder zu sehen. Danach hat sie jedesmal, wenn wir uns trafen, innerhalb der ersten paar Stunden einen Film erwähnt, den sie gern sehen wollte, oder von einem Plan für das kommende Wochenende gesprochen und gab nicht nach.

Etwa zwei Wochen, nachdem wir angefangen hatten,

miteinander zu schlafen, fragte sie mich beim Abendessen, ob ich wieder heiraten wolle und wie bald. Ich antwortete ihr, daß ich den Wunsch hätte, innerhalb der nächsten paar Jahre wahrscheinlich wieder zu heiraten, und daß ich gern mit jemand zusammenlebte und mir nicht vorstellen könnte, den Rest meines Lebens allein zu bleiben. Sie sagte, sie suche nach einer ausschließlichen Beziehung und gab mir zu verstehen, sie schliefe mit niemand anderem.

Es war, als hätte sie das Gefühl, ich hätte mich zu einer festen Beziehung mit ihr bekannt, und sie könnte eine Menge von mir erwarten – eine Menge Zeit, viele Telefonanrufe – und daß wir ab sofort ein festes Paar seien. Es war, als hätte sie für sich entschieden, ich sei der Richtige. Von mir aus gesehen hatten wir etwa zwei herrliche Wochen, dann fing ich an, mich gedrängt zu fühlen, und ziemlich bald war es dann für mich vorbei.«

Die Besorgnis beherrschen. Es ist wichtig und klug, Ihre Ziele und Lebenspläne schon früh in einer Beziehung zu erörtern und dabei herauszufinden, wie die Vorstellungen des Mannes aussehen. Die Frage aber ist: Wie früh? Und ob Sie sie einfach nur kennen wollen oder versuchen, Ihre Besorgnis zu beschwichtigen? Sich zutiefst nach Zugehörigkeit zu sehnen, ist normal und natürlich. Zu befürchten, daß man sie nicht erlebt, ist ebenfalls verständlich. Es ist aber wichtig, den Pessimismus nicht die Oberhand gewinnen zu lassen oder zuzulassen, daß einen Selbstzweifel zu Fall bringen. Der andere wird Gefühlshunger nie als Geschenk empfinden. Schwindender Optimismus auf der Suche nach Liebe verwandelt sich nur allzu leicht in Verzweiflung, die sich einem Mann irgendwie mitteilt, auch wenn Sie versuchen, sie zu verbergen.

Wenn jemand Signale von übertriebener Gefühlssucht aussendet, hat das nur die Folge, daß der andere sich abgestoßen fühlt. Warum? Zunächst einmal wird Verzweiflung als eine Empfindung wahrgenommen, die von drängenden Bedürfnissen gespeist wird, die über die Beziehung hinausgehen und viel mehr mit Selbstachtung als mit Liebe zu tun haben. Zweitens macht sich Verzweiflung übermächtig spürbar – der andere merkt, daß dieses starke Bedürfnis sich nicht so leicht stillen lassen wird. Und drittens läßt Verzweiflung dem anderen keinen Raum, um in der Liebe aktiv zu werden. Das wirkliche Gefühl der Liebe wird nur erfahren, wenn wir in der Rolle des aktiven »Liebhabers«, nicht nur des »Geliebten« sind.

Verzweiflung stößt uns ab, Vertrauen und Stärke ziehen uns an. Wie entwickelt man sich in dieser Richtung? Versuchen Sie, klarer zu sehen, was Sie in die Arena der Liebe mitbringen. Wahrscheinlich ist vieles interessanter und wertvoller, als Sie denken. Denken Sie an den Wert Ihrer Liebe, diese Erinnerung kann die Lücke allmählich füllen und unsere Selbstzweifel hinausdrängen. Verzweiflung gedeiht auf einem einzigen Nährboden – Hoffnungslosigkeit. Selbst-Ermutigung und Glaube an die eigene Liebens-Würdigkeit lassen wenig Raum für Hoffnungslosigkeit. Lenken Sie die Energien, die Ihre Ängste beanspruchen, auf gesellschaftliche Aktivitäten, die Ihren Selbstwert stärken und Ihnen neue Wege eröffnen, Männern zu begegnen.

Wenn Sie es mit einem Mann zu tun haben, der dieselben Ziele wie Sie verfolgt und der vielleicht sogar sagt, daß er heiraten möchte und Kinder haben, müssen Sie begreifen, daß das nicht unbedingt heißt, daß Sie die einzig Richtige für ihn sind. Und in der idealsten und vielversprechendsten Situation, wenn Sie beide fühlen, Sie seien füreinander geschaffen, sorgen Sie dafür, daß der Wunsch, einander näher zu kommen, aktiv und gegenseitig bleibt.

Wenn Ihre Sorge um eine baldige Heirat beherrschend wird, löst sie eine Dynamik aus, die einem Mann

Gefühle des Gedrängtwerdens verursacht und die unbehagliche Vorstellung, für Ihr Wohlbefinden verantwortlich zu sein. Er wird daran gehindert, als Liebhaber aktiv zu werden, und jede reale Hoffnung auf Gegenseitigkeit wird untergraben. Es kann passieren, daß der Mann passiv wird, Widerstand oder sogar Ablehnung entwikkelt, um sich schließlich lieber von Ihnen abzuwenden, als eine dauerhafte Bindung einzugehen.

Die Status-Sucherin

»Ich denke, ich hab' jetzt genug. Egal, was ich mache oder wieviel ich ihr gebe, es genügt niemals ganz.« Das waren Als Worte, als er mit Frances, seiner Frau seit fünf Jahren, die Beratung begann. Sie schrie ihn an: »Ich verlange doch gar nicht zuviel von dir – wir beide wollten das Haus, die Urlaubsreisen, die Garderobe. Jedenfalls hast du mich das immer glauben lassen.« Frances (29) hatte recht. Al (43) hatte viel versprochen, hatte versucht, ihr ein luxuriöses Leben zu bieten, aber allmählich wurde er es leid.

Gemeinsam hatten Al und Frances einen Lebensstil entwickelt, der sie jeden Pfennig von Als jährlichem Gehalt von 70 000 Dollar als leitendem Angestellten eines Importunternehmens kostete. Frances war enttäuscht, daß es Al nicht gelungen war, seine eigene Firma zu gründen, und er jüngst bei der Besetzung eines höheren, leitenden Jobs übergangen worden war, um den er so hart gekämpft hatte. »Andere Männer schaffen es«, sagte sie. »Die bleiben jedenfalls nicht in einem Job stecken, in dem sie nicht wirklich Geld machen und ihr eigener Chef sein können.«

Al hatte zwar einen gut bezahlten Job mit beträchtlicher Verantwortung, fühlte sich aber in Frances' Augen als Versager. »Sie gibt mir das Gefühl, daß ich nicht gut genug bin, nicht smart, nicht reich genug oder zäh genug, um sie glücklich zu machen. Aber was mich wirklich verrückt macht, ist, daß ich eine verdammte Menge mehr erreicht habe, als sie wahrscheinlich jemals ohne mich erreichen wird.« Frances hatte als Visagistin in Warenhäusern der Umgebung gearbeitet, ehe sie Al begegnete, tat das jetzt aber nur noch gelegentlich und betrachtete ihren Verdienst als »Nadelgeld«.

Frances fühlte sich unter ihrer eleganten Tünche schrecklich unvollkommen und unzulänglich. Als Folge war ihre Verbindung mit ihrem Mann weitgehend darauf ausgerichtet, durch Zugehörigkeit zu ihm ein Gefühl von Wert und Bedeutung zu gewinnen. Was sie selbständig nicht entwickelt oder erreicht hatte, versuchte sie, aus zweiter Hand durch ihre Ehe sicherzustellen.

Wie wir schon gesagt haben, fühlen sich Männer unter dem Druck, lebenslänglich etwas leisten zu müssen. Frances war nicht klar, wieviel innere Feindseligkeit in Al als Folge ihrer Ansprüche geweckt wurde. Die meisten Männer setzen sich selbst genügend unter Leistungsdruck und schätzen es überhaupt nicht, wenn er noch zusätzlich von ihren Partnerinnen kommt. Genau wie auf Frauen ein Haufen eigenen Drucks lastet, sind Männer an die Vorstellung gekettet, sie müßten hart arbeiten, erfolgreich sein und gleichzeitig mit dem ganzen dazugehörigen Streß fertig werden, den die Suche nach dem »Amerikanischen Traum« erzeugt. Frauen, die verstehen, wie Männer auf diese gesellschaftlichen Erwartungen reagieren, werden von ihren Männern besonders geschätzt; Frauen, die diese besonderen männlichen Verletzlichkeiten ignorieren, laufen Gefahr, verlassen zu werden.

Vertrauen von innen heraus gewinnen. Wann immer ein Mann oder eine Frau sich unzulänglich fühlen, träumen sie davon, der Partner könne etwas zur Lösung beitragen. Männer wie Frauen sind kulturell so geprägt, daß sie glauben, ein Partner könne ihr Wertgefühl steigern.

Das stimmt auf die Dauer natürlich nie, auch wenn ein Mann einen gewissen Stolz empfindet, weil an seinem Arm eine auffallend schöne Frau geht, oder eine Frau sich geschmeichelt fühlt, in Gesellschaft eines sehr mächtigen oder reichen Mannes gesehen zu werden.

Wir alle ringen immer wieder mit der Frage, ob wir »gut genug« sind oder nicht. Frauen haben dabei in dieser Hinsicht einige wichtige und besondere Probleme. Früher konnte eine Frau traditionsgemäß nur durch die Zugehörigkeit zu einem Mann Macht und Bedeutung erlangen. Die Kultur gab den Frauen zu verstehen, ohne einen Mann seien sie gar nichts. Leider haben alte Gewohnheiten, so unangemessen oder anachronistisch sie auch sein mögen, ein zähes Leben. Und bei vielen Frauen kann so eine herkömmliche Prägung eine tiefe Wirkung auf ihre Selbstachtung haben.

In Wahrheit fühlen wir alle uns wohler, wenn wir selbst für unsere Sicherheit sorgen können und nicht versuchen müssen, sie durch die Zugehörigkeit zu einer anderen Person herzustellen.

Für die meisten von uns besteht die Aufgabe, an diesem »Gut-genug-Sein« zu arbeiten, darin, einfach zu sein, »wer« wir sind und nicht »mit wem« wir sind. Fragen Sie sich zunächst einmal: Wenn mein Partner nie mehr erreicht, als er bisher erreicht hat, kann ich ihn dann noch lieben? Werde ich mich wohl fühlen? Oder muß ich meine Probleme der Unsicherheit wirklich durch die Zugehörigkeit zu einem Mann lösen, der mir durch seinen Status im Leben das Gefühl gibt, ein wertvoller Mensch zu sein?

Erforschen Sie in sich selbst mögliche negative Einstellungen oder Gefühle des Selbsthasses, die Vertrauen und Selbstachtung blockieren könnten. Wir alle wachsen mit inneren Zweifeln, Schüchternheiten und Ängsten auf. Es gibt einen wunderbaren Spruch: »Je mehr vom Leben du meisterst, desto weniger hast du vom Leben zu fürchten.« Also: Wenn Sie das Risiko innerlichen

Wachstums eingehen, wird Sie ein Gefühl der Selbstachtung belohnen, das Sie unmöglich durch bloße Zugehörigkeit zu einem anderen erreichen können.

Wenn Sie nach Männern als äußeren Lösungen für innere Probleme suchen, müssen Sie härter am Aufbau Ihrer eigenen Selbstachtung arbeiten. Beginnen Sie damit, sich klarzumachen, was Sie an sich selbst mögen. Fühlen Sie sich nicht einfach unvollkommen, versuchen Sie, da herauszukommen, und fangen Sie an, jene Qualitäten zu erringen, die Ihnen offenbar fehlen. Selbstvertrauen ist für uns alle erreichbar, es läßt sich aber nur von innen her aufbauen.

Die Helden-Verehrerin

Cara (30) wollte einen »richtigen Mann«, stark, reif und beschützend. Was ist daran falsch? Das Problem war, daß Cara ein etwas unrealistisches Bild von Männern hatte. Ursprünglich zu warmherzigen, empfindsamen Männern hingezogen, lehnte sie später deren Mangel an Aggressivität und Stärke ab.

Eines Abends, nachdem sie und Chuck (35) seit etwa einem Jahr zusammengelebt hatten, glaubte Cara, ein Geräusch draußen vor der Küche zu hören. Sie rannte hinauf und sagte es Chuck in der Erwartung, er würde wissen, was zu tun sei, und dem Geräusch nachgehen. »Ich hatte Angst und wollte, daß er etwas tut. Er horchte und hörte das Geräusch auch, und er sagte richtig nervös, er würde die Alarmvorrichtung einschalten und die Polizei rufen. Er sank in meiner Achtung – er schien einfach schwach und ängstlich. Ich möchte einen richtigen Mann, jemanden, der die Sache in die Hand nimmt und mich beschützt.«

Das hatte Chuck gerade noch gefehlt. »Ich bin es wirklich leid, meine Männlichkeit verteidigen zu müssen«, erklärte er. »Ich bin mit mir zufrieden, wie ich bin, und habe ehrlich keine Lust, jemand anders sein zu wollen.«

Die Bejahung, die Chuck zu Beginn ihrer Beziehung von Cara erfahren hatte, schwand rasch dahin. Cara wollte den mythischen maskulinen Mann in Chuck finden. Sie fürchtete sich allerdings vor einem beherrschenden und aggressiven Mann und versuchte deshalb unbewußt, das Heft in der Hand zu behalten, indem sie einen eher empfindsamen und sanften Mann wie Chuck wählte.

Männer als gleichberechtigt ansehen. Männer wollen genauso wie Frauen akzeptiert werden. Sie wollen nicht als Supermänner oder Helden angesehen und gebraucht werden. Es ist zu mühsam, falsche Vorspiegelungen aufrechtzuerhalten. Frauen, die einen überlebensgroßen Mann suchen, werden unter Umständen erleben, daß der Mann sie ablehnt und ärgerlich auf sie ist, auch wenn er Ablehnung und Ärger sorgfältig verbirgt.

Der Wunsch einer Frau, ein Mann sollte dynamischer oder beschützender sein, ist durchaus verständlich. Er entspricht etwa dem Wunsch eines Mannes nach einer Frau als allwissender und allesgebender Mutter Erde. Im Kern ist aber diese Art unrealistischer Erwartung an Männer nicht nur ein einfacher Wunsch, sondern ein Reflex der Gefühle von Hilflosigkeit oder mangelnder Selbstsicherheit bei einer Frau. Wenn eine Frau ihre unrealistischen Hoffnungen in bezug auf Männer und das, was sie für eine Frau tun können, aufgeben soll, muß sie ein Gefühl für ihre eigene Kraft, für ihre eigenen inneren Fähigkeiten entwickeln. Frauen scheuen sich manchmal, selbstsicher zu erscheinen; sie befürchten, man könne sich nicht so um sie kümmern, wie sie es wünschen, weil sie so stark wirken. Studien über weibliche Angst vor dem Erfolg zeigen diese geheime Sorge deutlich. Viele Frauen glauben, daß sie allein bleiben müssen, wenn sie zu stark, zu selbstsicher und zu erfolgreich sind. Oft fürchten sie, daß Männer sie nicht mögen werden, daß sie ihre Stärke als Bedrohung empfinden könnten. Das ist natürlich nicht wahr, denn die meisten Männer achten starke, selbstsichere Frauen und finden sie anziehend. Das Traurigste an diesen Frauen ist, daß sie den Genuß des Gefühls der Stärke und Leistungsfähigkeit nicht erleben, während gerade Stärke und Leistungsfähigkeit die Eckpfeiler sind, wenn Beziehungen zu Männern auf der Basis eines echten Gefühls der Gleichberechtigung aufgebaut werden sollen.

Wann sind Ansprüche übertrieben?

Wie erkennen Sie, daß Ihre Erwartungen gefährlich überzogen sind? Der allerwichtigste Hinweis besteht darin, daß Ihre Forderungen mehr von einem starken Bedürfnis als von bloßen Wünschen oder Vorlieben diktiert sind. »Bedürfnis« bedeutet einen gewissen Grad von imperativer Notwendigkeit – daß Sie verloren oder vernichtet wären, würde Ihren Erwartungen nicht entsprochen. Diese Ebene von emotionaler Intensität läßt häufig übertriebene Ansprüche entstehen. Erwartungen, die vor allem dazu dienen, Selbstzweifel und Unsicherheiten abzubauen, sind meist übertrieben.

Forderungen im Zusammenhang mit einer Beziehung drehen sich darum, daß unser Partner anders sein und sich unseren Wünschen entsprechend ändern soll. Fraglos haben Männer ihre Mängel – sie sind nicht die tapferen und kühnen Ritter von einst, die Frauen sich vielleicht erhoffen. Es geht aber nicht um ihre Unvollkommenheit. Es geht darum, daß ein Mann fast reflexartig in die entgegengesetzte Richtung zurückweicht, wenn eine Frau anfängt, in einer Richtung an ihm zu zerren. Ständige Kritik gibt ihm dann das Gefühl, »nicht gut genug« zu sein, und untergräbt das Gefühl, geschätzt und bejaht zu werden. Sie können ihm noch so oft sagen, daß Sie ihn lieben, wenn Sie ihm dabei zu verstehen geben, daß er sich ändern muß, so wird er unter dem Strich nicht die Wärme der Liebe, sondern nur den Stachel des Tadels fühlen.

Der Hauptinstinkt eines Mannes besteht darin, der Frau, die er liebt, zu gefallen. Wenn ein Mann eine Forderung vernünftig findet, wird er entweder den ehrlichen Versuch machen, sie zu erfüllen, oder Ihnen ziemlich direkt sagen, daß er es nicht kann. Schwierigkeiten gibt es dann, wenn der Mann nicht sicher ist, ob das, was Sie verlangen, vernünftig und gerecht ist – wenn seine eigene Unsicherheit und sein Bedürfnis nach Anerkennung ihm erschweren zu entscheiden, was vernünftig und gerecht ist.

Eine erste Warnung kann sein, daß er ziemlich schweigsam und vage reagiert, wenn Sie solche Themen erörtern wollen, er gibt Ihnen überhaupt keine direkte Antwort. Wenn Sie den Druck dann noch steigern, können seine Gefühle sich langsam in Ablehnung und schließlich Gefühlsentzug verwandeln. Er befindet sich in einem Konflikt. Eigentlich möchte er mit Ihnen verbunden bleiben, doch obwohl er weiß, daß Ihre Zustimmung ein wichtiger Bestandteil der Verbindung ist, fühlt er sich unfähig, Sie zufriedenzustellen. Dieser Zustand eines emotionalen Niemandslandes kann eine Marter sein – anscheinend kann er den Druck, den er empfindet, nicht verringern, aber ebensowenig kann er sich von ihm lösen und ihm ausweichen. Die Folge ist allmählicher Gefühlsentzug.

Um herauszufinden, ob die Ansprüche, die Sie stellen, vielleicht übertrieben sind, versuchen Sie, sich Folgendes zu fragen:

1. Verlange ich auf einem bestimmten Gebiet deutlich mehr von ihm? Übertriebene Ansprüche pflegen immer mehr zu verlangen, nicht weniger – mehr Zeit, mehr Lebensstandard, mehr Romantik, mehr Männlichkeit.

2. Erwarte ich, daß er anders ist als die meisten Männer? Übertriebene Ansprüche verlangen von einem Mann gewöhnlich nicht nur »mehr als« und »besser als«, sondern auch »anders als« andere Männer.

3. Sind ihm meine Ansprüche anscheinend unbehaglich? Übertriebene Ansprüche zwingen einen Mann, die Grenzen seines Wohlgefühls zu überschreiten.

4. Warum gibt es diesen Zwiespalt zwischen dem, was ich sehe, und dem, was ich mir wünsche? Hat das mit Problemen in meinem Innern zu tun – mit Gefühlen der Unvollkommenheit, Fragen der Liebens-Würdigkeit, des Werts, der Sicherheit? Übertriebene Ansprüche sind oft Bemühungen, einen anderen dazu zu bringen, daß er einen Mangel ausgleicht, den wir an uns selbst empfinden.

Wenn Sie wissen, daß Ihre Forderungen übertrieben sind, ist es entscheidend, daß sie sie zurückziehen, ihm sogar zu verstehen geben, daß Ihre Erwartungen unrealistisch waren. Damit ist der Anfang zu einem richtigen Dialog gemacht. Bedenken Sie, daß echter Wandel sich immer in kleinen, aber bedeutsamen Schritten vollzieht. Seien Sie realistisch in bezug auf das Tempo, in dem sich Veränderung abspielt.

Wenn Sie wollen, daß ein Mann sich irgendwie ändern soll, wählen Sie die Richtung sorgfältig, und sagen Sie ganz genau, was Sie erwarten. Sind Sie sicher, daß Ihre Ansprüche gerecht, vernünftig und nicht übertrieben sind, könnten Sie es etwa so anfangen: »Diese Sache stört mich wirklich. Und damit wir nicht zu streiten anfangen und weil ich dich liebe, möchte ich wissen, wie weit ich da vernünftigerweise eine Veränderung erwarten kann.« Ist er wild entschlossen, sich nicht zu ändern, besteht wahrscheinlich kaum eine Chance für wesentliche Veränderungen seines Verhaltens, ganz gleich, wie richtig und gerecht Sie Ihre Sache finden oder wie falsch, daß er eine Änderung verweigert.

Anerkennung gehört zur Liebe

Wenn wir denjenigen ändern wollen, den wir lieben, neigen wir vor allem zu drei Fehlern. Der erste hat mit unrealistischen Erwartungen in Liebesdingen allgemein zu tun. Es ist ein Märchen, daß wir ein Recht darauf, ja sogar eine Verantwortung dafür haben, unsere Partner zu verbessern. Es ist ein Märchen, daß alle Aspekte des Umgangs – persönliche Bedürfnisse wie individuelle Unterschiede – Verhandlungssache sind. Das sind sie nicht.

Der zweite Fehler liegt in einer natürlichen Neigung, selbstgerecht zu sein und zu glauben, wenn wir nur bereit seien, uns dem Partner zuliebe zu ändern, müsse er ebenso bereit sein, dasselbe für uns zu tun. Das klingt zwar vernünftig und mag auf manchen Gebieten auch gelten, in Wahrheit können wir aber sehr wenig ändern. Bedenken Sie: Anerkennung gehört zur Liebe. Dieses wunderbare Gefühl der Liebens-Würdigkeit, von Wohlgefühl und Sicherheit ist der wichtigste Bestandteil der chemischen Formel, die Paare zusammenhält.

Ein dritter Fehler, den Frauen häufig begehen, ist, das grundlegende Wesen von Männern nicht gelten zu lassen. Frauen, wie wir sie beschrieben haben, möchten, daß ihre Männer »viel mehr« sein sollen, als sie tatsächlich sind. Eine Beziehung mit einem »Potential« funktioniert nicht – Sie müssen einen Mann für das lieben, was er ist. Es ist viel gefahrloser und viel weniger frustrierend, einen Mann so zu nehmen, wie er ist und nicht, wie Sie ihn sich wünschen oder hoffen, daß er werden könnte.

Viele von Ihnen fühlen sich ernüchtert oder sogar enttäuscht von der Art, wie Männer auf Forderungen nach Änderung reagieren. Die Wahrheit ist dagegen, daß Frauen Veränderungen viel erfolgreicher in Gang setzen können, wenn sie ihren Einfluß durch liebende Bejahung und Anerkennung geltend machen – eine positive Lösung anstelle einer negativen. Auf diese Weise erfahren Sie mehr Liebe, direkt proportional zu dem Maß an Zuneigung und verdienter Bejahung, das Sie für Ihren Partner empfinden. Was er Ihnen zurückgibt, wird ebenfalls erfüllender sein.

4. Kapitel Frauen, die insgeheim Männer verachten

Das Wort »Mysogynist« ist jahrhundertealt und hat seine Wurzeln in der Sprache des alten Griechenland. Es bedeutet »Frauenhasser« und wurde zur Beschreibung eines Mannes angewandt, der Frauen auf die eine oder andere Art verschmähte oder verachtete. Seltsamerweise gibt es kein analoges Wort für »Männerhasserin«. Wir haben einen Ausdruck für jemand, der alle Menschen haßt – Misanthrop –, aber keine Bezeichnung für eine Frau, die Männer verabscheut. Und warum? Bis in die letzten Jahrhunderte hinein waren es die Männer, die die Sprache vor allem getragen und verfeinert haben, und Männer waren es, die lesen und schreiben lernen durften. Es scheint daher kein Zufall, daß ein Wort für die Verachtung von Frauen für Männer im antiken Sprachgebrauch nicht auftauchte. Könnte es daran gelegen haben, daß Männer leugnen wollten, Frauen könnten solche feindseligen Gefühle hegen? Daß sie sich von ihnen bedroht fühlten?

Offensichtlich gibt es und hat es immer Frauen gegeben, die starke negative Gefühle gegen Männer empfinden. Worum geht es da? Was ist daran schuld, daß Frauen und Männer eine traurige und unglückselige Feindschaft entwickeln? Leidenschaften, positive wie negative, stellen sich ein, wenn starke, gegenseitige Abhängigkeiten existieren. Je mehr wir voneinander wünschen, uns brauchen und uns aufeinander verlassen, desto mehr wächst das Potential an Verletzung, an Enttäuschung und Bitterkeit. Das ist vor allem so, wenn wir gerade wegen unserer Abhängigkeit das andere Geschlecht nicht einfach übergehen oder meiden können, wenn es uns mißfällt. Wir müssen uns weiter damit auseinandersetzen.

Einige dieser grundlegenden männerfeindlichen Empfindungen wurden in den vergangenen Jahren durch die Frauenbewegung geschürt, als sie die historische Unterdrückung der Frauen durch Männer herausstellte und anklagte. Der Feminismus hat Zorn und Mißtrauen gegen Männer nicht geschaffen, hat sich aber auf solche Gefühle konzentriert und sie legitimiert. Er hat ein Forum geschaffen, wodurch die Frauen ein paar der dunkleren Aspekte und Empfindungen im Verhältnis Mann–Frau besser verstehen und in den Griff bekommen konnten. Aber obwohl die Frauenbewegung dem Zorn der Frauen gegen die Männer eine rationale Erklärung gab, entspringt die wahre Quelle für diese Gefühle doch aus viel primitiveren Emotionen.

Die Saat der Verachtung

Die grundlegendsten Ursachen für Verachtung liegen in der Kindheit. Die Bausteine »Verachtung – Haß – Zorn« sind starkes Bedürfnis auf der einen und Schmerz, Bitterkeit und Furcht auf der anderen Seite. Das gemeinsame Produkt dieser Kräfte ist ein intensiver und mächtiger Konflikt – eine Person zu brauchen und sich zu ihr hingezogen zu fühlen, aber gleichzeitig auch Angst vor ihr zu haben. Wenn uns etwas Schmerzen macht, meiden wir es meist; wir laufen einfach weg. Kaum einer von uns verbrennt sich mehrmals an einem heißen Ofen. Wenn wir aber das, was uns weh tun kann, wollen und brauchen, sind wir in einem Konflikt.

Einfluß der Familie. Ambivalenz gegenüber Männern entsteht oft bei einem Mädchen, das bei einer eher distanzierten, kritischen und wenig ansprechbaren Mutter und einem schwachen und sprunghaften Vater mit einem Mangel an Selbstkontrolle aufwächst.

Darby (38) erinnert sich an ihren alkoholabhängigen Vater – ein einflußreicher und geachteter Anwalt bei Tag und abends nur zu häufig ein Trunkenbold, der heimlich in ihr Bett kroch, »um es herauszuschlafen«. Darby kann sich nicht direkt erinnern, sexuell mißbraucht worden zu sein, hat aber das beunruhigende Gefühl, daß es hätte passieren können. »Ich glaube, meine Mutter hat im Grunde einfach darüber weggesehen, was sich abspielte, weil sie es nicht mit ihm zu tun bekommen wollte, wenn er getrunken hatte.« Ihr Vater wurde zur einzigen wirklichen Quelle, »mich als Kind gebraucht und wichtig zu fühlen«. Aber das Vermächtnis des Verhaltens ihres Vaters war noch viel größer, denn es enthielt auch Gefühle von Schrecken, Schuld und Ekel. Aus dieser Kombination von Liebe und Haß, von Bedürfnis und Angst entstand der emotionale Rahmen, innerhalb dessen Darby als Erwachsene Männer betrachten und auf sie reagieren sollte.

Rene (26) beschreibt ihren Vater mit schmerzlich gemischten Gefühlen. »Er gab mir Liebe und Zuneigung. Er war immer viel wärmer und viel interessierter an meinem Leben als meine Mutter. Er hatte aber auch diese schrecklichen Stimmungen, dann wurde er wütend und schrie mich an. Ich weiß, daß meine Mutter daran beteiligt war – sie ärgerte sich wegen irgendwas über mich und stachelte ihn auf, wenn er nach Hause kam. Ich glaube, daß ich ihn ganz im Innern liebe, aber bis heute spüre ich auch eine Menge Ablehnung. Ich weiß, daß er mir heute keine üblen Gefühle mehr verschaffen kann, aber ich fühle immer noch, wie ich mich innerlich irgendwie verkrampfe, wenn er die Stimme erhebt.«

Darby und Rene sind beide von ihren Vätern schrecklich verletzt worden und mit emotionalen Narben zurückgeblieben, die sich tief auf ihre Beziehungen zu

Männern auswirken. Beide wünschen sich liebevolle und positive Erfahrungen mit den Männern in ihrem Leben, jedoch vergeblich, weil ein feiner, aber undurchdringlicher Schleier von Angst und Verachtung die Offenheit und das Vertrauen abschirmt, die die Liebe erfordert.

Einen »überlebensgroßen« Vater zu haben, kann ebenfalls später im Leben Schwierigkeiten mit Abhängigkeit, Respekt und Zorn bedeuten. Catherine (32), Hausfrau und Mutter von drei kleinen Kindern, beklagt sich über ihre Ehe mit Jack, einem sanften, aber durchschnittlichen Mann. »Er hat nichts von meinem Vater, überhaupt nichts. Dad war groß und stark und hatte eine tiefe, gebieterische Stimme. Er konnte schrecklich angeben und war manchmal sogar grob, aber ich liebte das Selbstvertrauen, das er ausstrahlte, seine rohe Kraft. Meine Mutter verschwand im Vergleich irgendwie im Schatten. Ich war entsetzt bei dem Gedanken, ich könnte meine Identität in einer Ehe verlieren, wie es bei meiner Mutter war, und Jack schien die perfekte Lösung, weil er sanfter und verständnisvoller schien. Das Problem ist, daß ich ihn so brauche, wie er ist, und ihn trotzdem dafür hasse, daß er nicht stärker ist.« Aus Angst, von einem Mann zu abhängig oder von ihm in den Schatten gestellt zu werden, hat Catherine sich jemanden ausgesucht, den sie beherrschen kann. Sie macht sich aber ihre Wahl zum Vorwurf und fühlt sich gezwungen, Jack herabzusetzen, weil er ist, wie er ist.

Gesellschaftliche Einflüsse. Psychologen wissen seit langem, daß Frauen stärkere Bindungsbedürfnisse haben als Männer. Zum Teil stammen diese Bedürfnisse aus frühen Kindheitsängsten, daß ihr Überleben von Schutz abhängig sei. Bis heute neigen Eltern dazu, ein Mädchen stärker zu beschützen als einen Jungen. Auf manche Frauen wirkt das so, daß sie bei einem Mann Schutz suchen und sich und den Mann gleichzeitig dafür hassen, daß sie dieses Bedürfnis spüren.

Auch der Umstand, daß Jungen meist größer, kräftiger, härter und aggressiver sind, spielt für die grundlegende Einstellung eines Mädchens und ihr Wohlgefühl im Umgang mit Jungen und später Männern eine Rolle. In vieler Hinsicht lernen Mädchen aus ihren Erfahrungen, sich vor Jungen zu fürchten – von den ersten Geplänkeln mit raufllustigen Buben bis zu späteren Begegnungen mit sexuell aggressiven Halbwüchsigen. Der männliche Hang zu Aggression und Gewalt sowie die statistische Realität der Vergewaltigung verstärken solche Ängste, besonders bei Frauen, deren Vergangenheit sie für solche Ängste empfänglich gemacht hat.

Die Tatsache, daß Männer in der Welt über mehr reale Macht verfügen – angesehenere und einträglichere Berufe –, trägt ebenfalls deutlich zu ihrer Ablehnung durch Frauen bei. Trotz der Veränderungen der letzten Jahre liegen Frauen immer noch weit hinter den Männern, wenn es um den Grundmaßstab von Macht und Herrschaft geht – ums Geldverdienen.

Der innere Konflikt. Viele Frauen haben im Heranwachsen allgemeine, aber auch ganz bestimmte Gründe, weshalb sie Männer ablehnen und fürchten, und dennoch brauchen sie die Männer. Der Zorn, der sie so intensiv an diesen Konflikt bindet, bezieht sich genau auf ihre ständige Abhängigkeit von Männern. Diese Frauen lehnen Männer nicht einfach ab oder wollen sie aus ihrem Leben ausschließen, sie möchten auch eine Zugehörigkeit zu Männern. Sie verbergen ihre Bitterkeit, Schmerz und Mißtrauen Männern gegenüber, zumindest zum Teil, um auch mit Männern umgehen zu können. Solche Frauen erleben einen ungeheueren innerlichen Konflikt.

Leider verachten diese Frauen am meisten die Schwäche, die sie an sich selbst wahrnehmen, das Verlangen nach einem Mann. Diese inneren Gefühle der Selbstkritik haben weitreichende Auswirkungen, was für einen

Mann eine Frau wählt und wie sie menschlich mit ihm umgehen wird. Manchmal wählt sie vielleicht einen schwächeren Mann, um ihren eigenen Konflikt, ihre gemischten Gefühle von Abhängigkeit und Unsicherheit zu tarnen. Und manchmal wird die zornige Frau versuchen, einen Mann wegen seiner Schwächen zu provozieren, um sich selbst stärker und weniger abhängig von ihm zu fühlen. Solchen Frauen macht ihre Fähigkeit, einem Mann Unbehagen zu verschaffen, Vergnügen, weil es dann aussieht, als müsse er dieselbe Furcht und Unzulänglichkeit empfinden, die sie selbst spüren. Insgeheim mögen es diese Frauen aber auch nicht, wenn der Mann nachgibt – denn sie brauchen ihn auch und wollen, daß er für sie stark ist.

Wenn ein Mann zum Objekt der Demütigung durch eine Frau wird

Frauen, die Männern zürnen oder sie verachten, drükken ihre unterschwelligen Gefühle meist auf eine von zwei Arten aus: Entweder durch Gefühlsentzug, der dem Mann das Gefühl der Isolation und Vernachlässigung gibt, oder auf mehr direkte und aggressiv-zornige Weise, die den Mann einschüchtert.

Entzug und Vernachlässigung. Ein Mann fühlt sich isoliert und vernachlässigt, wenn eine Frau, ob bewußt oder unbewußt, sein Bedürfnis nach emotionaler Nähe übersieht oder verächtlich behandelt. Wie wir bereits gesehen haben, verbergen Männer ihre Bedürfnisse oder lassen sie nur ganz versteckt erkennen. Die meisten zornigen Frauen gehören zu einer von zwei extremen Gruppen: Die einen betrachten Männer als äußerst bedürftig – »Männer sind große Babys« –, und die andern sehen die Männer zäh, hart und selbstsicher –

»Männer sollten eigentlich nicht auf Frauen angewiesen sein«. Beide Ansichten sind offensichtlich Übertreibungen. Die meisten Männer gehören irgendwo in die Mitte. Zwar leiden sie nicht unbedingt intensiven emotionalen Hunger, aber wenn sie es tun, wollen sie ihn unbedingt gestillt haben.

Wie wir geschildert haben, ist Verachtung eine unbewußte, abschirmende Strategie, die manche Frauen sich zu eigen machen, um sich vor Gefühlen der Abhängigkeit von Männern zu schützen. Es ist zu gefährlich, Schmerz und Enttäuschung zu riskieren, jemanden zu brauchen, der einen verletzen könnte. Die Lösung dieses Dilemmas besteht darin, eine Barriere von Hochmut zu errichten. Frauen, die zornig auf Männer sind, ziehen sich aus zwei grundlegenden Ursachen von ihnen zurück.

Einen Mann ganz zu gewinnen – sich intim und vertrauensvoll mit ihm einzulassen – verlangt von einer Frau, daß sie mit ihren grundlegenden Bedürfnissen nach Abhängigkeit sehr weitgehend im reinen ist. Eine Frau, die vor ihrer eigenen Abhängigkeit Angst hat, sorgt für Abstand in einer Beziehung, um den Grad an Nähe und Intensität zu reduzieren und damit auch ihre eigenen Gefühle der Verletzlichkeit möglichst nicht zu stimulieren. Diese psychologische Distanz schafft einen Puffer zwischen ihr und dem Mann und, was noch wichtiger ist, zwischen ihr und ihrem Verlangen nach ihm.

Ein weiterer Grund, weshalb Frauen sich zurückziehen, ist, daß die Bereitschaft, emotional mit einem Mann verbunden zu sein, ihm die Erlaubnis geben könnte, seine Verletzlichkeiten zu zeigen. Einer Frau, die ihre eigene Verwundbarkeit haßt und ihr mißtraut, fällt es schwer, mit den Gefühlsbedürfnissen eines Mannes umzugehen, denn sie erinnern sie schmerzlich an ihre eigenen.

Die Reaktion eines Mannes auf das Gefühl der emotionalen Isolierung und der Vernachlässigung unterscheidet sich nicht von der einer Frau: Es ist das Gefühl, als sähe oder hörte einen die geliebte Person nicht. Für Männer hat dieses Gefühl aber noch eine zusätzliche Schärfe. Bedürftig zu sein und darüber zu klagen, weckt bei Männern sehr viel Scham, weil man sie gelehrt hat, solche Bedürfnisse zu unterdrücken und zu leugnen. Der Polaritäts-Faktor erklärt das teilweise. Wenn Männer sich isoliert fühlen, möchten sie näher gelangen. Äußerste Isolation verstärkt bei Männern diesen Wunsch sogar ganz besonders. Wenn dieses Bedürfnis blockiert oder von der Frau total geleugnet oder vernachlässigt wird, spürt der Mann eine Mischung aus Wut und Trauer, die beide schwer ausdrückbar sind. Männer schämen sich ihres Gefühlshungers und ihrer Unbeherrschtheit. Schließlich glauben sie, ihre einzige Zuflucht läge in der Beendigung der Beziehung.

Zorn und Einschüchterung. Wenn eine Frau zornige Verachtung für einen Mann bekundet, wirkt das auf ihn erniedrigend oder einschüchternd. Männer, die Frauen lieben, möchten ihnen im Grunde gefallen. Die Feindseligkeit und das offenkundige Mißfallen, die sich in den zornigen Worten oder Taten einer Frau ausdrücken, erwecken in Männern ein Gefühl zunehmender Besorgnis.

Einschüchterung ist für Männer wie Frauen eine Kernfrage. Keiner von uns möchte sich gern eingeschüchtert fühlen. Wir wünschen uns Sicherheit und Bejahung, wir wollen mit einem Partner zusammensein, der uns ermutigt, uns ein Gefühl der Stärke und Unterstützung gibt.

Einschüchterung ähnelt der Furcht, ist aber heikler und komplexer. Furcht zeigt sich in diesem schnelleren Herzschlag und in der Steigerung des Adrenalinspiegels, wenn man mit einer deutlichen und unmittelbaren Gefahr konfrontiert wird. Einschüchterung tritt in hinterhältigerer Form zutage: ein Gefühl der Hilflosigkeit, der Feigheit, als würde man irgendwie kleiner gemacht. Sie ist eine besondere Art von Furcht, die sich nur in der Gegenwart von jemandem einstellt, der einem nahesteht und den man braucht. Die Ursprünge der Einschüchterung liegen in einer seltsamen Mischung aus Bestandteilen – Mut, Stolz, Unsicherheit, selbst Abhängigkeit und Liebe.

Einschüchterung setzt immer das Vorhandensein eines starken, emotionalen Konflikts voraus. Weil der Mann der Frau nahesteht und sie braucht, möchte er sich nicht vor ihr zurückziehen. Aus Angst, sie womöglich zu verlieren, kann er aber auch kein Gefühl der Stärke und des Selbstvertrauens entwickeln. Das ziemlich erniedrigende Ergebnis dieses schmerzlichen Konflikts ist sein Gefühl der Einschüchterung – er kann sich weder direkt wehren, noch sich sicher und vertrauenswürdig fühlen.

Wegen dieses akuten Gefühls der Scham und dem daraus folgenden Verlust an Selbstachtung ist es schwierig für Männer, mit Einschüchterung umzugehen. Ein Mann haßt es, sich von einer Frau einschüchtern zu lassen, weil er weiß, daß Frauen leicht den Respekt vor Männern verlieren, bei denen ihnen das gelingt. Männer begreifen das nur allzu genau. Wenn wir von der Angst eines Mannes vor einer Frau sprechen, meinen wir damit nicht die elektrisierende Art von Furcht, die mit physischer Gefahr verbunden ist – wir meinen etwas viel Subtileres. Deswegen bleiben die Signale dieser Angst von der Frau unbemerkt und werden vom Mann geleugnet. Männer gelten nicht als ängstliche Geschöpfe; daß weiß doch jeder.

Wie kann eine so allgemeine menschliche Reaktion wie Angst durch Mißverständnisse so vernebelt sein? Schließlich haben wir den Männern heutzutage doch eine breitere Skala von Gefühlen zugestanden, oder nicht? Nun ja, vielleicht mit dem äußersten Zentimeter unserer Großhirnrinde, aber nicht dann, wenn es um unsere Gefühle geht. Seit sie kleine Jungen waren, hat man Männern beigebracht, daß Gefahr bestanden, Angst ignoriert werden muß.

Die Dinge haben sich wirklich gar nicht so sehr verändert. Jungen möchten immer noch tapfer sein, und Frauen fühlen sich immer noch zu Männern hingezogen, die stark und vertrauenswürdig wirken. Wenn also Männer im Zusammenhang mit einer wichtigen persönlichen Beziehung die unmißverständlich entnervenden Anzeichen von Angst erleben, stehen beide Partner vor Schwierigkeiten.

Die Eisprinzessin

Judy (27) hat am Sex mit Gary kein Interesse mehr. Obwohl ihre Ehe erst zwei Jahre alt ist, hat ein früher Frost eingesetzt. In Garys (32) Worten: »Wir küssen uns sogar kaum noch. Sie faßt jeden Ausdruck von Zuneigung von meiner Seite als Ouvertüre zum Sex auf. Sicher wäre mir das recht, aber ich würde auch ebenso gern nur ein bißchen mehr Kontakt haben. Das war auch früher so und ... ich weiß nicht, was passiert ist.« Judy denkt, sie weiß es. »Er ist zu unsicher geworden und verlangt zuviel von mir. Zwischen uns gibt es überhaupt nichts Romantisches mehr. Es fühlt sich mehr an, als ob er sich anklammert und nicht, als ob er mit mir schlafen will.«

Judy und Gary sind beide verärgert. Gary fühlt sich schon so allein, daß er sogar ernsthaft daran gedacht hat, ein Verhältnis anzufangen, auch wenn diese Aussicht nicht wirklich attraktiv ist, denn er liebt Judy. Was wirklich vor sich geht: Gary fühlt sich emotional vernachlässigt, nicht nur, weil seine sexuellen Bedürfnisse unbefriedigt sind, sondern, auf einer tieferen Ebene, weil sein Wunsch, Wärme und Zuneigung zu empfinden, von seiner Frau abgelehnt wird, wie er glaubt.

Wie so viele Paare von heute verwechseln Judy und

Gary den Mangel an sexuellem Interesse mit einem sexuellen Problem. Vor der Heirat hatten sie ein reiches, phantasievolles und höchst befriedigendes sexuelles Verhältnis. Aber Judy fand sich von Garys emotionellen Forderungen, die er schließlich in sexuelle Ansprüche einfließen ließ, immer mehr abgestoßen.

Judy fiel es schwer, auf das zu reagieren, was ihr als Übermaß an Klagen erschien. Wenn Gary in seiner Arbeit als geplagter Verkaufsleiter einer rasch expandierenden Computer-Firma Schwierigkeiten bekam, neigte er dazu, jeden Abend zur Tür hereinzukommen und den letzten Schnitzer des Managements wiederzukäuen und ihr zu sagen, wie verärgert und beunruhigt er war. Sie lernte diese nächtlichen »Entladungen« bald hassen. Insgeheim von ihm enttäuscht, erklärte sie ihm schließlich, sie wollte einen Mann, nicht einen unsicheren, kleinen Jungen, und daß er seine Probleme besser in den Griff bekommen müßte. Gary bat Judy nicht, seine Probleme zu lösen, aber er brauchte sie als eine Art Resonanzboden, weil er ihren raschen Verstand und ihre schnelle Auffassungsgabe schätzte. Auf Judy dagegen wirkte jeder Riß in Garys Image der Stärke und Kompetenz persönlich bedrohlich, weil er in ihr das schmerzliche Spektrum ihrer eigenen Unsicherheit und des Gefühls der Verletzlichkeit wachrief. Sie sah Garys Schwächen, und sie haßte jedes Anzeichen solcher Fehler, da sie sie an ihre eigenen erinnerten.

Judys Art, ihr eigenes Unbehagen zu bewältigen, war, sich immer mehr von Gary zurückzuziehen. Garys Antwort auf ihren Entzug war, die Dringlichkeit und Häufigkeit seiner sexuellen Forderungen zu steigern.

Unglücklicherweise gehen Wärme und Nähe in einer Beziehung rasch verloren, wann immer Beziehungskonflikte sich in sexuelle Probleme verwandeln. Ziemlich schnell wird aus jedem Ausdruck von Zuneigung oder jedem körperlichen Kontakt ein Signal für sexuellen Kontakt. Es kann dann passieren, daß Paare sich nicht küssen, nicht an den Händen halten, nicht schmusen oder nicht einmal im Schlaf nahe beieinander im Bett liegen. In einer solchen Atmosphäre können Gefühle von Liebe und Intimität einfach nicht überleben.

Im Fall von Judy und Gary lautete die eigentliche Frage nicht, ob Judy die Bedürfnisse Garys nach Abhängigkeit befriedigen konnte, sondern ob sie sie akzeptieren konnte. Im Lauf der folgenden Monate begriffen sie allmählich, daß ihre Ehe fortdauern und sogar florieren konnte, ohne daß Judy zum Gefäß seiner verbalen Ergüsse werden mußte. Gary mußte sich darum bemühen, etwas von seinem Verlangen zurückzuhalten. Er erkannte mit der Zeit, daß es übertrieben war, daß er mehr mit Kollegen sprechen mußte und Sex nicht als »Beruhigungsmittel« für seine Sorgen benutzen sollte, wie Judy sich ausdrückte. Judy dagegen hatte in einiger Hinsicht eine schwierigere Aufgabe. Konnte sie akzeptieren, daß Männer in mancher Weise stark und in anderer ziemlich bedürftig sind?

Zuerst sich selbst akzeptieren. In jedem Mann wohnt ein Junge, der gelegentlich Wärme und Ermutigung braucht. Frauen tragen ein Mädchen in sich, das dasselbe braucht. Judy fühlte sich schwach und beschämt durch gewisse innere Ängste und tat, was sie konnte, diese Ängste zu verleugnen und im Zaum zu halten. Als sie vor sexuellem Kontakt mit Gary zurückwich und ihn mit ihren scharfen, schneidenden Sticheleien wegen seiner Männlichkeit erniedrigte, war sie nicht einfach gemein oder gefühllos. In ihrem Innern führte sie Krieg gegen sich selbst – gegen sich selbst war sie sogar noch härter, kritischer und hegte noch mehr Vorurteile als gegen ihn. Sie hatte starke und zwingende Bedürfnisse nach Nähe und den tiefen, beharrlichen Wunsch, beschützt und gemocht zu werden. Frühe Erfahrungen mit ihrem strengen und emotional verkrampften Vater ließen solche Gefühle falsch, peinlich und als gefährliche

Hoffnung erscheinen. Garys offen ausgedrücktes Verlangen nach größerer physischer Nähe bedrohte ihre wankende Abwehr.

Es wäre Unsinn zu sagen, in der Abhängigkeit, die sich aus offener und gegenseitiger Liebe entwickelt, läge keinerlei Gefahr. Wie aber Judy mit ihren Ängsten umging, machte aus verlorener Liebe eine »Self-fulfilling Prophecy«, eine Prophezeiung, die sich beinahe zwanghaft selbst erfüllt.

Wir sind alle verletzlich; wir alle haben verborgene Kümmernisse, Wunden aus der Vergangenheit, die Sorgen um unseren Wert und unsere Liebens-Würdigkeit aufrühren. Judy hätte vielleicht versuchen müssen, Gary ihre Ängste in bezug auf Abhängigkeit und ihre Besorgnis, eine Beziehung könne allzu viel Bedeutung bekommen, mitzuteilen. Einen Dialog dieser Art zu eröffnen, hätte zwei Zielen dienen können: Sie hätte ihre tiefsten Ängste offenbart und, im weiteren Verlauf, einen Gesundungsprozeß eingeleitet. Zum zweiten hätte diese Eröffnung ihre Schweigsamkeit für Gary verständlicher gemacht und geholfen, ihn von den endlosen Versuchen, den emotionalen Abstand zwischen ihnen zu verringern, zu erlösen.

Die Rivalin

Beth (31) ist Prokuristin bei einer Sportartikelfirma. In ihrem Beruf ist sie äußerst energisch und erfolgreich. Alle um sie herum bewundern sie wegen des Eifers und der Begeisterung, die sie für ihren Job mitbringt.

Als Mädchen lernte Beth, daß der einzige Weg, in ihrer großen Familie zu etwas zu kommen, darin bestand zu kämpfen. Sie betrachtet das Leben immer noch unter dem Aspekt von Siegen oder Verlieren. Es wird nicht verhandelt, es wird gekämpft. Ihr aggressiver Stil funktionierte in ihrer Kindheit, und er funktioniert sehr gut in ihrem Beruf. In Verbindung mit ihren Liebesbeziehungen zu Männern wirkte er sich aber verheerend aus.

Als sie anfing, sich mit Charlie zu verabreden und sich in ihn zu verlieben, war sie entschlossen, daß etwas daraus werden sollte. Sie wußte, daß ihre Kraft und ihre wettbewerbsorientierte Art Männer in der Vergangenheit abgestoßen hatte, aber sie betrachtete Charlie, einen Bauunternehmer, als jemanden mit eigener Kraft und Stärke. »Ich glaubte, ich brauchte mir keine Sorgen darüber zu machen, daß er sich von mir einschüchtern ließe. Ich wußte, wie stark ich dazu neigte, Männer zu testen, aber ich dachte, Charlie würde mir das nicht durchgehen lassen.«

Charlie erinnert sich: »Nachdem wir uns etwa drei Monate lang regelmäßig getroffen hatten, leuchteten die Warnsignale auf. Ich wollte ihr eine Menge Raum lassen, sie selbst zu sein und über alles zu sprechen, aber es störte mich wirklich, wie sie immer versuchte, mich auszustechen, mir um eine Nasenlänge voraus zu sein. Eines Abends zum Beispiel machten wir ein Brettspiel bei einem Freund, und, tatsächlich, Beth spielte, als ginge es um Leben und Tod. Sie schien alles daranzusetzen, mich vor meinen Freunden kleinzukriegen. Mit meinen männlichen Freunden zu konkurrieren, macht mir nichts aus, aber bei ihr war es abstoßend, wie sie nicht nur unbedingt gewinnen, sondern es mir auch noch auf die Nase binden mußte.«

Charlies zunehmendes Gefühl der Unzufriedenheit erreichte seinen Höhepunkt, als Beth ihn eines Abends beim Essen in einem Restaurant fragte: »Ist was? Es geht dir wohl heute abend nicht gut.« Er antwortete ihr, er sei niedergeschlagen, weil er heute einen seiner lukrativsten Verträge mit einem Hotel losgeworden sei, und erklärte im einzelnen, was passiert war. Was er von Beth verlangte, waren einfach Mitgefühl und Verständnis. Statt dessen bekam er einen längeren Vortrag, wie er den Kunden hätte behandeln müssen. »Alles, was

Beth sagte, war richtig – hinterher haben immer alle recht –, aber ich fühlte mich schlecht, und sie hat es noch schlimmer gemacht. Und das hatte mir gerade noch gefehlt.« Erst als Charlie ihr sagte, er wolle sie nicht mehr sehen und warum, begriff Beth, daß ihre feindliche und rivalisierende Haltung innerhalb einer Liebesbeziehung schädlich war.

Wie man mit Stärken und Schwächen umgeht. Alle Männer scheuen sich davor, einer Frau ihre Verletzlichkeit zu zeigen. Charlie fühlte sich durch Beths Bedürfnis, auf allen Gebieten zu konkurrieren, abgestoßen. Für ihn war das nicht einfach »ein bißchen freundschaftlicher Wettstreit«, wie Beth es nannte. Es war tödlicher Ernst daraus geworden, und dieser Ernst tötete schließlich seine Gefühle für sie. Männern wie Charlie fällt es schwer zuzugeben, wie verlegen und beschämt sie sich in einer gegnerischen Auseinandersetzung mit der Frau fühlen, die sie lieben und brauchen. Beth glaubte, sie verhielte sich spielerisch oder sogar hilfreich, während Charlie sie als kritisch und herablassend empfand.

Unglücklicherweise sah Charlie immer nur Beths äußersten Schutzschild. Hätte sie ihm erlaubt, dahinter zu blicken, hätte er eine Frau gesehen, die sich nach Liebe sehnt, aber so wenig versteht, damit umzugehen, daß sie alles tut, um zu verhindern, daß es dazu kommt. Beth hatte solche Angst davor, einen Mann wirklich zu brauchen, daß sie jeden demütigte. Solange sie den Mann als Unterlegenen betrachten konnte, fühlte sie sich sicher. Solange sie gescheiter, besser, in jeder Weise überlegen war, dachte sie, brauche sie sich nie Sorgen zu machen, von ihm abhängig zu werden.

Vor allem heute stehen Frauen unter enormem Druck, unabhängig zu sein. Die Betonung von Autonomie, Überlegenheit und beruflichem Aufstieg hat ein unglückliches Nebenprodukt hervorgebracht – Furcht und Mißtrauen gegenüber den natürlichen, gegenseitigen

Abhängigkeiten in engen Beziehungen. Manche Frauen fürchten sich vor jeder wachsenden Abhängigkeit von einem Mann wie vor einer sanften Manipulation seinerseits, sie einzufangen, was ihre Individualität und Unabhängigkeit in Gefahr brächte. Andere Frauen sehen in ihrer Abhängigkeit von einem Mann und in ihrem Bedürfnis nach ihm eine schreckliche Schwäche, die sie um jeden Preis verleugnen und überwinden müssen. Das traurige Resultat dieses Verleugnens ist, daß Frauen sich unzulänglich oder schuldig fühlen, wenn sie nicht ständig demonstrieren, wie stark und, vor allem, selbständig sie sind. Wir alle sind gesellige Wesen mit primitiven und dringenden Bedürfnissen nach Zugehörigkeit.

Eine Frau wie Beth muß darauf vertrauen, daß ihre Stärke und ihre Persönlichkeit nicht in den Schatten geraten, wenn sie sich erlaubt, einem Mann nahezukommen. Erst, wenn sie aufhört damit, sich ständig selbst zu beweisen, wird sie anfangen, sich selbst zu vertrauen. Sich aus einer Beziehung herauszuhalten, ist kein Zeichen von Stärke, sondern eher von Furcht vor Nähe und Vereinigung, und hat unvermeidlich eisige Einsamkeit zur Folge.

Wenn Sex überbetont wird

Sexuelle Beziehungen zwischen Männern und Frauen können die kompliziertesten und verwirrendsten menschlichen Zwangslagen erzeugen. Die männliche Angst vor sexuellem Leistungsabfall ist schon oft anderswo gründlich untersucht worden. Ebenso ausführlich sind bereits die allgemeinen sexuellen Probleme, die Männer als Folge dieser Angst haben, dokumentiert worden. Nicht so viel weiß man hingegen über die Art und Weise, wie Frauen ahnungslos Männer durch ihr Sexualverhalten einschüchtern können.

Wir leben in der Ära nach der sexuellen Revolution. Männer wie Frauen verhalten sich nicht mehr so promisk. Dieser neue Konservativismus ist zum Teil ein natürlicher Rückschwung in Richtung traditionellerer sexueller Werte, Einstellungen und Praktiken, die zu wesentlicheren Gewinnen in Beziehungen führen. Doch obwohl die sexuelle Revolution vorüber ist, bleibt ihr Vermächtnis. Während Frauen für sich das Recht in Anspruch nahmen, sexuelle Lust freier zu genießen, machten Männer sich immer mehr Sorgen um ihre Fähigkeit, gute Liebhaber zu sein. Männliche Angst vor Leistungsabfall ist weit verbreitet.

Eines jeden Mannes Wunschvorstellung und manchen Mannes Alptraum ist die sexuell hemmungslose und selbstsichere Frau. Männer träumen von den Genüssen, die eine Frau verspricht, die körperlich ausdrucksfähig und spontan ist, fähig, Vorsicht und Hemmung wegzuwerfen, der ihr sexueller Hunger bewußt ist, ohne ihr angst zu machen, die nicht passiv darauf wartet, daß der Mann die sexuellen Vorspiele beginnt, sondern statt dessen aktiv und direkt auf das ausgeht, was sie möchte und braucht. Männer wollen und genießen so eine Frau – aber mit einigen wichtigen und keineswegs offensichtlichen Einschränkungen.

Bei den Gefühlen von Männern gibt es ein kritisches Element, das mit zeitlicher Koordinierung und sexuellem Wohlbehagen zu tun hat. Die herkömmliche Rolle der Frau war, sexuell zu bremsen, die Geschwindigkeit und Intensität sexueller Beziehungen zu regulieren. Da Männer sich darauf verlassen konnten, daß die Frauen als eine Art Regler wirkten, konnten sie ihre eigenen Befürchtungen vergessen und aggressiv, entschieden und höchst selbstbewußt handeln. Die zunehmende Lockerung des weiblichen Umgangs mit der Sexualität hat das alles verändert.

Die heiße Nummer

Sharon (28) berichtet: »Ich mochte Bob wirklich von Anfang an, seit wir uns auf der Abendeinladung eines Freundes getroffen hatten. Wir trafen uns zum Mittagessen, zum Abendessen und gingen zusammen ein paarmal ins Kino, drei Wochen lang. Wir hielten Händchen und gerieten auf meiner Couch ganz schön heiß ins Küssen. Er schien zwar nicht besonders schüchtern, aber er versuchte nie, mich ins Bett zu kriegen. Schließlich wunderte ich mich laut heraus: »Was hast du eigentlich gegen Sex, bist du impotent, oder was? Oder vielleicht findest du mich einfach nicht reizvoll.« Er wirkte verstimmt, schob aber meine Fragen einfach lachend beiseite.

»Na ja, neulich abend habe ich alles verpatzt. Wir gingen zusammen zu einem Baseball-Spiel und hatten viel Spaß. Er fuhr mich nach Hause, und wir sahen fern, auf die Couch gekuschelt. Schließlich fragte ich Bob, ob er dableiben wollte. Ich ließ alles raus und sagte ihm, ich wollte mit ihm ins Bett – wirklich, ich sagte ihm, ich wollte, daß er mich schön lang und anständig vögelt – und plötzlich wurde alles, was sich warm und romantisch angefühlt hatte, sonderbar. Er rückte weg, wurde richtig verlegen, sagte, er müßte früh aufstehen – und in ein paar Minuten war er aus der Tür! Das war schrecklich für mich! Ich weiß nicht, ob ich jemals wieder was von ihm hören werde.« Und das tat sie dann auch nicht.

Unterschiede im »Timing« anerkennen. Bob fühlte sich ganz sicher zu Sharon hingezogen, sonst hätte er sie nicht immer wieder getroffen. Aber wahrscheinlich war er viel schüchterner und zurückhaltender in bezug auf Sex, als er schien. Sharon kümmerte sich nur um ihre eigenen Bedürfnisse und den Zeitplan ihrer Bereitschaft, war aber blind gegenüber den Zeitvorstellungen von

Bob. »Timing« ist für uns alle äußerst wichtig, für Männer wie für Frauen. Gehen Sie nicht davon aus, daß ein Mann unbedingt dasselbe Gefühl dafür haben muß wie Sie. Männer haben Leistungssorgen, die intensiv und hemmend sein können, besonders in der Anfangsphase des Kennenlernens und Liebgewinnens einer Frau.

Wenn eine Frau sich so eindeutig sexuell aggressiv verhält, wie Sharon es tat, kann das auf einen Mann sehr einschüchternd wirken. Auf einmal schien sie mächtiger und freier und ein Maß an Zuneigung und Leistung fordernd, das Bob unsicher machte, ob er es erfüllen könnte. Das soll nicht heißen, daß Frauen sexuell nicht direkt, aufrichtig und selbstsicher sein sollten oder daß Männer einem solchen Auftreten einer Frau nicht gewachsen wären. »Timing« und Einfühlung sind aber entscheidend, für Frauen wie für Männer.

Die Unersättliche

Darleen (29) ist eine attraktive Frau, die mit sich selbst sehr zufrieden ist. Ihr respektloser Humor, ihr strahlendes Lächeln und ihre beißende Schlagfertigkeit verzaubern jeden Mann, dem sie begegnet – zumindest zu Anfang.

Sie und Doug, ein College-Leichtathletik-Trainer, hatten einen leidenschaftlichen, wundervollen Start, so dachte sie jedenfalls. In den ersten paar Wochen verbrachten sie fast all ihre Freizeit zusammen und teilten ihren Freunden mit: »Das ist es!« Aber nach der dritten Woche fing Doug an, Vorwände zu gebrauchen, warum er Darleen nicht so häufig sehen könnte, und vor dem Zubettgehen wurde er launisch und brach kleine Streitereien vom Zaun.

Doug erinnert sich: »Ich hätte diese schnippische Seite von ihr mitkriegen sollen, gleich beim ersten Mal, als ich mit ihr schlief und offenbar zu früh kam und sie sagte: ›Was ist los, mußt du den Zug erreichen?‹ Ich lachte ein bißchen über die Art, wie sie das sagte, aber es war wirklich grob.«

In der nächsten Woche sahen sich Doug und Darleen zweimal, aber ohne irgendeinen sexuellen Kontakt. Am Wochenende, als Doug mit ihr im Bett landete, war er so ängstlich, daß er keine Erektion zustande brachte. Ungeduldig machte Darleen plötzlich das Licht an, um ihm ins Gesicht zu sehen und sagte offensichtlich frustriert: »Was ist jetzt los? Wer hat dir denn die Liebe beigebracht?« Doug fühlte sich erniedrigt und zog sich zurück. Er verließ am nächsten Wochenende die Stadt, und als er zurückkam, rief er Darleen nur an, um zu sagen, er werde in der kommenden Leichtathletik-Saison zuviel zu tun haben, um sie weiter zu treffen.

Verstört und verwirrt rief Darleen ihn eine Woche später an und bestand auf einer Erklärung, weshalb er mit ihr gebrochen habe. »Hast du jemand anders kennengelernt?« Nein, antwortete er, er habe niemanden kennengelernt, er sei einfach sehr beschäftigt. Nur auf ihr intensives Verhör hin sagte Doug ihr schließlich, was ihn abgestoßen hatte: »Zuviel Gewicht auf Sex – ich habe mich zu sehr unter Druck gefühlt und mochte mich allmählich selbst nicht mehr.« Als sie unbedingt Genaueres wissen wollte, sagte er zu ihr: »Alles, was mir dauernd durch den Kopf ging, war: Wie versucht man, mit einer Frau wie dir zu sprechen, ohne wie eine Art Schwächling zu erscheinen? Es hat mich belastet, jede Nacht der große Liebhaber sein zu müssen, zu erfüllen, was du erwartet hast. Ich konnte nicht mehr.«

Eine rauhe Fassade aufgeben. Ist Darleen einfach eine unsensible Frau? Bestimmt nicht. Darleen wünschte sich jemanden in ihrem Leben, wollte Liebe finden, aber auf eine grundlegende und weitgehend mißverstandene Weise hatte sie Angst vor Männern. Bei einem reizbaren Vater aufgewachsen, der ihre Mutter geschickt terrorisierte und nie wirkliche Zuneigung oder Nähe zuließ, betrachtete Darleen die Männer, die sie anziehend fand, unbewußt als potentiell gefährlich.

Wenn sie Männer in der Defensive und ihrer selbst ein bißchen unsicher halten konnte, würden sie nie stark genug werden, um ihr so weh zu tun wie ihr Vater. Wo sie sich als Kind machtlos gefühlt hatte, wollte sie sich jetzt mächtig fühlen, und wo ihr Bedürfnis nach Liebe für sie Erniedrigung und Schwäche bedeutet hatte, wollte sie nun dafür sorgen, daß der Mann diese Sorgen hätte, damit ihr solche Pein für immer erspart bliebe. Leider richtete sich ihre Lösung gegen sie selbst: Der Preis für ihren Umgang mit der Angst vor einem Mann war, daß sie ihn schließlich abstieß.

Frauen, die ein Mann verletzt hat und die sich vor dem Bedürfnis fürchten, das die Liebe in ihnen aufkommen läßt, haben andere Möglichkeiten als die, die Darleen wählte. Jede Entscheidung setzt aber voraus, daß wir wissen, was unsere Gefühle, Worte und Handlungen steuert. Darleens Problem bestand nicht darin, wie sie Doug behandelte, sondern darin, wie sie sich selbst behandelte. Mangel an Liebe hatte sie verletzt, und sie ließ unglücklicherweise denselben Mangel an Liebe in ihrem Leben fortbestehen.

Wir haben Wahlmöglichkeiten. Eine der wichtigsten ist, daß man sich entschließt, Schmerzen der Vergangenheit zu erkennen, zu verstehen, welchen Einfluß sie auf gegenwärtige Erfahrungen haben, und in der Zukunft Veränderungen zuzulassen. Für Darleen bedeutete das, den Mut zu haben, Doug zuversichtlich und stark sein zu lassen und das Risiko einzugehen, daß er sie in seiner Stärke lieben und nicht mißbrauchen werde.

Nichts wirkt so lähmend wie Angst und nichts so aufreizend, wie Angst zu haben, ohne zu wissen, was uns angst macht. Die Angst lebt von alten, wiederholten Erfahrungen, die unsere dunkelsten und trübsten Gedanken bestätigen. Das Gegenmittel gegen Angst, das einzig wahre und wirkungsvolle, ist Veränderung. Und Veränderung erfordert neue Erfahrungen, nicht alte und vertraute. Die Angst zu überwinden, heißt, sich ihr stellen, das geheime Gelaß zu öffnen und Licht hineinscheinen zu lassen; wenn man die Geheimtür fest versiegelt läßt in der Hoffnung, die Angst werde irgendwie davonkriechen, wird man sie nie besiegen.

Frauen, die vor Männern Angst haben, Angst davor, einem Mann nahe zu kommen und ihn dann zu brauchen, können die Angst nicht überwinden, indem sie sie ignorieren, sondern indem sie darüber sprechen – und zwar mit dem Mann, der ihnen etwas bedeutet. Sie müssen eine kluge Wahl treffen und dann dem Mann die Chance geben, anders zu sein. Sie müssen diesen Unterschieden jede Beachtung schenken und darauf vertrauen, daß sie bleiben. Vor allem: Verschließen Sie sich nicht neuen Erfahrungen mit einem Mann, indem Sie alte unbefriedigende Erfahrungen weiterleben lassen.

Die verbitterte Frau

Wendys Verbitterung aus ihrer früheren Ehe vergiftet ihre derzeitige Beziehung. Sie ist jetzt 35, und als sie Ralph heiratete, war sie 20. Sie liebte ihren Mann und vertraute ihm, und durch ihre Bereitschaft zu arbeiten war es ihm möglich, sein Medizinstudium zu beenden.

Zwar hatte sich Wendy sofort Kinder gewünscht, aber sie schob ihren Wunsch hinaus, denn Mutterschaft hätte sie an ihrer Arbeit gehindert, mit der sie Ralphs Ausbildung unterstützte. Er versprach, sie würden nach seinem Studium eine Familie gründen. Nach seiner Assistentenzeit, im siebenten Jahr ihrer Ehe, bewarb sich Ralph um eine Ausbildung als Internist, also wieder keine Kinder.

Sie war geduldig und akzeptierte die Situation, bis sie herausfand, daß Ralph an der Klinik eine Reihe von flüchtigen Affären mit Schwestern und Ärztinnen gehabt hatte. Er gab es zu und gestand obendrein, er habe bereits im ersten Jahr ihrer Ehe Verhältnisse gehabt. Sie fühlte sich betrogen und war verbittert.

Die Scheidung, zusammen mit einer Reihe unbefriedigender Beziehungen, führte Wendy dazu, sich eine starre Rüstung zuzulegen. Eben diese Rüstung und ihr begreiflicher Zorn und ihr Mißtrauen gegen Männer brachte sie in ihre Beziehung mit Steve ein.

Steve ist zwar gern mit Wendy zusammen, fängt aber an, sich von ihr zurückzuziehen, Zweifel zu bekommen; er spürt, daß ihre Beziehung zeitlich begrenzt sein wird. Er entdeckt feine Hinweise auf ihre grundsätzliche Verbitterung und ihr Mißtrauen gegen Männer.

»Wendy hat mir ziemlich offen gesagt, daß sie nicht viel von Männern hält, aber ich bekomme allmählich das beunruhigende Gefühl, daß sie sie richtig haßt. Sie spricht viel von den schäbigen Sachen, die die Kerle ihren Freundinnen antun: Einer hat ein Mädchen sitzengelassen, eine andere Freundin ist dahintergekommen, daß ihr Mann hinter einer Frau in seinem Büro her ist. Sie hat mir von der Untreue ihres Mannes erzählt, und ich verstehe, daß sie sich von ihm betrogen fühlt, aber langsam glaube ich, daß sie denkt, man könne den meisten Männern nicht trauen. Sie sagt mir, ich sei jemand Besonderes, ich weiß aber, daß ich gar nicht so anders bin als andere Männer und daß ich eines Tages durchdrehen oder etwas Gefühlloses sagen und damit dann ein weiterer Mann sein werde, den sie haßt.«

Steve mag vieles an Wendy, aber allmählich lehnt er sie auch ab. Ihr tiefer Zorn ist nur spärlich verdeckt und wirkt als unsichtbare Barriere zwischen ihnen. Sie hat Angst, Steve zu vertrauen, sich zu öffnen und aufs neue verletzt zu werden.

Wäre Wendy imstande, Steve ihre Furcht vor neuerlicher Verletzung und ihr Bedürfnis, nur langsam voranzugehen, mitzuteilen, wäre er vielleicht fähig, auf eine

Weise zu reagieren, die ihr Heilung und Vertrauen ermöglicht. Statt dessen hindert ihr ungelöster Kummer sie und Steve, in der warmen und sicheren Bindung, die sie beide wünschen, einander näherzukommen.

Zorn aus der Vergangenheit weiterschleppen. Unglücklicherweise besteht das Risiko einer Verletzung, einer Enttäuschung und eines Schmerzes in jeder Liebesbeziehung. Realistischerweise können wir nicht hoffen zu vermeiden, daß unsere Gefühle verletzt werden oder daß wir anderen weh tun. Wenn wir aber alte Wunden unverheilt in eine neue Beziehung mit uns schleppen, hindern sie uns daran, aufrichtig zu lieben.

Männern ist der mißtrauische und bittere Zorn einer Frau, die früher einmal von einem Mann verletzt worden ist, besonders unbehaglich. Selbst wenn ein Mann begreift, daß nicht er den Zorn verursacht hat, kann er Unbehagen und Angst empfinden.

Wenn ein Mann sich etwas aus einer Frau macht, kann der Zorn, den sie aus ihrer Vergangenheit mitbringt, eine tiefe Wirkung auf ihn haben. Zorn läßt eine Frau launisch und unberechenbar erscheinen, besonders für einen Mann, der weiß, daß er nicht die ursprüngliche Ursache ist. Auf der primitivsten emotionalen Ebene sind das die Gefühle eines Jungen, der im Umgang mit einer inkonsequenten Mutter Schrecken und Hilflosigkeit erlebt – einer Mutter, die ihn in manchen Augenblicken liebt und dann wieder ihren Zorn über andere Dinge an ihm ausläßt. Niemand möchte die Zielscheibe fehlgeleiteten Zorns sein.

Ganz gleich, wieviel Interesse, Freundlichkeit und Aufmerksamkeit Sie bei den ersten Begegnungen auf einen neuen Mann verwenden, wenn er gleichzeitig Signale empfängt, daß Sie Männern gegenüber allgemein bitter oder zornig eingestellt sind, wird es ihm schwerfallen, Ihnen zu vertrauen oder mit Ihnen intim werden zu wollen. Selbst wenn Sie ihm versichern, er sei anders oder jemand Besonderes, bleibt er immer noch ein Mann. Er weiß, daß er die Gewalt Ihrer negativen Einstellung unvermeidlich zu spüren bekommen wird, und wird sich deshalb wahrscheinlich in acht nehmen und vor Ihnen zurückscheuen.

Betrachten wir die Umkehrung: Wie würden Sie gefühlsmäßig auf einen neuen Mann reagieren, der Sie, direkt oder im Scherz, wissen läßt, daß er »Frauen haßt«, »kein Vertrauen zu Frauen hat« oder »von Frauen immer auf die eine oder andere Art betrogen wird«? Wahrscheinlich würden Sie sich von ihm zurückziehen aus der weisen Erkenntnis, daß seine Einstellung Probleme verheißt. Männer neigen zu derselben Reaktion: Sie ziehen weiter zu einer anderen, die Vertrauen und Liebe bei ihnen ermutigt.

Sich von altem Zorn befreien

Aufgestauter und ungelöster, alter Zorn schmerzt uns. Wenn wir uns nicht von ihm befreien, verfallen wir bezeichnenderweise auf eine von zwei Möglichkeiten: Entweder richten wir den Zorn auf uns selbst, untergraben unser Selbstwertgefühl und geraten in Depression, oder wir wenden ihn meist gegen andere, diejenigen, die uns nahestehen. Wir verletzen uns selbst oder jemanden, der uns nahesteht – keine gute Alternative.

Es gibt aber noch eine dritte Möglichkeit, eine viel bessere: Den angestauten Zorn loszuwerden und im Leben weiterzuschreiten. Wie jede andere Art von Veränderung macht es auch Mühe, angestauten Groll abzulegen, und erfordert den Mut, sich selbst offen und ehrlich zu betrachten. Viele von uns sind in Versuchung, krampfhaft an ihrem langjährigen Groll festzuhalten und ihn als eine Art selbstgerechter Rechtfertigung dafür zu benützen, daß sie so empfinden, wie sie es tun. Dabei kann unser Zorn noch so gerechtfertigt sein, können unsere alten Wunden noch so schmerzen: Dieses zähe Festhalten wendet sich gegen uns selbst. Es bindet uns an eine unerfreuliche Vergangenheit, verzerrt und beeinflußt die Gegenwart und verhindert eine bessere und erfreulichere Zukunft.

Fünf grundlegende Schritte gehören zu dem Prozeß, sich von angestautem Zorn zu befreien:

1. **Erkenntnis.** Häufig fällt es uns am allerschwersten, zwischen altem und unangebrachtem Zorn und neuem, angebrachtem Zorn zu unterscheiden. Neuer Zorn entspricht in etwa dem Anlaß, alter Zorn dagegen ist übertrieben, irgendwie größer, als die Tat rechtfertigt. Neuer Zorn läßt sich unter Berücksichtigung dessen, was Ihnen gerade geschehen ist, erklären und erscheint gerechtfertigt. Alter Zorn aber läßt sich unter Berücksichtigung dessen, was ihn einmal ausgelöst hat, nicht mehr richtig begreifen – die Intensität und das Ausmaß Ihrer Reaktion scheinen darüber hinauszugehen.

2. **Den Zorn durchschauen.** Der zweite Schritt besteht in der Erkenntnis, daß Zorn ein beschützender Trick ist, den wir benutzen, um Schmerz zu verbergen. Wir sind nicht einfach zornig, wir sind verletzt und gekränkt. Alter Zorn stellt die tiefste Verletzung dar, Kränkungen, die uns weiter quälen. Die Schutzwirkung des Zorns, so unerfreulich das ist, besteht darin, daß er weniger vernichtend ist, als der Schmerz, gekränkt zu werden. Alten Zorn zu durchschauen, erfordert aber, sich alten Verletzungen zu stellen. Wir müssen erkennen, wie wir gekränkt wurden, wer uns gekränkt hat und wie sehr.

3. **Der Kränkung Ausdruck verleihen.** Haben Sie die Quelle der Kränkung einmal entdeckt und worum es sich dabei handelt, müssen Sie ihr Ausdruck geben. Lassen Sie alles heraus, fassen Sie es in Worte, weinen und schreien Sie, schreiben Sie es nieder. Bei altem Zorn ist es oft so, daß diejenigen, die uns gekränkt haben, nicht

mehr da sind oder, selbst wenn sie noch da sind, unsere Kränkung nicht verstehen oder aktiv damit umgehen könnten. Es ist ohnehin unnötig, sie direkt damit zu konfrontieren. Aber die Gefühle müssen in Worte übersetzt und ausgedrückt werden.

4. Die Kränkung verzeihen. Befreiung von altem Schmerz und Zorn erfordert letztlich Verzeihung. Bedenken Sie aber: Das Verzeihen dient *Ihnen.* Es ist Ihre Fahrkarte in die Freiheit; es ist nicht dazu da, die Person zu erleichtern, die die Kränkung verursacht hat. Verzeihung entlastet nicht unbedingt die Leute, die Sie verletzt haben; sie bedeutet nicht, daß gerechtfertigt war, was immer sie getan haben. Sie ist aber der Vorgang, der das Glied in der Kette bricht, die sie an alte, schmerzliche Gefühle fesselt, und der Sie allmählich heilen wird. Sie mögen zu sich selbst sagen: »Ich könnte ihm nie verzeihen« – aber denken Sie daran, die Kehrseite dieser Erklärung lautet: »Ich werde immer verletzt bleiben«. Versuchen Sie, etwa zu sagen: »Du hast mir schrecklich weh getan, doch ich verzeihe dir und befreie mich selbst von diesem Schmerz.«

5. Wachsamkeit. Alten Zorn loszuwerden, ist ein Vorgang, der einige Zeit braucht. Selbst lange, nachdem wir zu der Annahme gelangt sind, wir hätten uns von ihm befreit, kann er gelegentlich wieder auftauchen. Wenn das geschieht, verstehen und erkennen Sie es, sagen Sie es der Person, die Ihnen nahesteht, klar und offen, und dann vergewissern Sie sich nochmals, daß Sie auch wirklich davon frei sind.

Mit diesen fünf Schritten zu experimentieren kann erfreuliche Resultate bringen. Wann immer wir uns von irgendeiner negativen Emotion befreien, schaffen wir Raum für neue, positivere Gefühle und Haltungen. Zorn, geheime Verachtung und Groll schwächen stets, ganz gleich, wie gerechtfertigt diese Gefühle einst gewesen sein mögen.

5. Kapitel Wie das Bedürfnis nach Kontrolle zurückschlägt

»Kontrollierend« ist das Wort, das Vince gebraucht, wenn er seine Frau Sara beschreibt. Wenn er es ausspricht, klingt in seiner Stimme mehr als eine Spur von Groll. Die ersten paarmal, die Vince ihr dieses Attribut entgegenschleuderte, dachte Sara, er machte bloß Theater. Selbst jetzt, nachdem ihre angebliche Kontrolle über Vince ihn bereits dazu getrieben hat, ein Verhältnis zu haben und an Scheidung zu denken, ist ihr ein Rätsel, weshalb er so wütend ist.

Was ist Kontrolle?

Das Wort »Kontrolle« hat unheilvolle Nebenbedeutungen. Man denkt an totalitäre Regime – Hilflosigkeit auf seiten derer, die kontrolliert werden, und Böswilligkeit bei denen, die die Regeln und Einschränkungen vorschreiben. Wenn wir Menschen als »starke Kontrolleure« ihrer Partner schildern, sehen wir sie oft als Tyrannen, im wesentlichen machtbesessen auf Kosten ihrer unschuldigen Partner.

Aber stimmt das wirklich? Werden Menschen, die ihre Liebsten kontrollieren möchten, von bösen Absichten getrieben? Oder wählen sie statt dessen ein Mittel, das ihre eigene Sicherheit stärken soll und das sich am Ende gegen sie selber kehrt? Wir glauben, letzteres trifft zu. Der Wunsch, die Kontrolle über unseren Partner zu haben, ist verständlich und ziemlich verbreitet, denn wir fühlen uns dann wohler. Das Gefühl der Kontrolle erlaubt Menschen, weniger ängstlich zu sein und sicherer, daß alles auf berechenbare und befriedigende Weise ablaufen wird.

Das Bedürfnis nach Kontrolle entsteht meist schon zu Beginn unserer Verliebtheit. Es gibt einen Spruch, Liebe und Haß seien nahe Verwandte, aber genauer könnte man sagen, daß Liebe und Kontrolle eng verbunden sind. Jemanden zu lieben, bringt ein wachsendes Bedürfnis nach dieser Person mit sich. Emotionale Bedürfnisse verleihen dem, dessen man bedürftig ist, große Macht. Wenn wir diese Macht einräumen, empfinden wir oft Angst und zugleich einen unausgesprochenen Groll, weil wir unser Wohlsein in die Hände eines anderen gelegt haben.

Erlauben wir uns, jemanden zu lieben, so entstehen starke und erschreckende Gefühle der Abhängigkeit von dieser Person. Die Verbindung zwischen Abhängigkeit und Kontrolle beginnt in der Kindheit. Kinder können sehr schlau in der Erfindung von Tricks sein, um das Verhalten ihrer Eltern zu kontrollieren. Um sich sicher zu fühlen und den Kontakt mit Mutter und Vater aufrechtzuerhalten, kann ein Kind zum Beispiel versuchen, den Eltern Schuldgefühle zu verschaffen, damit sie es nicht einem Babysitter überlassen, Krankheiten vorzutäuschen, um zu Hause zu bleiben, oder schmerzlich zu jammern »Du liebst mich nicht wirklich«, um einem Elternteil ein beruhigendes »Natürlich liebe ich dich« zu entlocken.

Wenn Sie jemals versucht haben, eine geliebte Person zu kontrollieren, wissen Sie wahrscheinlich, daß dieser Drang nicht aus einem Gefühl der Stärke, sondern aus einem Gefühl der Unsicherheit kommt – Sie glauben nicht, daß er sie wirklich liebt, Sie vertrauen seiner Liebe nicht. Täten Sie es, könnten Sie ihm die Freiheit geben, mehr zu sein und zu handeln, wie er möchte. Fehlt das Vertrauen, wächst oft das Bedürfnis, ganz genau zu wissen, wo Ihr Partner ist und mit wem, seine Aktivitäten einzuschränken oder ihn sogar abhängiger von Ihnen zu machen.

Die meisten von uns haben gelegentlich schon erlebt, daß wir jemanden, der uns nahesteht, am Telefon erreichen wollten, was uns aber nicht gelang, und daß wir dann verzweifelt alle paar Minuten gewählt haben. Wenn man keinen Kontakt aufnehmen kann, hat man das Gefühl, als verlöre man die Person, als käme sie vielleicht nie mehr wieder. Ein anderes Beispiel: Sie sind mit einem neuen Liebhaber in einem Restaurant verabredet, und er verspätet sich. Sie warten und warten und schauen immer wieder auf die Uhr. Einen kurzen Augenblick lang schießt Ihnen der Gedanke durch den Kopf, er werde vielleicht überhaupt nicht aufkreuzen – vielleicht war es das! Alles ist vorbei! Wir alle neigen angesichts eines möglichen Verlusts zu ähnlichen schmerzlichen Momenten der Angst. Eine verbreitete Lösung für diese Beklemmung ist die Ausübung von mehr Kontrolle.

Es gibt viele Möglichkeiten der Kontrolle in einer Beziehung. Die offensichtlichste Methode der Kontrolle besteht in der Einschränkung – zu diktieren, was die andere Person tun oder lassen soll, indem man das entsprechende Verhalten ermutigt oder entmutigt. Zum Beispiel: Einen Mann zu drängen, er solle sich »reifer« geben, hat manchmal mit der schlichten Erwartung, er möge verantwortlicher handeln, sehr wenig zu tun. Oft handelt es sich eher um den verschleierten Versuch, ihm Freiheit und Ungezwungenheit zu nehmen, damit er berechenbar wird.

Kontrolle wird häufig durch direktes Abhören der Aktivitäten unseres Partners ausgeübt. Diese Überprüfung, auch wenn sie in ein unschuldig-fürsorgliches »Ich wollte bloß sehen, wie es dir geht« gekleidet ist, kann aus der Sorge stammen, er sei nicht genügend interessiert, die Verbindung sei brüchig. Vielleicht äußert sich die bestgetarnte und dabei verbreitetste Art der Kontrolle darin, die Rolle der großzügigen und liebenden Fürsorgerin des Partners zu spielen. Diese Form der Kontrolle maskiert sich vielleicht als hilfreiches Verhalten, stellt aber in Wirklichkeit einen Versuch dar, sich eine Machtstellung in der Beziehung zu sichern, indem wir uns der anderen Person unentbehrlich machen.

Manche sagen, die Ehe an sich sei eine Form der institutionalisierten Kontrolle, mehr Fessel als Band. Darin liegt etwas Wahrheit, denn zur Ehe gehören Elemente wie territoriale Abgrenzung, Besitzansprüche und Kontrolle. Per definitionem zwingt uns die Ehe, eine gewisse Position zu sexueller Treue, zu gemeinsam verbrachter Zeit und Freizeitaktivitäten einzunehmen. Gebiete persönlicher Verantwortung können neu abgegrenzt und intensive Freundschaften mit dem anderen Geschlecht als bedrohlich für die Bindung und daher als tabu angesehen werden. In einem weiteren Sinn brauchen wir aber alle vereinbarte Grenzen, um uns in einer Beziehung sicher und vertrauensvoll zu fühlen. Wenn wir uns am sichersten fühlen, sind wir auch am freiesten, uns umfassend zu lieben.

Kontrolle ist ein Thema in jeder Beziehung. Die ideale Verbindung bietet einmal die Beständigkeit einer sicheren und berechenbaren Partnerschaft und schützt gleichzeitig die individuelle Freiheit. Positive, gegenseitige Anpassung und Zugeständnisse führen zur Intimität und zur Erhaltung von Einmaligkeit und individuellem Ausdruck. Übertriebene Kontrolle schießt weit über das Ziel hinaus: Sie macht das Leben nicht lebenswerter, wie es die Liebe kann, sie schränkt im Gegenteil die persönliche Freiheit ein und endet mit dem Wunsch auszubrechen.

Wie Frauen lernten, Kontrolle auszuüben

Wenn Themen von Herrschaft und Macht zwischen Frauen und Männern untersucht werden, ist es meist der Mann, dem die Rolle des Kontrolleurs zugewiesen wird. Tatsächlich haben Männer jahrhundertelang versucht, Frauen zu kontrollieren, am häufigsten, indem sie weibliche Sexualität eingeschränkt oder gezügelt haben, die den Männern als bedrohlich erschien. Männer waren auch die Unterdrücker auf Gebieten, wo Frauen Macht erlangen konnten, in Literatur und Kunst wie im Beruf. Während diese verschiedenen Äußerungen männlicher Ängste und Unsicherheiten wohl dokumentiert sind, weiß man nicht so viel darüber, auf welche Weise Frauen Männer kontrollieren wollen und oft Erfolg dabei haben.

Die listige, verschlagene und falsche Frau ist ein verbreitetes Thema in Mythologie und Literatur. Von Evas verführerischer Versuchung Adams bis zu Erzählungen von Sirenen, die Männer in den Untergang lockten, hat es stets die Phantasievorstellung von der mächtigen, beherrschenden Frau gegeben. Zweifellos entstammen diese Mythen dem intensiven und lebenslänglichen Verlangen von Männern nach Frauen und der Angst, die aus diesem Verlangen entsteht. Mythen zu schaffen, ist ein Weg, auf dem wir versuchen, zu begreifen und die Dinge ins richtige Verhältnis zu bringen, vor denen wir Angst haben.

Weil Männer so oft Kontrolle über sie ausübten, waren Frauen gezwungen, subtilere Techniken zu entwikkeln, um zu bekommen, was sie von Männern wollten. Frauen sind im allgemeinen klüger und gelassener, was das emotionale Geben und Nehmen in Beziehungen anlangt als Männer. Aus diesem Grund kann eine Frau, die Kontrolle auszuüben wünscht, oft ziemlich erfolgreich sein, denn dem Mann ist meist nicht bewußt, was sie tut.

Wie wir angedeutet haben, ist Kontrolle eine Möglichkeit, sich sicher zu fühlen. Indem sie sich vergewissert, daß der Mann auf bestimmte Weise handelt und fühlt, kann eine Frau sein Verhalten voraussagen und sich damit seiner und seiner Präsenz in ihrem Leben einigermaßen sicher sein. Allerdings bleiben die meisten Frauen, unabhängig vom Grad der Kontrolle, die sie haben, ziemlich ambivalent. Ganz gleich, wie hart sie vielleicht darum kämpfen: Frauen wollen die letzte Kontrolle nicht wirklich. Frauen mit Kontrolle bestehen stets darauf, daß sie wollen, daß der Mann sich wehrt, nicht, daß er vollkommen nachgibt, denn wenn er das täte, würde er in ihren Augen schwach erscheinen. Wenn ein Mann zu schnell nachgibt, glaubt die Frau leicht, daß er an ihr nur wegen der Macht der Kontrolle hängt, die sie über ihn hat, und nicht, weil er sie schätzt. Sie weiß, daß er aus Angst klein beigibt – Angst, ihre Liebe zu verlieren –, und das versetzt sie selber in Angst und Schrekken. Sie sagt sich: »Wenn er so schwach, so nachgiebig ist, wie kann er stark genug sein, für mich zu sorgen, mich zu lieben und zu beschützen?« Damit führen paradoxerweise genau die Anstrengungen, die sie macht, um sich sicher zu fühlen, schließlich nur zu noch mehr Unsicherheit. Keine Frau wünscht wirklich Kontrolle, denn läßt sich ein Mann am Ende zu leicht beherrschen, fühlt sie sich ängstlich und allein.

Wenn ein Mann sich kontrolliert fühlt

Männer hassen das Gefühl, kontrolliert zu werden. Auf einer unbewußten Ebene werden dabei primitive und unheimliche Erinnerungen an die Machtlosigkeit der frühen Kindheit und die Beherrschung durch die Mutter geweckt. Sind Männer sich bewußt, von einer Frau kontrolliert zu werden, und die Kontrolle dauert an, fühlen sie sich noch schlechter – wie entmannt. Der Polaritäts-Faktor hilft, die männliche Reaktion auf das Gefühl der Kontrolle zu erklären. Männer möchten mit der Frau, die sie lieben, verbunden und intim sein, aber nicht um den Preis, die Kontrolle über ihr eigenes Schicksal zu verlieren. Wenn Männer sich gezwungen fühlen, in zu großer Nähe zu verharren, empfinden sie Zorn und Groll, auch wenn sie das vielleicht nicht direkt äußern.

Ein Grund für das Gefühl der Hilflosigkeit, das ein Mann empfindet, wenn er sich kontrolliert weiß, besteht darin, daß er bis zu einem bestimmten Grad von der Frau abhängig ist und sich deshalb scheut, gewisse Schritte zu unternehmen, die das Band mit ihr bedrohen könnten. Manche Männer erleben dann, daß sie wegen der Einschränkung und Kontrolle zornig sind, aber spüren gleichzeitig, daß es gefährlich ist, solchen Gefühlen Ausdruck zu verleihen. Im stillen werden sie dann nur noch ärgerlicher. Männer dieser Kategorie haben das Gefühl, gefesselt zu sein – sie spüren, daß sie nicht weglaufen oder direkt zurückschlagen können, also ist ihre einzige Zuflucht, sich nicht zu rühren und vor negativen Emotionen zu sieden.

Genauer gesagt: Wenn ein Mann versucht hat mitzuteilen, wie unzufrieden ihn das Gefühl des Kontrolliertseins macht, und die Frau nicht anerkennt, sein Groll könnte berechtigt sein, kann er in eine Haltung stummer Ablehnung rutschen. Frauen erkennen die Anzeichen des Unwillens eines Mannes gegen die Kontrolle manchmal nicht, weil Männer sie gut verbergen. Männer schämen sich ihres Grolls oft, sie möchten nicht wehleidig erscheinen und geben ungern zu, daß sie nicht wissen, wie sie die Situation ändern sollen. Als Ergebnis mag eine Frau nur wenige Hinweise auf den inneren Aufruhr und die spätere Wut haben, die sich in einem Mann abspielen, bis es zu spät ist und der Mann plötzlich aus der Beziehung ausbricht.

Kontrolliert zu sein bedeutet, im wesentlichen weder Vertrauen noch Liebe zu spüren, außer innerhalb der engen Grenzen der Vorstellungen einer anderen Person. Als Folge fühlt sich der kontrollierte Mann schließlich allein und entfremdet und gleichzeitig fast überwältigt von seinem Wunsch, die Beziehung aufrechtzuerhalten. Diese Art der negativen Bindung an eine Frau hat mit Sklaverei zu tun, nicht mit Liebe.

Steht ein Mann unter der übertriebenen Kontrolle einer Frau, fühlt er sich oft in einem Dilemma: Wenn er sich ihrer Kontrolle fügt, weil er der Frau angenehm sein will, macht er sich Sorgen, sie könne ihn für einen Schwächling halten. Männer wissen, daß Frauen einen Mann gar nicht wirklich kontrollieren wollen. Also versucht ein Mann zunächst instinktiv, einer Frau zu gefallen, befürchtet aber auch andererseits, er könne wie ein »Feigling« wirken, wenn er zu nachgiebig ist.

Frauen, die Männer kontrollieren, sind meist gutwillig und fürsorglich. Gewöhnlich tun sie es ganz unwissentlich und ohne bewußte Absicht. Dennoch – ihr Verhalten ist vor allem ich-bezogen und selbst-gefährdend und führt selten zur Sicherung der Liebe, die sie sich wünschen.

Die Prinzessin

Laurence (29) beschreibt, warum er sich nach nur drei Verabredungen nicht mehr mit Rita (31) treffen will. Als er sie beim sonntäglichen Grillfest eines Freundes traf, »gefiel sie mir sehr. Sie war hübsch und freundlich, und man konnte sich offenbar gut mit ihr unterhalten. Ein paar Tage später rief ich sie an und fragte, ob sie in einen bestimmten Film gehen wollte.

Erst sagte sie ›ja‹, aber dann zählte sie eine Reihe von anderen Filmen auf, die sie mehr interessierten. Mir war der Film ziemlich egal, und ich ließ sie wählen. Das tat sie und fragte mich dann: ›Also, ist Ihnen das recht, oder möchten Sie lieber den sehen, den Sie zuerst vorgeschlagen haben?‹ Schließlich mußte ich den Film aussuchen, inzwischen mit dem Gefühl, nicht zu wissen, was sie sehen wollte.

Als wir ins Kino kamen und den Mittelgang hinuntergingen, war es dasselbe. Ich fragte sie, wo sie sitzen wollte, aber sie antwortete mit einer Gegenfrage: ›Wo möchten Sie sitzen?‹ Ich fand zwei Plätze ziemlich in der Mitte, doch sie fragte: ›Möchten Sie nicht lieber weiter vorn sitzen?‹ Ich sagte geradeheraus nein, ich säße gern in der Mitte, und ich erinnere mich genau an ihre Antwort, weil sie mich ärgerte: ›Kein Grund zum Streit.‹«

»Im großen und ganzen«, erinnert sich Laurence, »mochte ich Rita. Ein paar Tage später gingen wir in eine Disko, und am folgenden Wochenende nahm sie mich auf eine Party mit. Sie war goldig und herzlich, aber das Zusammensein mit ihr schien nicht mühelos zu sein. Ob es um eine einfache Überlegung ging, wohin wir gehen wollten, oder sogar bloß eine Erörterung, da war immer dieses Vor-und-Zurück. Sie stimmte dem zu, was ich tun wollte, und brachte dann all diese kleinen Punkte auf, die dagegen sprachen.

Zum Beispiel fragte sie mich, was ich dächte, nahm es dann alles auseinander und sagte schließlich: ›Aber Sie haben recht.‹ Sie drückte ihre Meinung aus und nahm einen Standpunkt ein und nahm dann alles wieder zurück. Es machte mich ganz verrückt. Das Resultat war, daß es eben einfacher und leichter war, sie zuerst direkt zu fragen, was sie wollte, und dabei zu bleiben. Schließlich hatte ich das Gefühl, sie versuchte, mich zu kontrollieren und zu manipulieren, auf indirekte Weise. Die kleinen Dinge summierten sich und ärgerten mich schließlich so, daß ich keinen Spaß mehr hatte und keine positiven Gefühle für sie. Bestenfalls fand ich sie in ihrer Art zu mühsam; schlimmstenfalls kam sie mir vor wie eine verwöhnte Prinzessin.«

Locker werden. Die meisten von uns sind jedesmal ein bißchen nervös, wenn wir jemanden zum erstenmal treffen oder zu einer ersten Verabredung gehen – wir möchten einen guten Eindruck machen. Das ist normal und verständlich, aber wie wir mit dieser Nervosität umgehen, ist eine andere Sache. Manche Menschen geben sich sehr reizbar oder verkrampft, weil sie sich den Druck übelnehmen, den sie spüren. Andere sind so sehr auf Zustimmung aus, daß sie sich übertrieben liebenswürdig und fügsam verhalten. Und dann gibt es noch Menschen wie Rita, die unbewußt Kontrolle ausüben müssen, um sich wohl zu fühlen.

Ritas Starrheit war ihre Art, sich sicher zu fühlen, aber sie geriet dadurch mit Männern gleich zu Anfang in Schwierigkeiten. Flexiblität und Anpassung gaben ihr das Gefühl, gefährlich verwundbar durch mögliche Verletzung oder gar Ablehnung zu sein. Dabei führte gerade ihre Art des Verhaltens zu dem Ergebnis, das sie am meisten fürchtete.

Für jemanden wie Rita besteht die Lösung darin, sich stärker bewußt zu werden, worin ihre sozialen Ängste bestehen und wie sie im einzelnen mit ihnen umgeht. Oft kann es sogar gut sein, dem andern zu sagen, daß die Begegnung Sie ein bißchen nervös macht und aufregt, denn das kann beiden helfen, sich ein bißchen zu entspannen. Aller Wahrscheinlichkeit nach ist auch der andere nervös.

Die Spielverderberin

»Vince ist kindisch und verantwortungslos«, beklagt sich Sara (40). »Ich bin eine ›Sport-Witwe‹. Je nach Saison verbringt er seine Freizeit entweder mit Softball-Spielen oder schaut mit seinen Kumpeln Fußball im Fernsehen.« Klingt Ihnen diese Klage bekannt? Im Alltag ist Vince ein stellvertretender Bezirks-Staatsanwalt, seiner Arbeit stark verpflichtet und von beinahe übertriebener Gewissenhaftigkeit. Am Wochenende möchte Vince sich dann entspannen und spielen, was heißt, daß er im Frühling in einer Amateur-Softball-Mannschaft mitmacht und im Herbst sich in seinem Studio mit seinen Freunden die Lunge aus dem Hals brüllt, wenn ihre Lokalmannschaft auf dem Schirm gewinnt oder verliert.

Sara war im Lauf ihrer Ehe von Vince auf einem wichtigen Gebiet enttäuscht worden. Sie hatte gehofft, er würde aufmerksamer und großzügiger sein, was die Zeit betraf, die er mit ihr wie auch mit den Kindern verbrachte. Neuerdings beklagt sie sich ständig über seine »Unreife«. Je mehr sie versucht, seine Freizeit einzuschränken, desto ärgerlicher wird er.

Vince suchte Beratung, nachdem er ohne Saras Wissen eine Affäre begonnen hatte, die ernsthaft genug war, ihm den Gedanken an eine Trennung von seiner Frau nahezulegen. Er betrachtete den Streit über den Wochenendsport nicht als unbedeutende eheliche Auseinandersetzung, sondern als die bloße Spitze eines Eisbergs, was die Probleme ihrer Ehe anging. Er glaubte, Saras Klagen beruhten darauf, daß sie jedes Vergnügen sowohl für sich selbst als auch für ihn ablehnte. Vince fand, seine Frau betrachtete das Leben als eine Reihe von Pflichten, die man erfüllen muß, die der Elternschaft an erster Stelle.

Im Lauf der Therapie offenbarte Sara, was ihrem Bedürfnis, Vince zu kontrollieren, teilweise zugrunde lag. Sie hatte sich seiner Liebe nie sicher gefühlt und befürchtet, er könne sie eines Tages einfach plötzlich verlassen. Und nachdem die Kinder geboren waren, fühlte sie sich von ihm nicht mehr so geliebt und umsorgt. Anstatt diese Unsicherheiten direkt anzugehen und mit Vince darüber zu sprechen, nahm sie allmählich die Pose der »Reiferen« in ihrer Beziehung als Mittel der Kontrolle ein.

Die spielerischen Bedürfnisse eines Mannes verstehen. Männer werden oft so beschrieben: Eigentlich kleine Jungen, verrückt nach Spielzeug und Sport, die nur spielen wollen. Manchmal wird diese Ansicht in verächtlichem Ton geäußert, als seien »reife« Männer die Ausnahme. Tatsache ist aber, daß Männer nicht nur spielen wollen, sondern als Ausgleich für ihren intensiven Leistungsdruck im Beruf auch spielen müssen. Das Spiel erlaubt einem Mann, sich in sorglose Zustände der Kindheit zurückzuversetzen. Spannung löst sich, er kann das Leben in eine ausgeglichenere und realistischere Perspektive rücken.

Interessant ist, daß so viele Frauen das Jungenhafte an einem Mann zunächst lieben, wenn sie ihm begegnen, daß dieselbe Eigenschaft sie aber später stört. Es gibt Frauen, denen es schwerfällt, die Tatsache zu akzeptieren, daß Männer stark und verläßlich sein können, auch wenn sie manchmal albern und jungenhaft sein möchten, besonders mit ihren Kumpeln.

Sara verstand Vinces Bedürfnis nach Spiel und Entspannung nicht. Obwohl er diese Pausen brauchte, liebte er sie oder die Kinder deshalb nicht weniger. Ihre subtile Mißbilligung der spielerischen Seiten seiner Persönlichkeit nahm ihm schließlich die Freude an seiner Beziehung zu ihr wie zu den Kindern. Sara sah nicht ein, wieviel Unwillen sie in Vince aufgewühlt hatte und daß sie ihn damit vertrieb.

Der weibliche Inquisitor

Catherine (30) hatte das Gefühl, verrückt zu werden. Sie ertappte sich dabei, wie sie Gils Brieftasche inspizierte, wenn er eingeschlafen war, die Telefonrechnung nach fremden Nummern durchsuchte, die an den Tagen ihrer Abendkurse gewählt worden sein könnten, und wie sie ihn zwei- oder dreimal anrief, wenn er abends oder an

Wochenenden im Büro arbeitete. Noch während sie ihren Verdächtigungen nachgab, schämte sich Catherine ihres Verhaltens, konnte es aber nicht abstellen.

Ein Jahr zuvor, in den ersten paar Wochen ihrer Beziehung, hatte Catherine entdeckt, daß Gil eine Nacht mit seiner ehemaligen Freundin verbracht hatte, aber das war lange bevor Gil und Catherine ihre Beziehung entwickelten. Von diesem Zwischenfall abgesehen, hatte Gil ihr nie Grund zu Mißtrauen gegeben, und trotzdem wurden Eifersucht und Besitzanspruch im Lauf der Zeit zwischen den beiden zu zentralen Streitpunkten.

Was Gil betraf, so fühlte er sich von ihrer Eifersucht beengt und ständig in der Defensive. Er hatte das Gefühl, für jede Sekunde seines Lebens Rechenschaft ablegen zu müssen. Ganz gleich, wie sehr Gil Catherine seiner Liebe versicherte, sie blieb weiter eifersüchtig und mißtrauisch und vergiftete seine Gefühle für sie immer mehr.

Die Verschlechterung ihrer Beziehung verletzte und enttäuschte Gil tief. Er war sich sicher gewesen, daß sie heiraten und Kinder bekommen würden.

»Zuerst war es wunderbar, zusammen zu sein. Es war anstrengend, aber ich sah es als Vorbereitung auf unser Zusammenleben. Doch statt leichter, entspannter zu werden, gab es immer mehr Spannung. Sie blieb besessen von dieser Affäre einer Nacht, die passierte, ehe wir ein richtiges Paar waren. Ich versuchte, sie zu lieben und zu beruhigen, aber ich konnte es nicht ändern.«

Sein Groll wuchs, bis er jede Frage von ihr haßte, selbst so eine unschuldige wie danach, wie sein Tag gewesen sei. Er fing an, im Büro Überstunden zu machen, und als sie noch kein ganzes Jahr zusammen gelebt hatten, bat er sie auszuziehen.

Catherine war so davon besessen, mögliche Anzeichen von Gils Untreue zu entdecken, daß sie kaum eine Vorstellung von der Wirkung ihres Verhaltens auf ihn hatte. Er wollte sich ihr nahe fühlen – aber nicht dann, wenn Nähe als offene Aufforderung zum Verhör diente. Daß er mehr und mehr Zeit im Büro verbrachte, hätte sie warnen sollen, daß sie ihn vertrieb. Statt dessen sah sie seine häufige Abwesenheit als zusätzlichen Beweis, er könne eine Affäre haben, und ihr ängstliches Mißtrauen wurde größer.

Die Qual der Eifersucht überwinden. Eifersucht gehört zu den schmerzlichsten Gefühlen, die wir erleben können. Sie kann zwanghaft und unbarmherzig sein und einem das Gefühl verschaffen, total außer Kontrolle geraten zu sein. Die Angst, jemanden zu verlieren, an dem wir hängen, kann erschreckend sein. Menschen, die eifersüchtig sind, führen in Wirklichkeit Krieg gegen einen eingebildeten Feind, der ihnen die Liebe stehlen könnte. Im äußersten Fall ähnelt Eifersucht der Paranoia. Fingerzeige sprießen wie Pilze aus der Erde. Jedes Wort, jede Geste bekommen eine besondere und erschreckende Bedeutung. Läßt sich die Eifersucht nicht zerstreuen, kann sie einer Beziehung unausweichlich und schnell zum Verhängnis werden. Auch wenn ein Mann nicht physisch weggeht, zieht er sich gefühlsmäßig zurück. Liebe und Vertrauen können in einer Atmosphäre von Mißtrauen und Groll nicht gedeihen.

Eifersucht beruht oft auf Tatsachen: vergangene Untreue. Catherine benutzte Gils eine Liebesnacht als Rechtfertigung für ihr Mißtrauen, obwohl sie noch nicht über eine feste Bindung gesprochen hatten, als es passiert war. Wie auch immer, ihr Verhalten zerstörte, was eine gute und dauerhafte Ehe hätte werden können.

Wie wir auf Eifersucht reagieren, ist eine höchst persönliche Frage. Es geht dabei auch um unser eigenes Maß an Vertrauen in unsere Liebens-Würdigkeit und unseren Wert. Fühlen wir uns heil und ganz, unterliegen wir auch nicht rasenden Anfällen von eifersüchtigen Phantasien und Verdächtigungen. Ein gewisser Grad von Eifersucht in einer Beziehung ist zwar normal, aber sie kann außer Kontrolle geraten und zerstörerisch werden, wenn sie von Selbstzweifeln genährt wird. Eifersucht kann nicht nur den Gegenstand unserer Eifersucht verletzen, sondern auch uns selbst, weil sie unser Selbstgefühl untergräbt.

Wenn Sie feststellen müssen, daß Sie mit Eifersucht zu kämpfen haben wie Catherine, versuchen Sie, diese quälenden Gefühle als erste Hilfen zu verwenden. Vor allem müssen Sie wissen, daß Sie zweifellos negative Gefühle, die Sie gegen sich selbst hegen, übertreiben und positive unterbewerten. Wenn Sie zulassen, daß eifersüchtige Emotionen Sie überwältigen, wenn Sie ihnen nachgeben, verschaffen Sie sich schlechtere Gefühle als nötig. Sie können beginnen, die Abwärts-Spirale anzuhalten, indem Sie sich dem wirklichen Problem zuwenden: Ihrer Selbstachtung. Der erste Schritt muß sein, die Eifersucht zu zügeln. Darüber zu sprechen, sich Sorgen zu machen oder entsprechend zu handeln, dient nur dazu, den ängstlichen Phantasien um Ihren Geliebten mehr Leben einzuhauchen. Auf Grund von Mißtrauen und Anklagen eifersüchtig zu handeln, verstärkt nicht nur die Gewalt der Eifersucht, sondern treibt auch Ihren Geliebten von Ihnen weg.

Fangen Sie an, die auf Kummer und Selbstzweifel verschwendete Energie in ein besseres Selbstgefühl umzuwandeln. Versuchen Sie, alle Eigenschaften, die Sie an sich selbst schätzen, aufzuschreiben. Vertrauen Sie diesen positiven Charakterzügen, denken Sie darüber nach, und erinnern Sie sich daran. Es kann sogar nützlich sein, sich vorzustellen, was Ihr Geliebter in Ihrer Phantasie an einer anderen Frau schätzen könnte, denn das sind vermutlich Qualitäten, die Sie bei sich vermissen. Versuchen Sie nicht, wie diese andere Person zu sein, es könnte aber ein paar Aspekte Ihrer Persönlichkeit geben, an denen Sie arbeiten und die Sie verändern möchten. Untersuchen Sie sie, nicht aus Furcht, nicht für den Mann in Ihrem Leben, sondern Ihretwegen.

Die Lebensretterin

Anita (36) hatte sich nur mit Matthew getroffen, seit sie sich vor zwei Jahren begegnet waren. Vor einem Jahr hatten sie begonnen, über Heirat zu sprechen, aber er schob ein festes Datum stets vor sich her, mit einer Unmenge vager Begründungen. Sie wurde immer verstimmter, mutloser und zorniger, weil sie fand, sie sei so nett zu Matthew. Ihre Freunde dachten, es sei verrückt von ihm, sie nicht zu heiraten. »Schaut, was sie für ihn getan hat«, sagten sie. Matthew dagegen war sich nicht so sicher. Zwar erkannte er an, daß sie ihm geholfen hatte, seinem Leben eine Wendung zu geben, hatte aber bohrende Zweifel, ob er sie liebte. Die Monate vergingen, seine Zweifel stiegen, und selbst Matthew wußte nicht, warum.

Als sie sich kennenlernten, hatte Matthew gerade eine größere geschäftliche Pleite hinter sich und sich von einem ziemlich unseriösen Partner in einem Handel mit Auto-Ersatzteilen getrennt. Matthew sah sich zwar als Unternehmer und hatte auch sicherlich ein paar gute Geschäftsideen, aber noch nie war ihm etwas ganz gelungen, was er angefaßt hatte.

Als er Anita begegnete, einer äußerst zielbewußten und erfolgreichen Innenarchitektin, schien die Kombination perfekt. Anita half ihm beim Start seiner neuen Unternehmung und unterwies Matthew gewissermaßen im »Umgang mit Leuten«, der nicht seine Stärke war. Sie tat das alles gern für ihn, und er war zutiefst dankbar.

Aber im Lauf der Monate spürte Matthew, wie er anfing, die Hilfe und Ermutigung übelzunehmen, die er anfangs als etwas so Angenehmes und Besonderes empfunden hatte. Er wußte zwar, daß ihr nur sein Bestes am Herzen lag, fühlte sich aber gleichzeitig kontrolliert, ja, manipuliert. Er nahm an Kompetenz zu, trotzdem blieb sie eine Art »Aufseher« und prüfte, ob er alles richtig machte. Auch wenn ihre Methode besser war, fing er an, sich zu wehren und versuchte, die Dinge auf seine Art zu machen. Schließlich gab es mehr Machtkämpfe in ihrem Verhältnis als Augenblicke des Wohlbefindens und der Harmonie. Er wußte, daß ein Teil des Problems aus seinen versteckten Zweifeln stammte, empfand aber trotzdem einen wachsenden Groll.

Anita war Matthews Widerstand gegen ihre Hilfe nur undeutlich bewußt, sie nahm ihn nicht ernst. Unbewußt hatte sie Angst, die Kontrolle aufzugeben, als ob Matthew sie nicht liebte, wenn er sie nicht gleichzeitig auch brauchte. Anita hatte nie die Tatsache erkannt, daß sie ihre Unsicherheit Männern gegenüber dadurch bewältigte, daß sie unentbehrlich für sie wurde. Nicht, daß sie irgend etwas aus Berechnung getan hätte, sie war nur zu gern Gehilfin und Partnerin. Matthew aber sah allmählich mehr auf die negativen, kontrollierenden Aspekte ihres Verhaltens als auf die positiven, hilfreichen Qualitäten.

Anita glaubte, sie hätte imstande sein müssen, ihre Kompetenz mit weniger Ambivalenz zu handhaben. Da hatte sie recht. Wäre Matthew ein selbstsicherer Mann gewesen, hätte er sich direkter äußern und die negative Tendenz ihrer Beziehung aufhalten können. Aber das war er nicht. Bedeutet das, daß die Last der Rettung ihrer Beziehung auf Anita lag? Nein. Der Zweck dieser Fallgeschichte ist nur zu zeigen, wie es einem selbst schaden kann, ein Lebensretter zu sein. Wenn Sie die Liebe eines Mannes auf diese Weise gewinnen wollen, denken Sie an den unausgesprochenen Groll, der aufziehen kann, wenn Sie ihm nicht erlauben, sich selbständig zu entwickeln.

Wie sich herausstellte, waren Anita und Matthew außerstande, ihr Verhältnis zu verändern, und sie trennten sich. Anita fuhr mit der Therapie fort und überwand allmählich einige ihrer persönlichen Unsicherheiten. Während sie mehr Ichgefühl und Selbstwertempfinden gewann, fing sie an, daran zu glauben, sie sei es um ihrer selbst willen wert, von einem Mann geliebt zu werden, nicht um dessentwillen, was sie zu tun imstande war, einem Mann bei seinen Problemen zu helfen. Als sie »gesunder« wurde, wählte sie auch »gesundere« Männer.

Die eigene Bedeutung richtig erkennen. Wenn Ihr Antrieb, Ihren Geliebten zu modellieren, zu formen, zu retten oder zu steuern sehr stark ist, könnte es hilfreich sein, einen Blick darauf zu werfen, ob Ihre guten Absichten die Wirkung haben, die Sie sich wünschen. Frauen, die zu Lebensretterinnen werden, wirken auf Männer mit Problemen sehr anziehend, und trotzdem unternehmen dieselben Frauen einen schwierigen Balanceakt zwischen der Position einer großzügigen Gehilfin und der einer Kontrolleurin. Betrachten Sie Ihre Wirkung objektiv, bemerken Sie vielleicht, daß der Mann auf Ihre Anleitung und Hilfe langsam weniger empfänglich oder aufgeschlossen reagiert. Das ist ein deutliches Warnsignal, daß er sich kontrolliert fühlt.

Kontrolle muß nicht unbedingt falsch sein, solange wir bedenken, daß sie gewisse Konsequenzen hat. Kontrolleure brauchen abhängige Menschen, die sie kontrollieren können, und unselbständige Menschen suchen überlegenere Partner, die sie kontrollieren. Das paßt alles ziemlich genau zusammen, von einem Risiko abgesehen: versteckter Zorn! Versteckt, weil das Gefühl des Kontrolliertseins stets ambivalent ist: So ein schwächerer Mann will die Hilfe der Frau wirklich nicht verlieren, ärgert sich aber gleichzeitig, daß er neben der Frau die zweite Geige spielt.

Wie verändert man also die Machtgrundlagen der Beziehung? Sie wissen vielleicht, daß Sie das Gebrauchtwerden brauchen, doch diese Art der Verbindung mit einem Mann ist ins Auge gegangen. Zweierlei muß geschehen: Sie müssen bereit sein, einen Teil der Macht, die zu dieser Art Kontrolle gehört, aufzugeben, und Sie müssen anfangen, offener mit Ihrem Partner zu sprechen. Wünscht er aufrichtig Ihre Hilfe? Bedenken Sie, daß der Widerstand einer Person sich oft auf einer unbewußten Ebene abspielt. Daher müssen selbst positive verbale Reaktionen wie »Du bist das Beste, das mir je passieren konnte« am realen Verhältnis eines Mannes Ihnen gegenüber gemessen werden. Zum Beispiel: Stimmt er Ihren Ideen, Plänen oder Zielen zu, führt sie aber niemals durch? Wird er passiver? Scheint er in der Defensive oder reagiert er, als fühle er sich kritisiert? Das sind Anzeichen, daß Sie es vielleicht mit einem Mann zu tun haben, der innerhalb Ihrer Beziehung allmählich eine passiv-aggressive Haltung einnimmt.

Männer schätzen einen Partner und Gehilfen ebenso wie Frauen. Es gibt aber Männer, die erst ihr Leben retten lassen, es aber später bereuen, weil sie sich kontrolliert fühlen. Im wesentlichen ist es das Problem dieser Männer, aber es kann leicht das Ihrige werden! Prüfen Sie schließlich Ihr eigenes, durchgehendes Muster Ihrer Beziehungen. Entdecken Sie, daß Sie Männer suchen, die schwächer sind als Sie, um mehr Kontrolle über die Beziehung zu haben? Wenn ja, seien Sie vorsichtig, denn diese Art von Sicherheit kann kurzlebig sein. Am Ende ist es ein besseres Ziel, dem eigenen Selbstwert zu vertrauen und ihn zu entwickeln.

Wann ist Kontrolle vernünftig?

Gemäßigte Versuche der Kontrolle gehören zu allen Beziehungen. Die Aufgabe von ein paar Freiheiten wird durch das wunderbare Gefühl gegenseitigen Gebens und Nehmens mehr als ausgeglichen. Wenn aber Kontrolle unmäßig wird, sind Konflikt und Ablehnung die Folge. Das erste Signal, daß Kontrolle aus der Hand gerät, ist, wenn der kontrollierte Mann Signale von Protest zeigt – entweder in Worten oder durch sein Handeln.

Mit »Signal« meinen wir genau das: ein Warnzeichen. Das heißt nicht, daß Sie sich zurückziehen sollten. Es heißt vielmehr, daß es Zeit wird, darüber zu sprechen, was los ist. Finden Sie heraus, wie er sich fühlt, und handeln Sie eine neue Art des Umgangs miteinander aus, bei der Sie sich beide wohl fühlen. Eine solche Kommunikation fand in den Fällen, die wir vorgeführt haben, nicht statt. Die Frauen fühlten sich im Recht – was in manchen Fällen zutraf – und die Männer eingeengt. Rechtzeitige Kommunikation hätte die Krisen, zu denen es kam, abwehren können.

Mann und Frau müssen entscheiden, was sie legitimerweise voneinander und von der Beziehung erwarten dürfen. Jeder von Ihnen muß beschließen, wie viel von der eigenen Autonomie und Unabhängigkeit aufgegeben werden muß, damit der Partner sich sicher fühlt. Jede Partnerschaft oder Beziehung erfordert Entgegenkommen und Kompromiß, damit Harmonie und gegenseitige Befriedigung entstehen können. Die wichtige Frage ist: Wieviel und von wem? Die Antwort ist nicht leicht. Wir wissen, daß in guten Ehen jeder von beiden zu 50 Prozent dafür verantwortlich ist, was gut und was störend ist. Nur weil die Frau diejenige ist, die meist in Gefühlsdingen empfindsamer ist, liegt die Verantwortung noch lange nicht allein bei ihr. Dabei sollten Sie aber auch bedenken, daß es frustrierend sein kann, auf die Initiative Ihres Partners im Sinn von Veränderung zu warten, wenn er diesen Schritt kaum tun wird. Wenn man uns als Therapeuten dieses Problem vorlegt, antworten wir, daß derjenige, der Veränderung oder Kommunikation am stärksten wünscht, den Anfang machen sollte. Bedenken Sie aber auch dabei, daß Flexibilität und Kompromiß stets notwendig sind, will man Harmonie erreichen. Das Ziel jeder Verbindung ist, die einzigartige Erfüllung zu finden, die Zusammengehörigkeit bringen kann.

Etwas Kontrolle ist natürlich

Wenn wir jemanden lieben, dann brauchen wir ihn oder sie – Lieben und Brauchen gehen Hand in Hand. Daraus folgt, daß wir trotz der Reinheit und selbstlosen Natur unserer Liebe doch manchmal wünschen, Einfluß auf den geliebten Menschen auszuüben. Diese Versuche der Einflußnahme dienen vor allem der Stärkung der Bindung und zielen meist nicht darauf, das Gefühl unseres Geliebten für seine Individualität zu schwächen. Das passiert aber leider, wenn Einflußnahme sich steigert oder übertrieben wird.

In der Ehe und anderen festen Beziehungen gibt es gewisse eingebaute Verhaltensmaßstäbe. Allzuviel Abwesenheit gehört zum Bespiel zum verbotenen Verhalten – wir erwarten von unserem Partner, daß er eine gewisse Menge Zeit mit uns und der Familie verbringt. Enge Freundschaften mit dem anderen Geschlecht werden oft als mögliche Vorspiele zur Verletzung der sexuellen Treue angesehen und gelten deshalb als bedrohlich. Zu sagen, diese Konventionen seien zu eng oder kleinlich, trifft nicht den Punkt. Verhaltensregeln haben sich als Mittel verstärkter Sicherheit in einer Beziehung entwickelt.

Männer wie Frauen brauchen etwas Einfluß auf und Kontrolle über ihren Partner, sollen sie sich sicher fühlen. Keiner von uns ist so gefestigt, daß er oder sie in einer Beziehung gänzlich ohne Regeln auskommen. Regeln gibt es auch deshalb, weil wir annehmen, daß wir frei sind, umfassender zu lieben, wenn es in unserer Beziehung ein Gefühl der Sicherheit gibt. Nach unserer Erfahrung trifft das zu – Paare, die sich ihrer Liebe für einander sicher sind, sind meist ausdrucksvoller, vertrauensvoller und zeigen ihre Zuneigung deutlicher nach außen.

Die Kontrolle aufgeben

Wenn Sie sich mit dem kontrollierenden Verhalten mancher Frauen in diesem Kapitel identifizieren konnten, gibt es ein paar Schritte, durch die Sie diese selbstgefährdende Art, Sicherheit in einer Beziehung zu finden, ändern können.

Betrachten Sie sich zuerst aufrichtig selbst, und versuchen Sie festzustellen, in welchem Maß Sie sich in einer Beziehung vielleicht unsicher fühlen. Wir meinen damit, wie nervös oder ängstlich Sie vielleicht sind, was Ihre Liebens-Würdigkeit betrifft. Glauben Sie wirklich, daß Sie geliebt werden und daß Ihr Liebhaber treu ist? Etwas Sorge oder Zweifel sind normal. Unsichere Menschen gehen allerdings über Augenblicke des Zweifelns oder der Sorge hinaus; sie fangen an, echte Angst zu empfinden.

Wir alle haben den Wunsch, das Unbekannte zu erforschen, angesichts von Unsicherheit nach Gewißheit zu streben. Kontrolle ist dabei eine unserer Methoden. Wenn wir sehr an jemandem hängen, möchten wir stets wissen, wo er ist und daß er verläßlich bleibt. Wir alle möchten wissen, wo unser Partner sich jeweils aufhält, ob uns das bewußt ist oder nicht. Manchen von uns genügt eine allgemeine Vorstellung – »Er ist bei der Arbeit« –, aber andere müssen es genau wissen, brauchen mehrere Anrufe am Tag, nur um die Sorge des Nichtwissens zu erleichtern und sich zu vergewissern, daß ihr Partner an sie denkt. Daraus kann ein zwanghaftes und selbstzerstörerisches Verhalten entstehen. Kontrollversuche sind tatsächlich Methoden, unsere Bedeutung für unseren Partner zu ermessen. Selbst wenn diese Versuche Gereiztheit und eine negative Reaktion zur Folge haben, fühlen wir uns immer noch erleichtert! Negative Aufmerksamkeit ist schließlich immer noch Aufmerksamkeit.

Doch Kontrolle unterminiert die Liebe. Vertrauen ist

der bessere, gesündere Weg, sich in einer Beziehung sicher zu fühlen. Ihrem Partner zu vertrauen, heißt nicht nur, eine feste Annahme über ihn zu haben, es ist ein Akt des Glaubens – das bedeutet, daß Vertrauen sich nicht manipulieren läßt, Sie können es nur fühlen, wenn Sie die Kontrolle oder Ihre Versuche der Beeinflussung beenden.

Unsichere Menschen, die dazu neigen, ihre Partner zu kontrollieren, werden nur dann Vertrauen lernen, wenn sie ihre Strategien der Kontrolle aufgeben. Wenn Sie ihn in Ruhe lassen, wenn Sie ihm Raum geben, ihm seine Unabhängigkeit garantieren, kommt er dann zu Ihnen? Verhält er sich immer noch liebevoll? Zeigt er Ihnen noch seine Zuneigung? Das alles können Sie herausfinden, wenn Sie die mit dem Aufgeben der Kontrolle verbundene Ängstlichkeit auf sich nehmen. Bedenken Sie, daß Sie ursprünglich Kontrolle angewandt haben, um Ihre Angst und Unsicherheit zu verringern. Geben Sie die Kontrolle auf, werden Sie bestimmt durch eine kurze Phase größerer Angst und Nervosität gehen. Geben Sie Ihrem Geliebten eine Chance, Ihnen seine Liebe zu zeigen. Aber zuerst müssen *Sie* das Risiko eingehen.

Menschen fühlen sich viel besser, wenn sie ihren Partnern vertrauen. Menschen, die übertriebene Kontrolle ausüben, glauben insgeheim immer, die Liebe, die sie empfangen, sei nicht wirklich verdient. Wenn Sie es riskieren loszulassen, wenn Sie lernen, Unsicherheit zu ertragen, werden Sie eine viel aufrichtigere Liebe entdecken und, was vielleicht noch wichtiger ist, eine neue, innere Kraft.

6. Kapitel Frauen, die zu großzügig geben

In jüngsten Jahren hat man Frauen wegen einer Eigenschaft ins Gebet genommen, die man bis dahin bewundert hatte – im Überfluß zu geben oder zu lieben. In der Vergangenheit galt eine Frau als glücklich, wenn sie als Lohn für ihre Fähigkeit, freigebig zu lieben, Liebe zurückbekam. Heute sagt man Frauen, sie »liebten zu sehr«. Wenn die Liebe gesund und aufrichtig ist, ist es in Wirklichkeit fast unmöglich, zu sehr zu lieben. Wir glauben, daß Liebe eher das Heilmittel für viele Beziehungsprobleme ist, nicht die Schwierigkeit an sich. Es kann aber vorkommen, daß eine Frau zu großzügig gibt. Frauen, die anscheinend zu sehr lieben, geben in Wirklichkeit aus Angst zuviel von sich her.

Frauen, die sich zu sehr aufopfern, die zuviel geben, hat man oft als Kranke, als Masochistinnen bezeichnet – als Frauen, die es unerbittlich in schmerzliche Beziehungen treibt. Wir finden diese Darstellung grob und verzerrt. Nach unserer Erfahrung suchen weder Frauen noch Männer Schmerz oder Leiden in der Liebe. Bei vielen Frauen wird aber Qual zum unerwünschten Nebenprodukt ihres Versuchs, Sicherheit in einer Beziehung zu finden. Es gibt Frauen, die sich ein Muster an Geben und Selbstaufopferung angeeignet haben, das ihre Gefühlsreserven immer mehr erschöpft und Männer schließlich ironischerweise abstößt – genau das Ergebnis, das sie so sehr fürchten.

Zweifellos kennen Sie Frauen, die sich in solchen schmerzlichen Zwickmühlen befinden. Vielleicht gehören Sie selbst dazu. Klingen die folgenden Sätze vertraut? »Eine Reihe von Männern haben mir gesagt, daß ich so angestrengt auf sie wirke, aber ich weiß nicht, wieso.« Oder: »Ich tue alles für ihn, aber er weiß es nicht zu schätzen.« Oder: »Ich komme mit einem Mann immer viel früher sexuell in Kontakt, als ich wirklich will – wahrscheinlich habe ich Angst, ›nein‹ zu sagen.« Jede dieser Frauen meint, sie täte ihr Bestes, um bei einem Mann positive Gefühle hervorzurufen. Leider säen sie alle die Saat der Ablehnung. Sie möchten liebevoll sein, aber anstatt Intimität zu begünstigen, hindern ihre Bemühungen einen Mann in Wirklichkeit daran, näherzukommen! Der Grund für dieses wohlgemeinte, aber selbstzerstörerische Verhalten ist, daß all diese Frauen zu großzügig geben.

Kann eine Person überhaupt zu großzügig geben? Bedeutet Liebe nicht Geben überhaupt? Besteht das wirkliche Problem nicht darin, daß die andere Person mit Intimität und Geliebtwerden nicht umgehen kann? Ist es möglich, zu sehr zu lieben? Geben und Liebe sind gewiß eng verbunden. Wir alle schätzen und würdigen Partner, die mit sich selbst großzügig sind und die Vorstellung akzeptieren, daß Liebe gepflegt und genährt werden muß. Aber Liebe besteht nicht nur aus Geben, und gesunde Liebe hat eingebaute Zwänge; sie ist eher bedingt als grenzen- und bedingungslos.

Bei Erwachsenen gründet sich eine positive und bereichernde Liebesbeziehung auf Gegenseitigkeit und Gleichgewicht. Die Wünsche und Sehnsüchte beider Partner müssen dasselbe Gewicht haben. Liebe und ausgeglichenes Geben führen zu beiderseitigen Gefühlen von Wohlbefinden und Vertrauen. Trotzdem sind Frauen jahrhundertelang dahingehend ausgerichtet worden, von ihnen werde mehr erwartet als vom Mann.

Warum Frauen mehr geben

In der Vergangenheit sagte man den Frauen immer, sie seien die Hüterin der Beziehung, sie hätten für die Beständigkeit der Liebe zu sorgen. Man lehrte die Frauen, ihre Identität und ihr Wert hingen weitgehend von ihrer Fähigkeit ab, einen Mann stets glücklich zu machen. Kleine Mädchen versuchten in der Kindheit, Papi zu gefallen, und junge Frauen kamen zu dem Glauben, ihre Selbstachtung sei an ihre Attraktivität und ihre Fähigkeit, einen Mann zu bekommen, gebunden. Ganz gleich, welche Strategie sie anwandte, ob Kochkunst oder sexuelle Reize: Die Fähigkeit einer Frau, einen Mann zu fesseln oder zu verzaubern, war für sie von höchster Priorität. Selbst heute, in der Zeit der Frauenemanzipation, da das Schwergewicht auf Leistung, Unabhängigkeit und Selbstverwirklichung liegt, werden Frauen von der Reklame und den Medien immer noch ermahnt, sich auf bestimmte Art anzuziehen, zu handeln und auszusehen, um auf Männer anziehend zu wirken und sie glücklich zu machen.

Wie der Affinitäts-Faktor zeigt, neigen Frauen zu Bindungen als einem entscheidenden Umstand ihrer Entwicklung, und daher sind sie eher anfällig für ein selbstzerstörerisches Verhalten, um Nähe und Verbundenheit mit einem Mann zu erringen. Bedenken Sie jedoch, daß auch Männer unter einem ähnlichen Überdruck bei ihrem Drang nach Selbstachtung zu leiden haben. Während Frauen zuviel geben, plagen sich Männer zu sehr im Beruf. Wie Frauen vielleicht von der Furcht, allein zu sein und nicht geliebt zu werden, getrieben sind, treibt Männer die Angst vor dem Versagen, »nicht gut genug« zu sein.

Man sollte annehmen, daß die Frauenbewegung der letzten Jahre Frauen dazu gebracht hat, mit mehr Maß zu geben und nicht mehr den überholten, konventionellen Ansichten, was es bedeutet, eine Frau zu sein, zum

Opfer zu fallen, sondern zu verlangen, daß die Liebe zwischen ihnen und einem Mann gleichberechtigt und gegenseitig sein soll. In unseren Augen ist da allerdings nicht so viel geschehen, wie es wünschenswert wäre. Selbst heute gibt es zwei Gründe, die Frauen veranlassen, weiterhin zu sehr zu lieben und zu großzügig zu geben.

Zunächst hat bei den alleinlebenden Frauen die sogenannte Torschluß-Panik, der unwiderstehliche Wunsch, einen Mann zu finden und eine Familie zu gründen, einige von ihnen auf der Suche nach Liebe in eine Reihe von Exzessen getrieben. Zu großzügig zu geben, gehört dazu. Der Kummer des Alleinseins genügt, damit manche Frauen zu den alten Beziehungsformen zurückkehren. Solche Frauen glauben ganz naiv, daß Männer immer noch die altmodische Frau wollen, deren primäres Opfer zugunsten der Partnerschaft in ihrer Bereitschaft besteht, die Nährmutter zu sein. Zweitens besteht bei verheirateten Frauen eine Angst in Verbindung mit der Erkenntnis, daß eine Ehe nicht unbedingt für immer sein muß. Es gibt heute Ehefrauen, die insgeheim befürchten, ihre Männer könnten plötzlich, mitten in einer männlichen »Midlife-crisis«, den Koffer packen und auf die Suche nach einer jüngeren Frau gehen. Diese Sorgen beruhen zwar teils auf tatsächlichen Gegebenheiten und sind deshalb nicht gänzlich irrational, trotzdem ist zu großzügiges Geben nicht die Lösung, da solches Geben vom Mann selten als Liebe ausgelegt wird.

Lieben ist mehr als nur Geben

Warum sollte eine Frau zu großzügig geben? Wir haben eine Beziehung, weil uns die Person, mit der wir zusammen sind, gefällt und weil diese Person unser Leben bereichert und uns glücklich macht. Kommt das nicht daher, daß wir liebevoll und frei geben, ohne uns zu kümmern, was wir zurückbekommen? Nicht ganz. Tatsächlich ist es möglich, daß eine Frau oder ein Mann, die zu großzügig geben, vielleicht überhaupt nicht lieben. So wunderbar Akte der Liebe und des Gebens scheinen können, sie könnten auch getarnte Verhaltensweisen sein, tiefere Bedürfnisse zu befriedigen. Liebe ist häufig eine Arena, in der wir unsere eigenen Probleme zu lösen versuchen. Es leuchtet ein, daß Lösungen dieser Probleme mit Liebe nichts zu tun haben, aber wir versuchen nur allzu oft, uns im Zusammenhang mit der Liebesbeziehung Erleichterung davon zu verschaffen.

Frauen, die zu großzügig geben, charakterisiert ein gemeinsames Problem, und das ist Unsicherheit. Sie hegen verborgene Ängste, was und wer sie sind, könnte nicht genug sein. Ihre Lösung auszugleichen, was sie als Mangel empfinden, besteht darin, übertrieben viel für den Mann zu tun und für ihn zu sorgen.

Bei vielen solcher Frauen stammt diese Unsicherheit aus ungelösten Kindheitskonflikten. Als diese Frauen noch kleine Kinder waren, fehlte die Liebe oder war so unbeständig, daß ein Hunger und eine Sehnsucht entstanden, die lebenslänglich bleiben konnten. Wenn wir nicht genügend geliebt wurden, machen wir dauernd den Versuch, die Pein aus der Welt zu schaffen, die wir gelitten haben. Frauen, die sich in der Kindheit vernachlässigt oder unbeachtet gefühlt haben, überschütten oft einen Mann mit Liebe in der Hoffnung, er werde ihnen genug zurückgeben, um ihre in der Tiefe nachklingende Trauer auszulöschen.

Frauen, die sich lebenslänglich die Aufgabe stellen, Liebe von einem Mann zu bekommen, um damit eine Lücke zu schließen, kommen natürlich zu dem Glauben, Selbstaufopferung sei das, was von ihnen verlangt werde. Solche Frauen glauben, es sei Aufgabe der Frau, eine unerschöpfliche Quelle von Fürsorge und emotionaler Unterstützung zu sein. Sie glauben, sie seien es nicht wert, um ihrer selbst willen geliebt zu werden. Zutiefst fürchten sie, verlassen zu werden, und diese Furcht ist es, die sie so anfällig macht, einem Mann zuviel zu geben. Rosemary, eine verheiratete Frau in den Vierzigern, erklärte das so: »Ich gebe es nur sehr ungern zu, aber ich glaube, ich gewähre viel mehr aus Angst als aus Liebe. Obwohl ich seit vierzehn Jahren verheiratet bin und sicherlich mehr als mein Teil getan habe, habe ich immer noch das Gefühl, als müßte ich dankbar sein. Ich habe Angst, ich könnte Paul verlieren, wenn ich weniger gebe oder an mich selbst denke und mehr verlange.«

In Wirklichkeit stürzt sich Rosemary kopfüber in genau die Stiuationen, vor denen sie solche Angst hat. Die Liebe zu einem Mann ist ihr so unheimlich, daß sie diese Furcht nicht durch weniger, sondern durch mehr Liebe zu bewältigen sucht. Sie glaubt naiv, eine noch festere Anklammerung werde sie vor dem bewahren, was sie wirklich fürchtet – Alleinsein. Unglücklicherweise wird ihr Festhalten genau zu dem führen, wovor sie am meisten Angst hat. Wenn Frauen zuviel geben, fühlen Männer sich nicht einfach dankbar, sie fühlen sich eingeengt.

Andere Frauen fühlen sich sicherer, wenn sie einseitig oder zuviel geben. Einen Mann nötig zu haben, finden sie unbehaglich und bedrohlich. Sie wollen in der Liebe nicht auf der Seite des Empfangenden stehen, so seltsam das scheinen mag. »Ich kann es nicht ertragen, einen Mann zu brauchen«, erklärt Carol heftig. »Es macht mich ganz nervös.« Carol fällt es viel leichter, zu geben als zu nehmen. Ihr ist lieber, daß der Mann sie braucht. »Ich gebe aus einer Position der Stärke heraus, aber wenn ein Mann mir etwas zurückgibt, fühle ich mich geschwächt. Ich mache mir dann Sorgen, daß die Beziehung zu wichtig für mich wird. Nichts davon spüre ich, solange ich die Initiative behalte.«

Es gibt noch eine dritte Art zu geben, die mit Liebe wirklich sehr wenig zu tun hat, und das ist Geben um der Faszination des Gebens willen. Auf diese Art von Liebe bezieht sich der Ausdruck »Liebessucht«. Es gibt Frauen – und auch Männer –, die sich kaum lebendig und stark fühlen, wenn sie nicht in Dramen der Romantik und Jagd nach Liebe verwickelt sind. Diese Frauen suchen wie Süchtige nach der Vervollkommnung oder Wertschätzung durch einen Mann. Das Gefühl der Sehnsucht allein wird bereits zum belebenden Ziel. Romantische Verwicklungen werden zu intensiven Signalen der Lebendigkeit, selbst wenn sie quälend sind. Wenn solche Frauen geben, fühlen sie sich momentan erfüllt, »fast« geliebt. Dabei durchschauen sie allerdings nicht, welch schrecklich negative und entfremdende Wirkung diese »falsche« Liebe auf den Mann hat, mit dem sie zusammen sind.

Frauen wie Rosemary und Carol geben beide im Grunde aus Unsicherheit. Zwar verleihen sie ihrer Unsicherheit auf sehr verschiedene Art Ausdruck, sie bleibt aber das gemeinsame Element, das ihr beständiges Bedürfnis nährt zu geben, gefällig zu sein und sich zu fügen. Solche Frauen entfesseln in einer Beziehung selbstzerstörerische Kräfte. Akte der Liebe sind keine Geschenke mehr, wenn sie von der Angst vor Verlust oder Verlassenwerden gespeist sind oder insgeheim als Mittel der Manipulation eingesetzt werden. Eine Frau, die zuviel gibt, riskiert, Gefühle des Grolls und des emotionalen Bedrängtseins in einem Mann auszulösen.

Wie Liebe überwältigend werden kann

Wahrscheinlich haben Sie schon einmal eine Beziehung mit einem Mann erlebt, in der Sie das Gefühl hatten, er mache sich mehr aus Ihnen als Sie sich aus ihm. Er hat immer angerufen. Er hat seine Zuneigung immer zuerst zum Ausdruck gebracht. Er machte kleine Geschenke und brachte Ihnen Blumen. Er zeigte sich wirklich unglücklich, wenn er Sie nicht treffen konnte, und sei es nur für wenige Stunden. Er nahm all Ihre Freizeit in Anspruch. Er wollte Ihnen tief und liebend in die Augen schauen und lange, bedeutungsvolle Gespräche führen. Und Sie wollten das alles überhaupt nicht! Je mehr er drängte und je mehr er gab, desto mehr kühlten Sie ab. Sie kennen das Gefühl. Gräßlich, nicht wahr? Und genau dieses Gefühl erleben Männer oft, wenn Frauen zuviel geben.

Liebe erscheint immer lebendiger und bedeutsamer, wenn wir in der Position des aktiv Liebenden sind. Die Rolle des »Liebhabers« ist stets belebender und vitaler als die des »Geliebten«. Wenn wir die Handelnden sind, empfinden wir keine Verpflichtung, keine Schuld, keinen Gebietsverlust, keine Erstickung. Eine ideale Beziehung wäre immer dynamisch: Beide Partner wechselten in der Rolle des glühend Liebenden ab. Jeder Partner fühlte sich durch den besonderen Zauber der Rolle als »Liebhaber« erfrischt und brauchte nie allzu lang in der Rolle des »Geliebten« zu schmachten.

Denken Sie an den Polaritätsfaktor. Männer fühlen sich etwa in der Mitte zwischen Bindung und Getrenntsein in der Liebe zu einer Frau und der Verbindung mit ihr am aktivsten. In diesem mittleren Bereich sind Männer am stärksten von Leidenschaft und Interesse berührt. Frauen, die zu großzügig geben, drücken bei Männern ahnungslos sämtliche falschen Knöpfe. Aus dem einzigen Wunsch, den Männern zu gefallen und sie anzuziehen, vertreiben sie sie und verstärken in ihnen den Entschluß, weniger und weniger zu geben, während die Frau mehr und mehr gibt. Warum?

Ein Mann muß vor allem Liebe geben, um das Interesse an einer Frau zu behalten. Frauen, die zu großzügig geben, können Männer leicht überwältigen, indem sie ihre Bedürfnisse nach Nähe rasch stillen. Wenn die Frau alles tut und alles gibt, bleibt dem Mann wenig Motivation, überhaupt etwas zu tun. Der Mann befürchtet, emotional verschlungen zu werden, und entfernt sich deshalb aus der liebenden Nähe der Frau. Ihr wiederum macht sein Unbehagen und sein Bedürfnis nach Distanz allmählich Sorgen, und in ihr wächst das Gefühl, diese Entfremdung sei ihre Schuld. Genau dann, wenn sie weniger geben sollte, tut sie das absolute Gegenteil – ihre Lösung heißt, mehr zu geben – eine Schraube ohne Ende. Je einseitiger ihr Geben, desto weiter wird sich der Mann von ihr entfernen.

Männer fühlen sich bei Frauen, die geben, ohne Gegenliebe zu erwarten, weder wohl noch können sie sie schätzen oder gar respektieren. Wenn ein Mann aktiv mit einer Frau verbunden bleiben will, braucht er die Möglichkeit zu geben sie achten zu können und die Bereitschaft, Kraft und Gefühl in die Beziehung einzubringen. Wenn ein Mann nicht geben und nicht aktiv und von sich aus lieben kann, zieht er sich Schritt um Schritt zurück. Beziehungen bleiben niemals statisch. Entweder wachsen sie und definieren sich neu, oder sie verschlechtern sich. Übertriebenes Geben führt zu einem sehr folgerichtigen und vorhersagbaren Ende – Interesse und Respekt verkümmern, bedeutungsvolle Nähe schwindet. Im Extremfall kann zu großzügiges Geben sogar eine Atmosphäre schaffen, in der Männer zu Ausbeutern werden.

Jemanden auszubeuten, klingt schrecklich böswillig, es gibt aber Formen der Ausbeutung, die nicht unbedingt bewußt beabsichtigt sind, auch wenn sie beim Mann zur Geringschätzung der Frau führen. Was eine Frau zum Objekt möglicher Ausbeutung werden läßt, sind stets starke Gefühle der Unsicherheit, ein übertriebenes Bedürfnis, zu einem Mann zu gehören, und die Verweigerung der Einsicht, Charakter und Moral eines Mannes könnten auch fragwürdig sein.

Offenbar haben Männer wie Frauen Angst, sich ausnutzen zu lassen, weil dabei Selbstachtung und fundamentales Vertrauen in andere in die Brüche gehen.

Trotzdem kommt es vor. Haben Sie nicht selbst schon oft die bitteren Berichte von alleinstehenden Frauen gehört, die Männern begegnet sind, die nichts anderes wollten als Sex, oder die Klagen verheirateter Frauen, ihre Ehemänner vernachlässigten sie?

Ausbeutung von männlicher Seite bedeutet, das starke Bedürfnis einer Frau nach Zusammengehörigkeit auszunutzen. Aus Verzweiflung legt die Frau die wahre Absicht des Mannes falsch aus. Anstelle gegenseitiger Liebe sucht er vielleicht etwas viel Unmittelbareres und im Grunde Ichbezogenes. Sie aber sieht seine Ichbezogenheit nicht und projiziert unwissentlich Wunschbilder von Bindung und Liebe auf ihn, wie sie sie hegt. Seine Unaufrichtigkeit zeigt sich in seinem Ausweichen, was die Bedeutung der Beziehung anlangt. Gewöhnlich bestehen seine Vergehen mehr aus Unterlassen denn aus Tun – und er läßt zu, daß sie in fehlgeleiteten Spekulationen über die Zukunft schwelgt. Doch ganz gleich, wie aufrichtig der Mann sich verhält, die Sehnsucht einer Frau kann so groß sein, daß sie ihn überwältigt, selbst wenn er sie lieben wollte. Spürt sie seine Loslösung, wird sie immer verzweifelter. Am Ende dieses ganzen Ringens konzentriert sich der Mann nur noch darauf, was er von ihr bekommen kann, und nicht darauf, sie zu lieben. Frauen, die zu großzügig geben, werden eher verlassen als geliebt.

Die Trösterin

Brad (41), ein Elektrohändler, ist der Meinung, alle Frauen seien ziemlich ähnlich und erinnerten ihn leider nur allzu sehr an seine Mutter. Er glaubt, seine Mutter habe ihm nie die Liebe gegeben, die er brauchte. Sie war eine alleinerziehende Frau und sehr viel unterwegs, arbeitete an zwei Stellen, um das Nötigste heranzuschaffen, oder hatte Verabredungen. Brad hatte das Gefühl, sich stets erfolglos um ihre Aufmerksamkeit, Liebe und Anerkennung zu bemühen.

Janet (36), eine Volksschullehrerin, erinnert sich, daß sie immer ihren Vater in Schutz nehmen wollte, in dem sie das sanfte Opfer der unablässigen Forderungen und des gereizten, beleidigenden Wesens ihrer Mutter sah. Er zog sich passiv in seine Bibellektüre zurück, während Janet seine Schlachten für ihn schlug. »Ich hatte immer das Gefühl, ich müßte das Verhalten meiner Mutter wiedergutmachen. Sie war ziemlich scheußlich zu Papi. Ich bin sicher, daß ich nicht alles verstand, womit er ihren Zorn hervorrief, aber ich habe Papi immer als eine Art Heiligen gesehen, dem auferlegt war, sich mit einem Tyrannen wie meiner Mutter abzufinden.«

Janets Begegnungen mit Männern sind alle weitgehend durch ihren Versuch charakterisiert, ihnen zu zeigen, daß Frauen liebevoll sein können. Wie Janet sagt: »Das sitzt in mir, ich fühle mich dafür verantwortlich, die Fehler anderer Frauen gutzumachen. Ich ertrage es nicht, wenn Männer Frauen als böse oder nicht vertrauenswürdig betrachten.«

Infolge dieser Kindheitseinflüsse findet Janet immer einen verletzten und oft verbitterten Mann, an dem sie ihre Heilkräfte ausprobieren kann. Als Brad auftauchte, war er aufgrund seiner gefühlsarmen Herkunft ein idealer Partner für sie.

Brad und Janet leben seit zwei Jahren zusammen. Janet würde gern heiraten, aber Brad schiebt den Entschluß immer weiter vor sich her, wobei er seine früheren schmerzlichen Beziehungen als Vorwand benutzt. Anstatt ihm böse zu sein oder einen Termin für seine Entscheidung zu setzen, übt sich Janet in Geduld. Sie glaubt, daß die Macht und Sanftheit ihrer Liebe eines Tages sein Vertrauen gewinnen werden.

Im wesentlichen läßt sich Brad Janets Fürsorge und großzügiges Verständnis für seine Bedürfnisse gefallen, ohne jedoch jemals den Wunsch nach Erwiderung zu empfinden. Er ist ungerührt und unmotiviert, die Beziehung auf eine tiefere Ebene gelangen zu lassen. Janet vertraut Brad, und er nutzt sie im Grunde aus. Und das wird er weiter tun, bis sie dem ein Ende setzt. Offenherzig bekennt Brad: »Ich wünschte, sie wäre manchmal nicht so nett. Sie hat nie etwas getan, was mich hätte verletzen können, und trotzdem enttäusche ich sie immer. Ich habe das Gefühl, ich könnte machen, was ich wollte, und sie würde mich immer noch lieben. Es ist verrückt, aber anstatt sie deshalb mehr zu lieben, verliere ich schließlich die Achtung vor ihr, obwohl ich weiß, daß sie es besser verdient.«

Bekommen, was man verdient. Auf ziemlich direkte Art ist Janets Eifer, die ganze Mühe auf sich zu nehmen, für Brads zunehmende Nichtachtung und Distanz verantwortlich. Ganz klar, daß auch Brad die Verantwortung für seine Unfähigkeit, Liebe auf reife Weise zu empfangen und zu geben, übernehmen müßte. Das Problem ist aber, daß Janets Bereitschaft zu geben, ohne zu empfangen, am Ende Brads Verhalten verzeihlich erscheinen läßt. Wenn Sie meinen, in einer ähnlichen Situation zu sein wie Janet, gibt es Schritte, die Sie unternehmen könnten, um mehr Sinn für Ihre Ansprüche an einen Mann zu entwickeln.

Frauen wie Janet verarbeiten im wesentlichen alte Kindheitsprobleme in gegenwärtigen erwachsenen Beziehungen. Indem Janet die Rolle der Trösterin übernahm, versuchte sie, ihrem Leben irgendeinen Sinn zu geben und sich selbst zu mögen. Als Kind hat sie ihren Vater nicht nur beschützt, sie hat auch versucht, seine Liebe zu gewinnen. Ein passiver Mann wie ihr Vater hat ihre Mutter zweifellos mit seiner Unfähigkeit verrückt gemacht, etwas anderes zu tun, als das Leben als eine Art selbstgerechtes Opfer auszuleben. Janet begriff nicht, daß er nicht nur ihrer Mutter etwas schuldig blieb, sondern daß er auch seine Liebe zu Janet nur mangelhaft zum Ausdruck brachte und zuließ, daß sie die Rolle seines Verteidigers spielte.

Erlöserin oder Trösterin zu spielen, kann eine Möglichkeit sein, einem Mann nahe zu kommen, seine Abhängigkeit zu fördern und ein illusorisches Gefühl der Sicherheit zu spüren – zumindest für eine Weile. Aber dann verliert der Mann den Respekt, weil er fühlt, daß die Frau gar keine faire Behandlung erwartet. Wenn dieser Frauentypus mehr Selbstachtung und einen angemessenen Sinn für Ansprüche besäße, würde sie Gegenseitigkeit erwarten und sogar fordern. Zuviel zu geben und Retterin zu sein, funktioniert als unbewußte Strategie für den Gewinn von mehr innerer Sicherheit nie wirklich.

Eine Frau wie Janet kann Folgendes tun: Sie kann erkennen, daß ihr Geben der Unsicherheit entstammt und nicht der Liebe. Wenn Sie diese Probleme haben, müssen Sie zuerst das Vorhandensein tieferer Befürchtungen und Ängste in bezug auf Ihren Selbstwert und Ihre Liebens-Würdigkeit anerkennen. Fragen Sie sich dann, ob Sie wahrhaft glauben, außer der Fähigkeit, einem Mann zu schmeicheln, noch andere Werte zu besitzen. Wann immer Mann oder Frau sich diese wichtige Frage stellen, kommt oft eine rasche und positive Antwort – wir sind in verschiedenster Weise interessant oder gescheit oder gebildet. Manchmal haben wir tatsächlich mehr Selbstwertgefühl und Vertrauen, als wir glauben. Am Ende ist es unsere Handlungsweise, die diese Frage wirklich beantwortet. Frauen, die überzeugt sind, reife und gegenseitige Liebe zu verdienen, verharren nicht lange in der Rolle der Retterin, ganz gleich, wie fesselnd der Mann als Projekt der »Umschulung« ist.

Um diese alten Muster zu durchbrechen, muß man das Risiko eingehen, mehr zu erwarten und Ansprüche zu stellen, wenn die Liebe einseitig scheint. Aber genau da ist der Haken. Um sich bei diesem Risiko wohl zu fühlen, müssen Sie zuerst mehr mit sich selbst einverstanden sein. Dabei ist nicht entscheidend, was zuerst kommt, die Erwartung oder die Selbstachtung; sie nähren und bauen sich gegenseitig auf. Der wichtige Punkt ist das Handeln, der erste Schritt. Wenn Sie aufhören, zuviel zu geben, werden Sie allmählich entdecken, was ein Mann vielleicht sonst noch an Ihnen liebt oder schätzt. Scheint es zuerst, als schätze er nur Ihre Fähigkeit zu retten, zu verteidigen, Probleme zu lösen, dann ist es vielleicht Zeit für Sie, weiterzuschreiten. Seien Sie gewiß, wenn Sie nur den Anspruch fühlen, Liebe zurückzubekommen, wird er Sie in neuem und sehr oft positivem Licht sehen.

Wenn Sie diese Muster durchbrechen und diese Risiken eingehen, ist der Lohn enorm: Gegenseitig befriedigendere Beziehungen und geliebt zu werden, als Person nicht nur gebraucht zu werden. Darüber hinaus öffnen Sie sich, wenn Sie Liebe zurückerwarten, auch der Möglichkeit, mit Männern zusammenzusein, die gesünder und fähiger zum Geben sind.

Die siamesische Zwillingsschwester

Manche Frauen reagieren auf das Gefühl von emotionalem Entzug mit dem Versuch, eine fast symbiotische oder verschmolzene Beziehung zu dem Mann in ihrem Leben herzustellen.

Gail (28) ist erst seit kurzem verheiratet. Sie wuchs in einem emotionalen Vakuum auf. Von ihrer vielbeschäftigten Mutter ignoriert und von ihrem Vater, der nie den Jungen bekam, den er wollte, nicht mit einbezogen, erinnert sich Gail: »Ich habe immer versucht, alles wie ein Junge zu machen – Sachen, von denen ich glaubte, sie würden meinem Vater gefallen. Aber ich bekam immer so ein schreckliches Gefühl, daß ich mich dadurch nicht interessanter für ihn machte, sondern nur seine Enttäuschung verschlimmerte, daß ich ein Mädchen war.«

Die acht Monate Ehe von Gail und Jack waren von Anfang an wackelig. Ihrer Meinung nach tut sie alles, damit Jack glücklich ist und sich geliebt fühlt. In Wahrheit erstickt sie ihn jedoch langsam und tötet die echte Liebe ab, die er für sie empfindet. »Ich dachte, sie würde sich sicherer fühlen, nachdem wir geheiratet hatten«, bekennt Jack. »Unsere Streitereien drehten sich immer um ihre Sorge, ich könnte mir nicht so viel aus ihr machen, wie sie sich aus mir. Das war nicht wahr. Ich hing an ihr, aber obwohl ich ihr sagte, ich liebte sie, war das nicht genug.«

Nach der Hochzeit verstärkten sich ihre Liebesbezeugungen. »Sie schickt mir dauernd romantische Karten, schreibt Zettel, ruft mich sogar bei der Arbeit an, manchmal drei- oder viermal am Tag. Sie glaubt, sie ist sanft und liebevoll, aber es ist einfach zuviel.«

Jack berichtet weiter: »Es gibt eine Menge Dinge, die ich gern mit Gail mache, aber sie möchte alles gemeinsam tun. Ich weiß noch, wie sie auf unserer Hochzeitsreise auf Hawaii beim Sporttauchen meine Hand halten wollte. Damals fand ich das rührend, aber inzwischen macht mich dieses Zusammensein nonstop ziemlich verrückt. Ich wollte einen Partner in dieser Ehe, nicht einen siamesischen Zwilling. Ich habe ernste Zweifel, ob wir zusammenbleiben können. Ich kann machen, was ich will, es scheint nie genug. Ich bin immer ziemlich zärtlich gewesen, aber jetzt, wenn sie von mir umarmt sein will, krümmt sich etwas in mir zusammen.«

Gails emotionale Isolation als Kind hinterließ bei ihr tiefe Gefühle der Entbehrung und Unsicherheit. Da sie in der Kindheit nie den Rückhalt und die Wertschätzung erfuhr, die sie so verzweifelt brauchte, hat sie kein Vertrauen zu ihrer Liebens-Würdigkeit als erwachsene Partnerin. Gail würde alles tun, um ihre Liebe zu Jack zu demonstrieren. Allerdings läßt ihr Hunger nach Gegenliebe alles auch zugleich als emotionale Forderung erscheinen. Gail macht den fatalen Fehler, sich zuviel

Mühe zu geben. Ihre Bemühungen werden nicht als frei gewährte Liebe interpretiert, sondern eher als der unersättliche Wunsch nach Vervollkommnung und Wertschätzung.

Mehr Abstand gewinnen. Jack macht sich zwar ehrlich etwas aus Gail, aber durch seine Unfähigkeit, ihr das Gefühl der Sicherheit in seiner Liebe zu geben, fühlt er sich machtlos und erschöpft. Gail weckt unwissentlich primitive Empfindungen von Unbehagen und Beklemmung in Jack. Ihr intensives Bedürfnis nach Nähe erstickt ihn und überschreitet bei weitem die Grenzen gesunder Intimität.

Frauen, die wie Gail empfinden, müssen sich bemühen, Abstand zu nehmen und dem Mann etwas Raum zum Atmen zu gönnen. Nicht die Gefühle der Unsicherheit stoßen Männer ab, sondern die Art, wie sie sich ausdrücken. Wenn wir vorschlagen, daß eine Frau Abstand gewinnen soll, ist uns klar, daß sie gerade dieses Verhalten am meisten fürchtet, denn sie fühlt sich nur sicher und geschätzt, wenn sie etwas »tun« kann. Loslassen ist gleichbedeutend mit Allein- und Verlassensein. Wenn eine Frau, die so viel Nähe braucht, losläßt, wird sie von Angst überwältigt, weil sie das aus der Hand gibt, wofür sie geliebt werden sollte.

Um dieses Muster zu durchbrechen, muß die Angst des Alleinseins durchlebt werden; sie läßt sich nicht vermeiden. Es ist ähnlich wie bei der Aufgabe jeder anderen Gewohnheit. Zeiten ohne den Mann – mit Freundinnen oder gar allein – sind entscheidend. Finden Sie heraus, was Sie innerlich empfinden, wenn Sie nicht mit ihm zusammen sind. Die ersten Gefühle, die da aufgerührt werden, sind typischerweise denen sehr ähnlich, die Sie als Kind empfunden haben mögen – Einsamkeit und Angst. Wenn Sie aber etwas mehr Zeit ohne Verbindung mit einem Mann vergehen lassen, werden Sie sich rasch besser, stärker und selbstsicherer fühlen.

Während Sie lernen, sich ohne die ständige Rückversicherung der Liebe eines Mannes zu entwickeln und wohler zu fühlen, werden Sie allmählich entdecken, daß in der Vergangenheit das, was als Liebesgabe erschien, in vielen Fällen nur ein getarnter Ausdruck Ihrer eigenen, tiefsitzenden Zweifel an Ihrem Wert und Ihrer Anziehungskraft war.

Die leichtfertige Geliebte

Terry (34) hatte im Lauf der Jahre mit vielen verschiedenen Männern geschlafen. Sie fühlte sich gut bei ihrem Lebensstil, aber ihre Freunde warnten sie, sie sei »viel zu leicht zu haben«. Terry sagte sich, sie sei sexuell befreit und finde es völlig in Ordnung, bei der ersten Begegnung mit einem Mann ins Bett zu gehen, vorausgesetzt, die »Chemie« stimme. Terry war aber nicht nur zum Vergnügen unterwegs, ihr Ziel war zu heiraten – doch sie war sich nicht klar darüber, welche negativen Auswirkungen ihr Verhalten auf ihre Chancen hatte, einen Ehemann zu finden.

Terry glaubte, sexuelle Offenheit und Bereitwilligkeit könnten ihr das dauerhafte Interesse eines Mannes sichern. Auf einer tieferen Ebene hatte sie jedoch leider Angst, sie könne nicht »gut genug« sein, würde sie sich nicht als leichte und bequeme Sexualpartnerin darbieten. Ihr emotionaler Hunger und ihre geringe Selbstachtung wirkten zusammen und trieben sie in Beziehungen, die am Ende flach und emotional unbefriedigend waren.

Zudem wurde der Gelegenheits-Sex, den Terry als Gabe ansah, von den Männern, mit denen sie schlief, ganz anders eingeschätzt. Männer, die sich anfangs wegen ihres Reichtums an positiven Eigenschaften zu Terry hingezogen fühlten – sie ist attraktiv, interessant und intelligent – und von denen man hätte annehmen können, sie seien am Aufbau einer gegenseitigen liebevollen Beziehung mit ihr interessiert, schätzten Terry schließlich genauso gering, wie sie sich selbst. Sie vereitelte die Möglichkeit wirklicher Intimität, indem sie sexuelle Beziehungen zu rasch förderte.

Sex bildet fast nie das erhoffte Bindemittel in einer Beziehung. Eine Frau, die sich zu mühelos hingibt, wird erleben, daß ein Mann sich lediglich aufgefordert fühlt, sie als flüchtige Befriedigung zu gebrauchen. Männer fühlen sich selten zu Frauen »für eine Nacht« hingezogen. Sie sind mit ihrem Urteil über zu bereitwillige Geliebte schnell fertig und schätzen ihre sonstigen, ganz realen Eigenschaften oder Qualitäten selten.

Respektieren Sie Ihren eigenen Wert. Um ihre Selbstachtung wiederzugewinnen, mußte Terry gegen ihre Instinkte handeln und etwas tun, was paradox erschien. Sie mußte lernen, zu Beginn einer Beziehung, wenn sie näherkommen wollte, etwas Abstand zuzulassen und ihre Unsicherheit zurückzuhalten. Sie mußte ihrer tiefsten Furcht – Angst vor Verlassensein und Ungebundenheit – ins Auge sehen und sie bewältigen. Das bedeutet keineswegs, kalt oder unzugänglich zu sein, denn das verscheucht Männer. Statt dessen, fand Terry heraus, verschafft eine Haltung positiver Selbstbeherrschung einem Mann leichte Unsicherheit und fördert sein Interesse.

Terry behält jetzt ihr Ziel einer langlebigen Partnerschaft auf der Basis von Gleichgewicht und Respekt fest im Auge und läßt in ihren neuen Beziehungen die Dinge sehr langsam angehen. Sie erinnert sich: »Wenn ich früher mit einem Mann sofort ins Bett gegangen war, hatte ich danach große Angst, ob er mich wieder anrufen würde – es war, als hätte ich ihm den Ball zugespielt, sobald ich mit ihm geschlafen hatte.« Nachdem sie die Therapie begonnen habe, sagt sie, »machte ich etwa acht Monate lang nur lose Verabredungen und traf niemanden, mit dem ich mich ernsthaft hätte einlassen wollen, also schlief ich auch mit keinem.«

Indem sie riskierte, weniger zu geben, bekam Terry mehr. Sie erlebte, wie Männer Facetten ihrer Persönlichkeit schätzten, die bisher hinter ihrer »Femme fatale«-Pose verborgen waren. Aber das Risiko mußte sie eingehen. Wie wir bereits bemerkt haben, sorgt gerade der Akt des Vertrauens in den eigenen, höheren Wert dafür, daß man sich tatsächlich wertvoller fühlt. Es handelt sich um eine Art mutiger Glaubenssprung, aber in Wahrheit haben Sie wenig zu verlieren, wenn Sie ihn wagen.

Weil der Sex in unserer Zivilisation so überbetont wurde, entstand der Irrglaube, er sei das sicherste Mittel, einen Mann anzuziehen. Das ist einfach nicht wahr. In Wirklichkeit erlebt der sexuelle Konservatismus gerade deshalb eine Auferstehung, weil Männer und Frauen ihn wirklich vorzuziehen scheinen! Nehmen wir zum Beispiel diese alte Ermahnung, mit einem Mann bei der ersten Verabredung nicht ins Bett zu gehen. Das ist nicht nur ein guter Rat, wir würden noch einen Schritt weitergehen: Wir halten es sogar für klug, keine Liebesbeziehung einzugehen, bevor Sie nicht mit einem neuen Mann genug Zeit verbracht haben, um seine Ziele und seinen Charakter zu kennen, und mit ihm ein gewisses Maß an Vertrauen aufgebaut haben. Dann können Sie zwischen Männern, die zur Zuneigung fähig sind, und denen, die Frauen nur ausnützen, unterscheiden. Dieser Rat beruht auf der Tatsache, daß Männer dem Anschein nach zwar freier sind, aber immer noch alten, unbewußten Prägungen entsprechend funktionieren. Männer drängen auf frühe, sexuelle Annäherung, aber auf einer tieferen Ebene glauben die meisten, Sexualität sollte eigentlich ein Ausdruck von Zuneigung und Verbundenheit sein. Wenn diese Zuneigung fehlt, geht es nur um ein »Umlegen«. Anziehung kann es vom ersten Augenblick geben, aber Zuneigung stellt sich zu Beginn einer

Beziehung nicht gleich ein. Zuneigung wächst allmählich, als Produkt der Erfahrung und über einen längeren Zeitraum. Sie ergibt sich nicht so schnell, ganz gleich, wie sehr eine Frau sie sich wünscht oder ein Mann ihr sagen mag, daß er sie empfindet.

Die meisten dieser Kommentare richten sich an alleinlebende Frauen, es gibt aber auch einen entsprechenden Vorschlag für verheiratete Frauen. Ehefrauen, die stets den sexuellen Vorspielen ihrer Männer nachgeben, weil sie Angst haben, »nein« zu sagen, geraten später unausweichlich in Schwierigkeiten. Das Erste und Wichtigste: Sich den Ansprüchen eines Mannes auf diese Weise zu fügen und sie zu befriedigen, führt bei Ihnen nur zu wachsendem Groll. Zudem bemerken Männer irgendwann diesen Groll. Sie spüren, daß Sie nicht »aktiv lieben«, sondern nur duldsam sind, um ihre Liebe nicht zu verlieren. Während Sie vielleicht denken, der Mann sei Ihnen dankbar für Ihre Zugänglichkeit, fühlt er sich womöglich insgeheim ebenso entfremdet wie Sie. Selbst Männer, die so beschränkt sind, daß sie den Mangel echten Verlangens in Ihren sexuellen Reaktionen nicht spüren, sind schließlich nicht dankbar, sondern nehmen Sie nur als selbstverständlich. Wie auch immer der Ausgang, selbst auf sexuellem Gebiet kann zu großzügiges Geben eine Ehe zerstören.

Die Märtyrerin

Was veranlaßt eine Frau, eine Märtyrerin zu werden? Die bei weitem grundlegendste und verbreitetste Ursache ist geringe Selbstachtung. Märtyrertum ist nie ein Geschenk, gleich, in welchem Gewand. Tatsächlich handelt es sich oft um einen heimlichen, aggressiven Akt der Kontrolle, indem man dem Partner Schuldgefühle verschafft. Wenn eine Frau beschließt, auf ihre Macht zu verzichten, wenn sie sich weigert, ihre eigenen Bedürfnisse anzuerkennen und sich für sie einzusetzen, ist sie anfällig dafür, eine Märtyrerin zu werden.

Jackie (38) hat sich Sheldon, mit dem sie sechs Jahre verheiratet ist, immer unterlegen gefühlt. Sie fing gleich nach Schulabschluß zu arbeiten an; er dagegen hat ein Diplom in Maschinenbau gemacht. Sie ist still; er ist charmant und leutselig. Insgeheim befürchtet sie, »nach oben« geheiratet zu haben und daß er eines Tages genug von ihr haben wird. Anstatt sich persönlich zu entwickeln und zu lernen, sich in ihrer Ehe wohler zu fühlen, trat sie in den Schatten, opferte sich auf und setzte ihren Mann auf praktisch allen Gebieten ihres Lebens an die erste Stelle. Für Sheldon kaufte Jackie zum Beispiel in den besten Herrengeschäften ein, weil sie fand, eine teure Garderobe sei für seine Karriere wichtig. Für sich selbst ging sie dann in die Warenhäuser.

In den Anfängen ihrer Ehe war Sheldon über ihre scheinbare Großzügigkeit gerührt, aber bald spürte er ein schlechtes Gewissen. Er ermutigte sie, Kurse zu besuchen, nicht auf herablassende Art, sondern weil ihre selbstquälerischen Bemerkungen ihn traurig stimmten. Und wenn er ihr kostbare Geschenke machte, erwiderte sie sie stets. Einen Tag, nachdem er ihr zum Hochzeitstag ein hübsches Goldarmband geschenkt hatte, fand er bei der Heimkehr einen teuren Aktenkoffer vor. Jackie hatte wieder einmal seine Gabe zurückgegeben und seine Wünsche über ihre eigenen gestellt. Er explodierte und beschwor damit eine Krise herauf, die dazu führte, daß sie therapeutische Hilfe suchten.

Was war hier passiert? Weshalb hatte ihr anscheinend liebe- und teilnahmsvoller Ehemann losgetobt? Nach Jackies Ansicht ohne Grund und aus blauem Himmel. »Ich habe immer alles für ihn getan, mein Leben hintangestellt.« Sheldon war ganz anderer Meinung. Beim Rückblick auf ihre Ehe wurde ihm bewußt, daß er an Schuldgefühlen erstickte.

Jackie war eine Märtyrerin. Sie fühlte sich am sichersten, wenn sie ihre Wünsche zu seinen Gunsten aufgab. Voller Selbstzweifel und Unsicherheiten versuchte sie törichterweise, die Beziehung zu kontrollieren, indem sie sich von ihrem Mann bedauern ließ. Insgeheim glaubte sie, er würde nie jemanden verlassen, der so bereitwillig war, zu opfern und zu geben. Sheldon wies später darauf hin, daß ihm ihre Opfer stets peinlich klargemacht wurden, woraus Schuldgefühle und langsam wachsender Groll entstanden. »Ich habe mich beim Nachhausekommen nie richtig wohl gefühlt. Ich wünschte mir oft, ich hätte eine dieser Frauen mit eigenen Freunden und Aktivitäten und nicht jemanden, der von der Arbeit nach Hause raste, um mich an der Tür mit einem Drink und Leckereien zu begrüßen.«

Welche Warnsignale hatte Jackie übersehen? Zunächst glaubte sie nie wirklich an Sheldons Zuneigung. Auf seltsame Art war ihr Märtyrertum schrecklich ichbezogen. Ihre Angst machte sie so kurzsichtig, daß sie nie daran glaubte, er könne sie lieben. Wenn Sheldon versuchte, die Gewichtsverteilung in ihrer Ehe zu verändern und mehr Gegenseitigkeit und Gleichberechtigung zwischen ihnen herzustellen, vereitelte sie diese Versuche ständig. Es gab kein Gefäß, um die Liebe aufzunehmen, die er geben wollte. Sein Wunsch nach Gleichheit schien ihr bedrohlich – sie befürchtete, sie wäre ihm nicht gewachsen, irgendwie nicht liebenswert oder intelligent genug, um sein Interesse zu fesseln.

Die Selbstaufopferung beenden. Ein Märtyrer-Partner erzeugt immer ernsthaftes Ungleichgewicht. Männer von heute wünschen keine ungleichen Beziehungen; sie wollen keine aufopfernden Frauen. Solche Frauen züchten ein wachsendes Schuldgefühl und in dessen Begleitung den Groll. Anstatt dem Mann ein besseres und sichereres Gefühl zu geben, erreicht Märtyrertum genau das Gegenteil. Männer mit Märtyrer-Partnern fühlen sich allein.

Wenn eine Frau keine Selbstachtung hat, ist es für den Mann schwierig, Mitgefühl für sie zu haben. Wenn sie aber versucht, ein gutes Selbstwertgefühl zu entwikkeln, wird sie erleben, daß Männer positiv und liebevoll reagieren.

Wenn Sie sich in Jackies märtyrer-ähnlichem Verhalten wiedererkennen, ist es wichtig zu verstehen, daß Sie einer Strategie folgen, die Sie für einen Mann nicht liebenswert macht, sondern die in Wirklichkeit seinen Unwillen weckt. Selbstaufopferung und andere schuldzuweisende Verhaltensformen werden Sie beide nur in Konflikte bringen.

Frauen, die zu Märtyrerinnen werden, fehlt meist ausreichendes Selbstvertrauen; sie scheuen sich, sich hinzustellen und legitime Bedürfnisse und Wünsche ihrem Partner gegenüber zu äußern. Statt dessen hoffen sie, ihr Leiden werde das Mitgefühl des Mannes erregen. Es gibt sogar die Phantasievorstellung, daß solche Opfer Bewunderung erringen, da andere die Märtyrerin oft als eine Person hochschätzen, die sich bereitwillig hingibt, nur um der häuslichen Harmonie willen.

Wie bei anderen Frauen, die zuviel geben, läßt sich auch dieses Muster durchbrechen, indem man allmählich weniger tut und gleichzeitig beginnt, mehr zu erwarten. Sehen Sie, ob seine Liebe stärker wird, wenn Sie anfangen, auf eine Art zu handeln, die Respekt heischt. Anfangs werden Sie Angst bekommen, wenn Sie weniger tun; sie kann sogar zu der Furcht werden, er könnte Sie schließlich verlassen. Die Angst, die Sie spüren, ist ein Gefühl, vor dem Sie all diese Jahre in der Märtyrerrolle davongerannt sind. Denken Sie daran: Auch wenn diese Muster Sie geprägt haben, als Ausweg, um einen Mangel an Liebe in der Kindheit zu bewältigen, dürfen Sie sich nicht von Ihrer Vergangenheit beherrschen lassen. Sie brauchen kein Opfer zu sein, als das sich die Märtyrerin so oft insgeheim fühlt.

Die Beschützerin

Frauen, die bei einem Mann die Rolle der Beschützerin übernehmen, haben eine Reihe von Wesenszügen gemeinsam. Die meisten leiden an quälenden Zweifeln an ihrem Selbstwert und fühlen sich als Gebende eindeutig wohler denn als Empfangende. Gegenliebe zu erwarten, könnte herbeiführen, was sie am meisten fürchten – »Du bist es nicht wert, daß ich auch etwas tun muß.« Ellen (35), Kanzleisekretärin, übernahm es in ihrer Beziehung zu Jimmy, sich um alles zu kümmern. Als sie sich zuerst begegneten, hatte Jimmy (33) einen Teilzeitjob als Lehrer für Textverarbeitung in der Industrie und studierte im ersten Jahr an einer Fachhochschule. Er schien alles zu sein, wonach sie suchte – vor allem schien er sie wirklich zu mögen.

Die ersten paar Monate zusammen waren so wundervoll, daß Ellen Jimmy aufforderte, zu ihr zu ziehen. Ihre Terminpläne ließen wenig Freizeit zu, deshalb war die Zeit, die sie miteinander verbrachten, doppelt kostbar. Um ein paar Stunden mehr herauszuschlagen, bot Ellen zunächst an, einige von Jimmys Arbeiten zu tippen. Sie tat es gerne und freute sich, daß sie auf diese Weise mehr Zeit füreinander hatten. Ellen war immer schon leicht und gewandt mit Worten umgegangen. Binnen kurzem tippte sie Jimmys Arbeiten nicht nur ab, sie entwarf sie auch.

Jimmy tat sich schwer mit seiner akademischen Belastung. Er genoß die immer häufigeren »Züge durch die Gemeinde« mit seinen männlichen Freunden und ließ Ellen zu Hause mit seinen Papieren kämpfen. Manchmal war Ellen etwas ärgerlich, aber sie rechtfertigte Jimmys Mangel an Selbstdisziplin als etwas Vorübergehendes, einfach begründet durch sein Bedürfnis, von dem unerbittlichen Druck der Schule loszukommen.

Jimmy sprach gern mit Ellen, weil sie eine warmherzige und aufmerksame Zuhörerin war. Sie war nicht nur verständnisvoll und tolerant, sondern hatte auch eine besänftigende und ungeheuer beruhigende Wirkung auf ihn. Jimmy redete endlos von dem Druck, den er spürte, und Ellen war stets bereit, noch einen Auftrag oder eine Besorgung zu übernehmen, um ihn zu entlasten.

Ellen liebte Jimmy und genoß sein zunehmendes Vertrauen. Sie empfand ein Gefühl der Nähe und Liebe, bestärkt durch ihre aktive und intime Beteiligung an jedem Aspekt seines Lebens. Ohne es zu ahnen, hatte Ellen langsam und stetig ein Verhaltensmuster Jimmy gegenüber entwickelt, das unseligerweise zunehmende Ausbeutung förderte und seine leidenschaftliche Bindung an sie verhinderte. Ihre Bereitschaft, alles für ihn zu tun und seine Mängel und Schwächen wettzumachen, hatte auf Jimmy eine vorhersehbare Wirkung. Als Einzelkind war er schon immer daran gewöhnt gewesen, daß seine äußerst nachsichtige und opferbereite Mutter alles für ihn tat. Der Schritt von der Mutter zu Ellen fiel ihm nur allzu leicht. Ellen war unversehens zu einer Art Ersatz-Mutter geworden – eine, die bedingungslos gab und wenig zurückerwartete.

Weniger Mutter sein und mehr Frau. Viele Frauen schlüpfen in eine Art bemutternde Rolle. Manche fühlen sich dabei wohl, weil sie sich wie »Mutter Erde« fühlen, überlebensgroß. Das soll nicht heißen, daß die warmherzige, mütterliche Frau bewußt mittels dieses Verhaltens etwas anderes verbergen will. Unbewußt dagegen vernachlässigt sie vielleicht ihre eigenen Möglichkeiten, mehr zu sein, auf komplexere und umfassendere Weise betrachtet zu werden als gegenwärtig. Leider gehen diese Frauen oft gleichzeitig als Mutter ihres Ehemannes wie als Mutter ihrer Kinder durchs Leben. In dieser Weise zuviel zu geben, ermutigt einen Mann, eine Frau zu vernachlässigen und sie als selbstverständlich zu nehmen, aber noch wichtiger ist: Die Beschützerin wird vielleicht nie entdecken, was sonst aus ihr werden könnte.

Wie wir festgestellt haben, übernehmen Frauen die Rolle der Beschützerin oft, weil sie damit der Beschäftigung mit anderen Facetten ihrer Persönlichkeit ausweichen können. So gibt es zum Beispiel Frauen, die sich sexuell unzulänglich fühlen; dann ist Mütterlichsein ein Ausweg aus der Konfrontation mit diesem Selbstzweifel. Manchmal kann der Mann in dieser Hinsicht sogar zum Komplizen werden. Ein Mann, der sich seine Frau als Mutter wünscht, möchte sie vielleicht nicht allzu sexy haben, denn das könnte Verwirrung stiften. Das ist eine Variation der Zweiteilung »heilig-unheilig« – mögen andere Frauen sexy sein, das eigene Weib hat rein und über solche niedrigen Lüste erhaben zu sein.

Um aus diesem Muster herauszukommen, müssen Sie darauf vertrauen, daß der Mann eine Frau will und nicht bloß eine Mutter. Sie müssen riskieren, mehr von Ihren Facetten zu zeigen. Offenbaren Sie mehr, und geben Sie weniger. Lassen Sie sich von ihm entdecken. Wenn ein Mann von einem plötzlichen Wechsel in Ihrem Verhalten überrascht scheint, können Sie mit ihm darüber sprechen. Bringen Sie ihm liebevoll zur Kenntnis, daß Sie durch allzu vieles Geben weniger aus sich gemacht haben, als sie sein könnten.

Wissen, wann die Liebe einseitig ist

Der direkteste Weg, um festzustellen, ob Sie im Übermaß geben, ist ein gründlicher Blick auf die Art, wie das Geben aufgenommen wird. Fühlt sich der Mann durch Ihre Großzügigkeit und Liebe zu Ihnen hingezogen? Reagiert er mit angemessener Anerkennung? Wird Ihr Geben im Lauf der Zeit erwidert? Frauen, die zu großzügig geben, achten meist nicht auf Anzeichen von Gegenseitigkeit – sie verharren eher in der Hoffnung, sie werde sich von allein einstellen. Wenn Sie sich diese Fragen stellen, erwarten Sie keine unmittelbaren Antworten. Sie brauchen ihre Zeit. Manche Männer reagieren nicht sofort. Manchmal genügen ein paar Tage, manchmal dauert es eine Woche, bis Sie einen Hinweis bekommen, wie ein Mann Ihre Fürsorge aufnimmt.

Scheint er sich von Ihnen zurückzuziehen, nachdem Sie besonders liebevoll waren? Wachsen Anerkennung und Respekt im Lauf der gemeinsamen Zeit, oder schwinden sie? Wenn Sie wirklich gut aufpassen, sollten Sie nach ein paar Wochen oder Monaten die Wirkung Ihrer Wärme, Ihres Gebens und Sorgens spüren können und wissen, ob Sie als selbstverständlich genommen werden.

Macht Ihnen das Verstreichen der Zeit angst? Frauen, die zu großzügig geben, neigen zur Ungeduld und unterdrücken dann ihre Besorgnis, indem sie noch mehr geben. Es ist, als könnte Geben die Liebe sicherstellen, nach der sie sich so verzweifelt sehnen.

Ertappen Sie sich dabei, wie Sie Entschuldigungen für ihn erfinden? Sind Sie allzu verständnisvoll und versöhnlich? Frauen, die zu großzügig geben, haben meist irgendeinen schleichenden Verdacht, daß sie sich überschlagen. Sie wissen oft, daß sie zu viele Rechtfertigungen vorbringen, um zu erklären, warum der Mann sich so benimmt, wie er es tut, und warum er nicht mehr von sich hergibt. Wenn Sie sich beobachten, wie Sie Freunden und Familie erklären, warum Ihre Beziehung so einseitig scheint, dann ist das ein eindeutiges Zeichen, daß das Ungleichgewicht zu weit geht.

Und schließlich: Sind Sie der Ansicht, daß Ihr Geben sich mit Ihren eigenen Zweifeln an Ihrer Liebens-Würdigkeit deckt? Empfinden Sie sich als »gut genug«, oder denken Sie, wie so viele Frauen, die zuviel geben, daß Ihre Unsicherheit stets in ein Verhalten mit dem Mann gegenüber umgeleitet wird, das eigentlich nur eine getarnte Art ist, Anerkennung zu finden? Wenn ja, dann wissen Sie insgeheim, daß ihre Einstellung nicht funktioniert.

Lernen, Gegenliebe zu erwarten.

Männer müssen aufgefordert werden zu geben. Man muß von ihnen Wechselseitigkeit im Umgang mit der Frau erwarten, und wir denken dabei nicht bloß an Fairneß und Gleichgewicht. In Übereinstimmung mit dem Polaritäts-Faktor ist dieser Anspruch auf Gegenseitigkeit notwendig, wenn ein Mann sich an eine Frau binden soll. Bietet eine Frau zuviel an und erwartet zuwenig, wird sich dieses Band in den Augen des Mannes nicht richtig bilden. Das soll nicht heißen, daß ein Mann bei dieser Art Muster von einer Frau nicht abhängig werden kann, was Gefälligkeiten und Wohlbefinden anlangt. Aber diese Bindung ist nicht emotional, sie beruht weder auf Achtung noch Leidenschaft, sie ist nicht die Liebe, die eine Frau sich wünscht.

Einseitige Beziehungen, die zulassen, daß der Mann zuwenig gibt, hindern ihn daran, größere Nähe zu suchen. Frauen, die alle Mühe auf sich nehmen, dämpfen den Wunsch des Mannes, seinerseits irgend etwas zu tun, und darin liegt ein schwerwiegender und selbstzerstörerischer Fehler. Andererseits wird eine Frau, die weiß, daß sie der aktiven Liebe wert ist, und einen Mann wissen läßt, daß sie seine Gegenliebe erwartet, ihn immer mehr anziehen.

Um die Fallgruben zu großzügigen Gebens zu vermeiden, müssen Sie sich über Ihre eigenen Erwartungen klar werden. Prüfen Sie gründlich und streng, wie leicht oder wie schwer es Ihnen fällt, sich des Gebens und der Liebe eines Mannes wert zu fühlen. Wenn Sie sich selbst schätzen und entsprechend handeln können, werden Sie sich nicht ausbeuten lassen, weil das Bewußtsein Ihrer eigenen Würde das verhindern wird. Frauen, die

Ausbeutung erleben, sind von ihrem eigenen emotionalen Verlangen geblendet; das Urteilsvermögen fällt aus. Ihr Selbstwertgefühl wirkt als freundlicher Leitstern auf Ihrer Suche nach Liebe.

Die Frau, die zu großzügig gibt, glaubt, die Zeit arbeite gegen sie; sie handelt, als entglitte ihr fast die Aussicht auf Liebe. Sind Sie ein Single, dann lernen Sie, sich mit einer neuen Beziehung Zeit zu lassen. Lassen Sie sexuelle Erfahrungen aus der langsamen Entwicklung von Vertrauen, gegenseitigem Wissen voneinander und Zuneigung entstehen. Mißtrauen Sie Ihrem Impuls vorwärtszudrängen und seinem Impuls, Sie zu drängen. Begreifen Sie, daß ein Mann – ganz gleich, was er Ihnen sagt – Ihnen im Grunde mehr vertrauen und Sie mehr respektieren wird, wenn Sie Selbstachtung haben.

Riskieren Sie es, von Ihren Gefühlen zu sprechen – sprechen Sie zu ihm von Ihrer Angst, und betonen Sie Ihre Verantwortung und Beteiligung an dem ganzen Prozeß. Danach müssen Sie eine Haltung und Position einnehmen, die fordernder ist und dem, was Sie geben werden, Grenzen setzt. Wenn Sie glauben, das Recht auf Gegenliebe zu haben, wird er auf sie zukommen. Tut er es nicht, ist es am besten, es möglichst schnell herauszufinden und aufzubrechen zu dem, was Sie wahrhaft verdienen.

Zweiter Teil
Frauen, wie Männer sie lieben

7. Kapitel Der Weg zur Bindung

Das Verlangen nach Liebe ist ein grundlegender Drang des Menschen. Ganz gleich, wer wir sind oder was wir tun, ob Mann oder Frau, verheiratet oder alleinlebend, wir wollen alle genau dasselbe, wenn es um Liebe geht: jemanden, mit dem wir das Leben genießen, jemanden, der uns zum Lachen bringt, jemanden, der unsere Ängste und Sorgen versteht, und jemanden, der macht, daß wir uns mit uns selbst wohl fühlen.

In diesem Teil des Buchs werden wir ergründen, was Männer an Frauen anzieht und warum sie sich verlieben. Doch wäre keine lohnende Untersuchung komplett ohne das Verständnis des Vorgangs der Liebe an sich, von ihren stürmischen Anfängen durch die verschiedenen Stadien, von den gesteigerten Erwartungen der Romantik bis in die Tiefe und Sicherheit reifer Bindung.

Es gibt eine grundlegende Erklärung, warum den meisten von uns die Liebe so schwer zu fassen scheint. Wir machen uns nicht nur mit aufrichtigen und realistischen Zielen auf die Suche nach Liebe, sondern auch mit primitiven, tief verwurzelten Wunschträumen. Mehr als alle bewußten Kräfte formen diese unbewußten Triebe unser Bedürfnis, zu lieben und geliebt zu werden, und schaffen viele Barrieren auf dem Weg vom Alleinsein zur Bindung. Wir glauben, daß ein wesentlicher, erster Schritt das Verständnis der Phantasien sein muß, die die Suche nach Liebe begleiten, will man selbstzerstörerische Muster durchbrechen und aufhören, die eigenen Liebesbemühungen zu sabotieren.

Die drei geheimen Wünsche der Liebe

Das Trachten nach Liebe wird von drei mächtigen, unbewußten Wünschen motiviert: Der Sehnsucht nach Vereinigung, nach Geltung und Lebendigkeit. Diese primitiven Wünsche sind in unser Unbewußtes eingebettet, ganz gleich, wer wir sind, wie vernünftig wir geworden zu sein glauben, wie berechtigt unsere bewußten Erwartungen sind. Aber hier liegt das Problem: Kein einziger dieser Wünsche hat etwas mit aktiver Liebe für eine andere Person zu tun! Es geht vielmehr um Bedürfnisse, die sich samt und sonders um die eigene Befriedigung drehen. Da diese Wünsche sich eher aus dem Bedürfnis nach Nehmen und nicht nach Geben speisen, können sie zum Zusammenstoß zwischen uns und der Person, von der wir die Erfüllung dieser Wünsche erhoffen, führen.

Woher kommen diese Wünsche? Während unserer Entwicklung von der Kindheit zum Erwachsensein legen wir einen Weg der Individualisierung zurück, wir werden wahrhaft wir selbst, wir schaffen ständig einen genaueren Begriff davon, wer wir sind. Dabei ergeben sich positive und negative Wandlungen. Viele Menschen erleben ihr Dasein als dauernden Kampf, als Bewältigung innerer Ängste, gepaart mit einem furchtsamen Ausweichen vor äußerem Druck. Glücklichere Individuen entwickeln den gesunden und positiven Wunsch, sich den Herausforderungen und Risiken des Lebens zu stellen. Die meisten von uns pendeln zwischen Furcht und Selbstvertrauen, Selbstzweifeln und Selbstsicherheit.

Die Sehnsucht nach Vereinigung. Der primitivste Grundtrieb in bezug auf Liebe ist vielleicht unser Wunsch nach Ergänzung, nach Vereinigung. Dieser Wunsch stammt aus der Angst vor dem Alleinsein und einem Gefühl der Unvollständigkeit. Ursprünglich lebt jedes Kind in einer Symbiose oder wechselseitigen Union mit seiner Mutter, bis der gesunde Prozeß der Trennung und Individualisierung einsetzt. Vom Augenblick der Trennung von unseren Müttern bis zum letzten Atemzug begleiten uns das Alleinsein oder die Möglichkeit des Alleinseins ständig. Sehr früh entwickeln wir unsere sogenannten narzißtischen Wünsche, die Eigenliebe, die dringende Sorge um uns selbst. Gemäßigte narzißtische Wünsche sind gesund und stellen sich auf folgende Weise ein: Haben wir gesunde, aufmerksame Eltern, die liebevoll für uns sorgen, entwickeln wir ein positives Ich-Gefühl. Wir lernen allmählich, die Liebe, die Fähigkeit unserer Eltern, uns zu besänftigen und zu trösten, aufzunehmen und zu verinnerlichen. Wir sehen uns sozusagen durch ihre Augen und lernen dabei, uns selbst zu besänftigen und zu lieben. Durch diesen Vorgang gelingt es uns, weniger ängstlich zu sein, weniger der Vereinigung und der Ergänzung bedürftig.

Leider ist dieser Vorgang nie vollkommen, weil auch unsere Eltern in ihrer Liebe fehlerhaft und unbeständig sind. Ein Kind, das gesund heranwächst, wird leicht mit kleineren elterlichen Widersprüchen fertig und lernt, mit Frustrationen und einer unvollkommenen Welt umzugehen. Das Ich-Gefühl des Kindes wird dadurch allmählich immer stärker, genauer umrissen und elastischer. Sind die Eltern aber nachlässig und lieblos, kann das Ich-Gefühl des Kindes bruchstückhaft und unterentwickelt bleiben. Traurigerweise kann so ein Kind sich nicht selbst trösten und begibt sich oft auf die Suche nach äußerlichen Quellen der Tröstung – nach anderen Menschen, Drogen, sogar nach Liebe; nach allen möglichen äußeren Stimulantien, um den Schmerz des Selbstzweifels und der Unvollständigkeit zu hindern.

Vereinigung wird zu einer der Phantasie-Lösungen dieser Gefühle eigener Mangelhaftigkeit. Eine Frau, die keine erfüllte Kindheit hatte, kann zum Beispiel in ihrem Unbewußten die Vorstellung hegen, sie könne die wunderbare Sicherheit, die sie bei ihrer Mutter empfand, wiedererlangen, könnte sie nur mit einem Mann eins werden. Die meisten Menschen hegen diesen Wunsch oder diese Phantasie bis zu einem gewissen Grad; bei besonders Bedürftigen werden sie nur deutlicher ausgedrückt. Besonders in Zeiten von Streß oder emotionalem Entzug träumen wir leicht von der Vereinigung mit jemandem, der uns die Liebe geben wird, die wir selbst nicht für uns empfinden, mit jemandem, der uns das Gefühl der Ganzheit geben wird.

Die Suche nach Wertschätzung. Ein weiterer mächtiger Wunsch, der uns auf die Suche nach einer Liebesverbindung treibt, ist der Wunsch nach Wertschätzung – das Bedürfnis, uns in uns selbst wohl zu fühlen, Selbstachtung zu besitzen. Wiederum können es mangelhafte und unerfüllte Kindheitserfahrungen sein, die schuld daran sind, daß wir uns wertlos fühlen und verzweifelt nach äußerer Geltung suchen.

Zu guter Elternschaft gehört es, Kinder zu eigenständigem Denken zu ermutigen und aus ihren Erfahrungen ein Selbstwertgefühl zu entwickeln. Manche Eltern fördern aber die Autonomie nicht, sie halten das Kind in ständiger Abhängigkeit von der elterlichen Anerkennung. Die Folge ist eine lebenslange Suche nach äußeren Beweisen des eigenen Werts und der Liebens-Würdigkeit. Manche Menschen lächeln sich im Spiegel zu: »Was ich sehe, gefällt mir!« Andere aber fragen sich ängstlich: »Wird ihm oder ihr mein Anblick gefallen?« Sie brauchen jemanden, der ihnen sagt, daß sie in Ordnung sind. Erwachsene, die nicht gelernt haben, sich selbst zu schätzen, sind am meisten in Gefahr, liebes-süchtig zu werden, ständig auf der Suche nach einer Person, die ihnen ein Gefühl des Gutgenug-Seins vermitteln soll.

Die meisten Männer und Frauen suchen Geltung auch durch die Wahl ihrer Geliebten. Bis zu einem gewissen Grad betrachten wir alle einen potentiellen Partner als einen Maßstab für unseren eigenen Wert und Status. Sie haben zum Beispiel selbst vielleicht einmal die Erfahrung gemacht, daß Sie einen neuen Mann in Ihrem Leben mit der stillen Hoffnung Ihren Freunden vorgestellt haben, diese würden sie wegen der Person, die Sie für sich eingenommen haben, höher einschätzen. Sie glauben dabei insgeheim, daß es Ihren eigenen Wert hebt, wenn eine attraktive oder kultivierte Person Sie liebt.

Wertschätzung als dominierende Lösung für Gefühle der Mangelhaftigkeit birgt das Problem, daß wir die andere Person dabei nicht aufrichtig lieben; statt dessen lieben wir die Illusion unseres eigenen gesteigerten Ichs. Hinzu kommen dann immer trübe Augenblicke des Alleinseins, wenn unsere Unsicherheiten überhandnehmen und uns bewußt machen, wie wir uns wirklich selbst empfinden. Persönliche Wertschätzung mittels der Liebe einer anderen Person funktioniert einfach nicht.

Der Wunsch nach Lebendigkeit. Der dritte Wunsch, der unsere Suche nach Liebe antreibt, ist Lebendigkeit. In dieser Welt voller Streß ist es eine echte Herausforderung, unsere eigenen Batterien wieder aufzuladen, uns lebendig zu fühlen und das Leben aufregend zu finden. Darin liegt der Aufschluß, weshalb wir so ungeheueres Gewicht auf die Sexualität legen; sie gehört zu den leichtesten Arten, sich angeregt und vibrierend vor Leben zu fühlen. Viele Menschen bemühen sich auch um lebendiges Empfinden, indem sie der Romantik nachjagen, einer garantierten Quelle starker Gefühle. Wieder andere, die vielleicht den Lohn einer Beziehung pessimistischer sehen, suchen Lebendigkeit im Essen und Trinken oder in Drogen. Solche Menschen erleben ein momentanes, inneres Wohlgefühl, solange das chemische Hoch anhält – was nie allzu lang dauert!

Der Ursprung unserer intensiven Sehnsucht, uns lebendig und neu stimuliert zu fühlen, läßt sich wiederum auf bestimmte Kindheitserlebnisse zurückführen, auf eine Trauer über den Verlust der Wärme und Sicherheit bei der Mutter. Alle Kinder brauchen Kontakt und Nähe, um sich lebendig und wohl zu fühlen. Kinder, denen körperlicher Kontakt und Wärme dieser Art entgehen, entwickeln in der Tat oft ernste physische und emotionale Krankheiten. Menschen, die in der frühen Kindheit Unsicherheit und Entzug des liebenden Kontaktes erlebt haben, tragen leider eine anhaltende Trauer mit sich herum. Das Gegenmittel gegen dieses Gefühl chronischer Leere ist Stimulation – gleich welcher Art. Männer neigen typischerweise dazu, die Lösung dieses Dilemmas im Medikamenten-Mißbrauch oder in sexueller Aktivität zu suchen. Frauen werden meist eher von den Höhen und Tiefen der Romantik abhängig. Wenn aber solche Frauen das Objekt ihrer Sucht erobert haben, erleben sie unausweichlich eine emotionale Ernüchterung. Die Verliebtheit weicht dem Alltag und der Routine, die Intensität läßt nach. So bewegt sich die Liebessüchtige zwanghaft von einem ihrer zahllosen Liebhaber zum nächsten.

Während wir heranwachsen und unsere nicht so ideale Kindheit hinter uns lassen, sehnen wir uns wohl alle unterschiedlich stark nach Vereinigung, Wertschätzung und Lebendigkeit. Wir suchen auch unterschiedlich intensiv nach äußeren Lösungen für diese inneren Bedürfnisse. Im Heranwachsen versuchen wir alle, eine Vielfalt von Dingen zu kompensieren, die uns in der Kindheit entgangen sind; keiner von uns ist das Produkt perfekter Elternschaft. Es gibt aber Lösungen, die gesund sind und über unrealistische Phantasien hinausreichen. Lieben und geliebt zu werden kann man lernen. Aber dieses Lernen erfordert ein Begreifen der Entwicklung, die die Liebe nimmt. Ein klarer Blick auf die Windungen und Kurven im Liebesprozeß hilft, unrealistische Erwartungen und Enttäuschungen zu vermeiden, die sich so oft in unseren Beziehungen abspielen.

Die Stadien der Liebe

Alle Liebesbeziehungen entwickeln sich entlang einer erkennbaren Linie. Die erste Phase ist Romantik, Vernarrtheit, Verliebtheit. Das zweite Stadium kennzeichnet eine Periode der Anpassung, in der Illusion und Realität aufeinanderprallen. Die Endphase bedeutet reife und dauerhafte Liebe.

Romantik. Bei unserer Suche nach Liebe halten wir als erstes nach jenem köstlichen Gefühl der Erregung und Vernarrtheit in eine andere Person Ausschau: nach Romantik. Zur Romantik gehören ein Gefühl der Vereinigung, des Einsseins mit einer anderen Person, ein Gefühl der Heiterkeit und Leidenschaft, ja, sogar ekstatische Höhenflüge. Wir erleben eine gesteigerte Empfänglichkeit für Schönheit, nicht nur an unserem Geliebten, sondern in der Welt überhaupt: an anderen Menschen, an dem, was wir sehen, was wir riechen, dem ganzen Spektrum der Sinne. In dieser Phase erweitern wir die Grenzen unseres Selbstgefühls und schließen die andere Person mit ein. Uns ist, als hätten wir unseren Geliebten schon immer gekannt, und entdecken ihn oder sie trotzdem täglich mit Entzücken neu. Das romantische Erleben umfaßt alle drei grundlegenden Dinge, die wir uns wünschen – Vereinigung, Wertschätzung und Lebendigkeit.

Diese Erfahrung hat jedoch auch ihr düsteres Gegenstück. Sie entdecken vielleicht Gefühle der Angst und Furcht bei sich: »Ich fürchte, wenn er mich wirklich kennenlernt, wird er mich nicht mögen!« Oder: »Es ist fast zu schön, um wahr zu sein, zu gut, um zu dauern!« Diese Unterströmung von Besorgnissen ist zwar schmerzlich, erhöht aber auch die emotionale Wucht des Dramas; Unsicherheit und Furcht steigern Mysterium und Erregung.

Zu Anfang ist die Zeit der Unschuld, wenn die Tugenden des Geliebten vergrößert im Vordergrund stehen. Seine Fehler oder störenden Verhaltensweisen bleiben im Hintergrund und können sogar unglaublich reizvoll erscheinen. Der Geizhals gilt als »fortschrittlicher Mann, der mich meinen Anteil an den Ausgaben tragen läßt«. Der Egozentriker, der unablässig von sich selbst spricht, ist »offen und verletzlich«. Der in sich gekehrte Mann ist »stark und geheimnisvoll«.

Fraglos gehört romantische Liebe zu den großen Erlebnissen und Abenteuern des Lebens. Aber wie bei allem im Leben gibt es immer das Verhältnis von Risiko und Lohn. Romantik mit all ihren berauschenden Belohnungen trägt auch die Unvermeidbarkeit des ernsten seelischen Katers in sich.

Das Eindringen der Realität. Was geschieht, wenn wir diese unbewußten Wünsche, Bedürfnisse und gesteigerten Erwartungen in unsere Beziehungen einbringen? Was passiert, wenn die Wirklichkeit in die Phantasie einbricht? Im zweiten Stadium einer Beziehung, in der Periode der Anpassung, stoßen Realität und Phantasie entweder so heftig aufeinander, daß die Verbindung irreparabel bricht, oder sie fließen erfolgreich zusammen und bilden gesunde und realistische Erwartungen.

Wenn der erste romantische Rausch nachläßt, kann etwas so Simples wie Langeweile ein erster Hinweis auf Veränderung sein. Im Anfang ist das Zusammensein mit dem Geliebten stimulierend genug; wir sind ganz ruhig, zufrieden schauen wir stundenlang in die Augen des Geliebten, hingerissen und fasziniert. In der Folge empfinden viele Menschen, das erste Anzeichen von Langeweile sei ein Signal, »es sei vorbei«. Die Beziehung war eben nicht das, was wir uns vorgestellt haben, war nicht »das Wahre«. »Vielleicht habe ich einen Fehler gemacht«, mag der erste geheime Zweifel sein, der in uns aufsteigt.

Wenn Liebende miteinander vertraut werden, beleuchtet das unschmeichelhafte Licht der Realität die Unvollkommenheiten in scharfen Konturen. Störende Gewohnheiten und kleinere Differenzen, die bisher übersehen wurden, marschieren jetzt auf der Bühnenmitte auf. Plötzlich sind die Partner beunruhigt und irritiert. »Konstruktive« Kritik, schneidende oder geringschätzige Bemerkungen, sogar Ausbrüche von Zorn und Ärger können sich jetzt gegen den Geliebten richten, der bisher nichts falsch machen konnte. Die Periode der Nörgelei hat begonnen. Er zieht sich falsch an, seine Freunde sind Langweiler, sein Lachen ist sonderbar, sein Kuß ist zu feucht. Geliebte spüren natürlich, wenn sich ihr Bild beim Partner wandelt, sie werden defensiv und vorsichtig. Es kann sogar zu pauschaler, vollkommener Ablehnung kommen. »Was habe ich jemals in ihm gesehen?« Der Groll wächst: »Was habe ich je in ihr gesehen?« Was wirklich vor sich geht, ist der Austausch der ursprünglichen, idealisierten Bilder der Liebenden voneinander gegen realistischere Vorstellungen. Während Konfliktstoffe auftreten und nicht direkt durch Anpassung oder Kompromiß gelöst werden, schwindet die Phantasie, und die Grenzen zweier getrennter Identitäten werden jetzt schmerzlich sichtbar. Der anfängliche Wunsch nach Einssein wird vom Bedürfnis nach Atemluft und Freiraum ersetzt.

Selbst wenn eine Frau das Bedürfnis nach etwas normalem und vernünftigem Abstand erkennt und es ihrem Geliebten auf vorsichtige Art mitteilt, kann daraus Angst und Furcht vor Trennung und Verlassenwerden entstehen. Will er zum Beispiel etwas Zeit allein verbringen oder mit seinen Freunden, könnte das als Vorwurf interpretiert werden: »Du genügst mir nicht.« Wenn sie mehrere Verabredungen nacheinander platzen läßt und sagt, ihr sei einfach nicht nach Ausgehen, fürchtet er vielleicht, als nächstes könnte sie die Trennung verlangen: »Ich mag dich nicht mehr.«

Selbst wenn die Spannung sich legt, treten vage Gefühle von Traurigkeit, Verzagtheit und Melancholie auf. Als Folge verringert sich der dritte der romantischen Wünsche, der nach Lebendigkeit. Das Gefühl von Isolation, das vor Beginn der Beziehung empfunden wurde, stellt sich wieder ein. »Wie kann das sein? Wer hat kaputtgemacht, was uns beiden so kostbar war? Dieses Gefühl von Verlust kann nicht meine Schuld sein! Ich wollte diese Beziehung so sehr! Es muß deine Schuld sein!« Vorwurf führt zum Zorn, und einer oder beide Partner beginnen, mit Liebe, Zärtlichkeit und sexuellen Freuden zurückzuhalten.

Sexualität ist das empfindlichste Barometer für diese Veränderungen. Selbst in den harmonischsten, leidenschaftlichsten Beziehungen kommt eine normale Abkühlung des sexuellen Verlangens gelegentlich vor. Allerdings kann es traumatisch wirken, wenn ein Partner zum ersten Mal Mangel an sexuellem Interesse zeigt. Bis dahin hat sexuelle Unersättlichkeit als einer der Anzeiger für die Vollkommenheit des Verhältnisses gegolten. Aber Spannung, Konflikt und Zweifel dämpfen das sexuelle Verlangen unweigerlich. Sexuelle Bedürfnisse steigen. Verweigerungen werden als Abwertung interpretiert. Der Partner, der die sexuelle Initiative ergreift und abgewiesen wird, empfindet wachsenden Groll. Genauso geht es dem, der sich zum Nachgeben gedrängt fühlt. Im Lauf der Zeit verhärtet sich der, der »nein« sagt, und gleitet in ein Verhalten der Verweigerung. Das geschieht nicht einmal bewußt – er oder sie fühlen sich einfach »abgeschaltet«. Zu diesem Zeitpunkt phantasieren der eine oder beide Partner unter Umständen von einem Verhältnis, in dem sie bei einem brandneuen Partner romantische Gefühle wiederfinden werden.

Während die Gefühle von Vereinigung, Wertschätzung und Lebendigkeit schwinden, kann Enttäuschung den Gedanken wecken: »Vielleicht ist er nicht gut genug für mich. Vielleicht tun wir uns gegenseitig nicht gut. Vielleicht wäre ich mit einem anderen glücklicher!« Da ist wieder die Sehnsucht nach Erfüllung dieser altvertrauten, romantischen Wünsche. Das kann zum Entschluß führen, diese Beziehung zu beenden und von vorn anzufangen.

Obwohl diese Worte wie ein schauerliches Drehbuch klingen, fassen Sie Mut: Es handelt sich um eine Vergrößerung der Gefahren, die eintreten können, wenn wir primitiven, unbewußten Wünschen und Erwartungen die Zügel geben und sie unser Verhalten bestimmen lassen. Traurige und quälende Melodramen können mittels der natürlichen Zyklen von Beziehungen vermieden werden.

Fast bei jedem Aspekt des Lebens, einschließlich Liebesbeziehungen, ist es wesentlich, die Entwicklung von Phasen zu akzeptieren. Klammern wir uns zu sehr an romantische Visionen, bleiben wir außerstande, mit der unvermeidlichen Periode der Anpassung wirkungsvoll umzugehen und zur reifen Liebe weiterzuschreiten. Realistischerweise müssen wir alle einige unserer Wünsche außerhalb der Arena der Liebe erfüllen. Wir müssen unser grundlegendes Getrenntsein hinnehmen, auch wenn wir alle lieben und von einem Partner geliebt werden wollen. Auch muß unser Selbstgefühl stark genug sein, damit wir eine andere Person erfolgreich und aufrichtig lieben können. Selbstwert entsteht aus unserer eigenen Einschätzung unserer Persönlichkeit und ist nicht etwas, das man von einem anderen beziehen kann.

In gewissem Sinn besteht die Hauptgefahr der Romantik darin, daß wir in jener Anfangsphase der Verliebtheit und Phantasie stecken bleiben könnten, getrieben von egoistischen, unbewußten Wünschen und unrealistischen Zielvorstellungen. Je mächtiger unsere Bedürfnisse und Illusionen zu Beginn einer Beziehung sind, desto stürmischer kann die Periode der Anpassung werden, und desto unwahrscheinlicher ist es auch, daß wir dieses schwierige Stadium überwinden und ans Ziel gelangen werden.

Reife Liebe. Trotz der eingebauten Fallgruben spielt die Romantik eine unverzichtbare Rolle, soll die Bühne für dauerhafte Liebe aufgebaut werden. Ein leidenschaftlicher Beginn einer Beziehung kann, auf die Dauer gesehen, sogar viel Gutes bewirken. Wenn Liebende damit beginnen, das volle Ausmaß intensiver positiver und negativer Gefühle zu erfahren, sind sie besser imstande, die Stürme der Anpassungsphase zu überstehen, weil sie erlebt haben, wie gut, wie leidenschaftlich Liebe sein kann. Diese Erinnerung dient als starke Motivation, rauhe Zeiten zu überwinden, damit jene kostbaren Gefühle wiederkehren. Als Therapeuten hören wir Menschen in langen und erfolgreichen Ehen oft sagen: »Wir haben eben gelernt, daß es Zyklen gibt. Wir gehen durch absolut scheußliche Perioden, wenn wir uns wirklich nicht ausstehen können, uns dauernd streiten, durch Perioden von Langeweile und Ruhelosigkeit, aber selbst in den schlimmsten Zeiten wissen wir, daß wir früher oder später spüren werden, wie wir uns ganz von vorn ineinander verlieben.«

Am Ende der romantischen Phase einer Beziehung lassen wir gewisse Freuden hinter uns. Gibt man aber romantische Phantasien auf, eröffnet sich in Wirklichkeit der Weg zu einer menschlichen Erfahrung, die mehr ist als Romantik. Sicher, der Verlust der Romantik ist eine Art Verlust der Unschuld, aber er läßt etwas noch viel Lohnenderes zu – erwachsene, reife und gegenseitige Liebe.

Reife Liebe heißt nicht Idealisierung, Anbetung oder Verliebtheit. Sie bedeutet, jemanden dafür zu schätzen, was er oder sie wirklich ist, und nicht dafür, was jene Person nach unseren Wünschen sein sollte. Reife Liebe ist selbstlose Liebe; sie reicht über unsere eigenen Bedürfnisse und Sorgen hinaus. Der Psychiater Harry

Stack Sullivan hat einmal gesagt: »Es handelt sich um Liebe, wenn einem Sicherheit und Zufriedenheit einer anderen Person genauso wichtig sind wie die eigene.«

Was die Liebe erfordert

Wahrscheinlich haben Sie schon einmal gehört, wie über jemanden gesagt wurde, er oder sie sei »unfähig, zu lieben«. Liebesfähigkeit bedeutet, imstande zu sein, Zuneigung und Anteilnahme für eine andere Person zu empfinden und zu zeigen. Das ist Einfühlung oder die Bereitschaft, an den Gefühlen oder Gedanken einer anderen Person teilzunehmen, die Fähigkeit, in die Haut von einem anderen zu schlüpfen, wissen zu wollen, was im anderen vor sich geht und zu verstehen, wie er oder sie sich fühlt.

Liebesfähigkeit ist, wenn wir unsere narzißtische Haltung gegenüber uns selbst und dem Rest der Welt aufgeben. Das bedeutet, daß wir von der Versunkenheit in uns selbst zu dem wirklichen Wunsch gelangen, andere zu kennen und zu mögen. Narzißmus ist etwas, was unser aller Aufwachsen begleitet und worauf wir in Zeiten von Streß gelegentlich zurückfallen. Narzißtisch zu sein heißt, übertrieben auf uns selbst und auf unser Bedürfnis nach Aufmerksamkeit, Fürsorge und Liebe eingestellt zu sein. Eigentlich gehört der Narzißmus zur normalen Entwicklung und den normalen Bedürfnissen, kann aber zum Nachteil unserer Fähigkeit, uns weniger egoistisch zu verhalten, manchmal aus der Hand geraten. Die drei grundlegenden Wünsche, die wir zu Beginn dieses Kapitels beschrieben haben, beziehen sich alle auf narzißtische Besorgnisse.

Der erste Teil dieses Buches hat sich vor allem mit den Arten und Weisen beschäftigt, auf die wir in unseren Beziehungen unsere Unsicherheiten beizulegen suchen. Reife Liebe stellt sich ein, wenn uns solche Bedürfnisse nicht länger tyrannisieren. Wir alle neigen dazu, gelegentlich in Selbstversunkenheit zurückzukehren, etwa in Augenblicken großer Verlassenheit, erreichen wir aber die Fähigkeit zur reifen Liebe, bedeutet das auch die Freisetzung unserer Energie, andere zu lieben und uns um sie zu kümmern. Eine Komponente der erwachsenen Liebe ist die Fähigkeit, Zärtlichkeit und Sexualität zu verbinden, die Fähigkeit, der Person »Liebe zu geben«, die Ihnen nahesteht. Liebe ist nicht einfach das eine oder das andere, nicht einfach Zuneigung ohne Sexualität oder Sexualität ohne Zuneigung. Männer und Frauen, die diese Ebene der Zuneigung nicht erreicht haben, sehen in der Sexualität lediglich eine Bemessung ihres persönlichen Werts. Die Liebessüchtige empfindet sich als wertvoll, solange sie die Aufmerksamkeit des von ihr begehrten Mannes genießt. Der Don-Juan-Typus fühlt sich vollkommen und geschätzt, solange die sexuelle Eroberung der soundsovielten begehrenswerten Frau ihn zu bestätigen scheint. Genau diese Art von Liebe, Liebe als Vehikel, um alte Kindheits-Entbehrungen gutzumachen, bringt uns in Schwierigkeiten.

Wenn wir vom Aufgeben einer narzißtischen Haltung und der Bereitschaft zur reifen Liebe sprechen, sollte klar sein, daß Liebe die Bindungsbereitschaft von zwei einigermaßen reifen und gesunden Ichs fordert. Wir können uns nur dann erlauben, auf reife Art zu lieben, wenn unser Selbstgefühl stark ist. Wirkliche Liebe erfordert eine Art Zugeständnis oder Hingabe an den anderen. Bei diesem Entgegenkommen darf man nicht befürchten, in der Liebesbeziehung die eigene Identität einzubüßen. Wenn wir uns in uns selbst wohl fühlen, brauchen wir auf künstliche Stärkung unseres Ego keine Energie mehr zu verwenden – wir werden vielmehr frei, diese Energie in die Liebe zu einer anderen Person zu investieren. Anders ausgedrückt: Reife Liebe entwikkelt sich aus der Erkenntnis, daß selbstloses Geben und

Sich-Kümmern uns nicht erschöpft, sondern uns neue Fülle und Kraft verleiht.

Schließlich genügt es nicht, uns der besonderen Gefahren zu Beginn romantischer Verliebtheit oder des zweiten Stadiums der Anpassung, wenn Illusionen mit der rauhen Wirklichkeit konfrontiert werden, bewußt zu sein. Es genügt auch nicht, wenn wir wissen, wie wir sicher genug durch diese schwierigen Gewässer steuern, um uns mit einem Geliebten zu vertragen. Wir müssen zum Übergang von der Romantik mit ihren im wesentlichen ichbezogenen Wünschen, ihren Bedürfnissen und ihrer emotionalen Intensität zum Endziel der Liebe bereit sein: zu reifer und beständiger Liebe, die weitgehend bedingungs- und selbstlos ist und sich durch realistische Anpassung, Bejahung und Kompromiß stets erneuert. Das ist der Augenblick der Bindung, wenn wir von einer rein emotionalen Liebe zu einer eigentlich spirituellen übergehen.

Was ist Bindung?

Für beide, Männer wie Frauen, ist Bindung heute ein Thema von größter Bedeutung und Gewicht. Sie läßt sich auf zwei Arten definieren: Einmal als Akt, sich zur Ehe zu entschließen, und zum zweiten kann Bindung in den selbstlosen Gefühlen und Liebestaten jener bestehen, die sich auf eine ausschließliche Beziehung mit einer anderen Person einlassen. Die meisten Menschen stellen sich unter Bindung die erste Definition vor. Zwar ist sie von offensichtlicher Bedeutung für jemanden, der wartet, vor allem für eine Frau, die ihre biologische Uhr immer lauter ticken hört, aber die breitere Definition hat für Männer wie Frauen tiefere und bedeutungsvollere Hintergründe. Leider gibt es Männer wie Frauen, die heiraten, ohne in ihrem Innern jemals die weitreichendere Bedeutung der zweiten Definition der Bindung erforscht zu haben. Letztere bedeutet nämlich Bindung als ein ethisches oder intellektuelles Konzept und ist in unseren Augen die wichtigere Definition.

Erforschen wir zuerst kurz den Begriff der Bindung als Entscheidung, als Entschluß zur Ehe. Manchmal hat Bindung mit Liebe sehr wenig zu tun. Eine Person, die sich zur Ehe entscheidet, ohne wirklich den Wunsch nach Nähe und Intimität zu haben, faßt einen Entschluß, geht aber keine Bindung ein. Themen wie Liebe, Loyalität oder lebenslanger Pakt haben ihn oder sie vielleicht nie wirklich beschäftigt. Manche Menschen heiraten in der Tat, um dann erst später einen Zustand echter Bindung zu entwickeln.

Jenseits der engeren Auslegung von Bindung – dem Entschluß zur Ehe – können wir dann die breitere Definition untersuchen, Bindung als geistiges Ideal. In diesem Sinn bedeutet Bindung nicht bloß ein Gelöbnis zur Treue, sondern zu einem breiteren Kodex von liebendem Verhalten, Ethik und Moral. Es gibt viele Männer und Frauen, die aufrichtig glauben, in einer Beziehung oder Ehe gebunden zu sein, obwohl die Inhalte ihrer Bindungsvorstellungen weit auseinandergehen. Eine Person, die insgeheim weiß, daß seine oder ihre Liebe lauwarm und oberflächlich ist, kann an jemanden »gebunden« sein und vielleicht auch treu, hat aber eigentlich nie an die Möglichkeit von Leidenschaft und Zuneigung in der Ehe geglaubt.

Es gibt zwei Aspekte der Bindung, beide stellen Forderungen, beide stärken und erweitern unser Selbstgefühl und erschrecken uns gleichzeitig und lassen uns zögern, die eheliche Verantwortung zu übernehmen. Erstens: Bindung erfordert Mut. Um uns an einen anderen zu binden, müssen wir den Mut haben zu lieben, die Bereitschaft zu kämpfen und Engagement zu riskieren. Das verlangt, daß wir uns in unserem Selbstgefühl sicher genug sind, daß wir vertrauen können. Ganz gleich, wieviel wir an Informationen gesammelt haben, wie sicher wir sind, daß unsere Liebe anerkannt und in gleichem Maß zurückgegeben werden wird, wir gehen immer noch ein großes Risiko ein, daß unser Glaube sich als unbegründet erweisen, daß die Person, die wir lieben, uns eines Tages vielleicht nicht wiederlieben wird. Es gibt keine Garantien in der Liebe, aber trotzdem entschließen wir uns, unsere Absichten zu erklären. Dieser Akt heißt Vertrauen, schlicht und einfach und erschrekkend.

Der zweite Aspekt der Bindung beinhaltet die ethische Haltung, die wir einnehmen, wenn wir sagen, daß wir gebunden sind. Worauf wir bereits hingewiesen haben: Bindung ist letztlich eine ethische Erklärung, eine Art Kodex für das Betragen in der Liebe. Wir sagen damit aus, daß wir nach den Regeln der Vereinbarung leben wollen. Manchmal entsprechen diese Regeln dem traditionellen Ehegelöbnis: »Zu ehren und zu lieben, in guten und schlechten Tagen, in Krankheit und Gesundheit, bis daß der Tod uns scheidet.« Starke Worte! Sicherlich darf man diese Eide, Erklärungen und Absichten nicht leicht nehmen.

Bindung in den achtziger Jahren

Vor Jahrzehnten gingen Männer und Frauen davon aus, die Ehe sei für immer. Heute können wir in solch naiven Projektionen nicht mehr schwelgen; wir wissen, daß sich die Ehe verhältnismäßig leicht auflösen läßt und daß Scheidung die gebräuchliche Alternative für eine gestörte Ehe ist. Weil Männer und Frauen heute wissen, wie oberflächlich Bindungen sein können, sind sie um so entschlossener, nicht in solche Fallen zu gehen. Heute wollen Männer und Frauen, daß ihre Bindungen einen Sinn haben, daß sie nicht oberflächlich, sondern innig sein sollen, daß sie dauern und sich nicht auflösen.

Wenn Männer heute bindungsscheu erscheinen, dann

nicht, weil sie nicht heiraten oder sich nicht auf lebenslange Bande einlassen wollen, sondern gerade, weil sie es wollen und ernst nehmen. Eben weil so viele Frauen heute zu einer ernsten Beziehung bereit sind und es laut sagen, äußern auch Männer ihre Scheu, nicht vor der Bindung, aber vor dem Eintritt in etwas, dessen Vollzug ihnen voreilig erscheinen mag. Die Tatsachen sind bekannt: Männer heiraten mit derselben Häufigkeit wie je zuvor. Männer schließen die Ehe nicht aus, wie manche glauben. In Wirklichkeit sind sie nur sehr vorsichtig, diesen Wunsch zu äußern und wem gegenüber sie ihn äußern. Weil Frauen gar so bereit, oft direkt erpicht aufs Heiraten zu sein scheinen, lassen sich die Männer dagegen zurückhaltender vernehmen. Männer diskutieren ihre Ansichten über die Ehe nur ungern mit einer Frau, weil sie befürchten, schon eine abstrakte Erörterung dessen, was sie sich in Zukunft wünschen, könnte die Frau verführen oder ihnen als hintergründiges Versprechen ausgelegt werden. Auch wenn Männer Themen wie Zukunft und Bindung zu meiden scheinen, denken sie trotzdem daran, wünschen sie sich dennoch Bindung und haben Wunschbilder von einer festen Beziehung zu einer Frau.

Zweifellos ist Bindung in den achtziger Jahren schwieriger als in der Vergangenheit, aber nicht deshalb, weil Männern und Frauen weniger daran liegt. Sie wollen einfach, daß eine Bindung dauerhaft ist. Und sie kennen alle Arten, auf die Ehe und Liebe schiefgehen können, und alle Möglichkeiten, an denen gute Absichten scheitern können.

Der Rhythmus der Bindung

Viele Frauen haben erlebt, wie es war, wenn sie von einem Mann, an dem ihnen lag, eine Form von Bindung wollten und auf Widerstand stießen. Sie konnten ewig darauf warten, daß er einen ersten Schritt unternahm, um die Beziehung zu vertiefen, bekamen von ihm aber nur zu hören: »Übereile nichts – ich möchte nicht gedrängt werden.« Zu Beginn einer Beziehung mögen Männer sich zu ihren romantischen Gefühlen bekennen, das bedeutet aber nicht, daß sie verliebt oder bereit sind, sich in ausschließliche, dauerhafte Bande zu begeben. Männer erleben romantische Empfindungen und den Wunsch, sich zu binden, als zwei gänzlich verschiedene Dinge, und das eine führt nicht automatisch zum anderen. Ein Mann kann spüren, daß er sich verliebt, und trotzdem nicht soweit sein, an ein dauerhaftes Band auch nur zu denken. In Frauen wecken starke romantische Gefühle oft den Wunsch nach Bindung; bei Männern ist das anders. Das heißt nicht, daß die Männer sich gegen Bindung entschieden haben. Es mag ihnen noch nicht einmal in den Sinn gekommen sein; sie sind vielleicht einfach nicht bereit. Die meisten Männer fühlen nicht die gleiche Dringlichkeit wie Frauen. Diese Unstimmigkeit kommt in Beziehungen häufig vor. Warum?

Die unterschiedlichen Bindungszonen, die Unterschiede in der Tolerierung und in dem Genuß von Nähe führen bei Männern und Frauen deutlich zu verschiedenen Rhythmen und unterschiedlichem Zeitgefühl in ihren Beziehungen. Frauen fühlen sich meist Monate früher als Männer bereit, Zugeständnisse zu machen oder zu heiraten. Aber es geschieht noch etwas, das Frauen vielleicht überraschen mag. Männer sind oft bereit, die Bindung zu vertiefen und verbergen ihre Bereitschaft dazu trotzdem total vor Frauen. Sie verstecken sie vielleicht sogar vor sich selbst. Eine Frau erkennt dann die Bereitschaft ihres Geliebten nicht, weil er ihr kaum Beweise liefert, wie sehr er an ihr hängt. Männer sind meist viel abhängiger und gebundener, als sie Frauen wissen lassen. Dieser Umstand, diese verborgene Abhängigkeit der Männer erklärt, warum ein Ultimatum im rechten Augenblick oft bewirkt, daß ein Mann sich zu einer Beziehung bekennt. Das Pendeln des Mannes zwischen Bindung und Getrenntsein bedeutet nicht, daß er gleichgültig ist, er kann sogar sehr starke Gefühle hegen. Wenn er daher vor ein Ultimatum gestellt wird, ist er gezwungen, vor sich selbst zuzugeben, daß er ohne die Frau, die er liebt, nicht leben kann.

Bindung ist im Grunde eine Haltung. Wenn wir uns dazu entschließen, bestätigen wir unsere Liebe. Bindung ist ständiger Ausdruck dafür, wie sehr wir die andere Person schätzen, welche Stellung sie in unserem Leben einnimmt. Tragfähige Bindung ist ein lebendiger und fortlaufender Prozeß, täglich durch unseren Umgang miteinander geformt. Bindung ist Planung, ist Liebe in Aktion. In einer guten Beziehung hat jeder bewußte Liebesakt nicht nur für den Augenblick seine Bedeutung, sondern dient auch dazu, das wachsende Band zwischen dem Mann und der Frau weiter zu festigen und zu stärken.

8. Kapitel Auf den Märchenprinzen verzichten und den Mann finden

In den letzten Jahren ist es Mode geworden, sich an einer Art »Männer-Schelte« zu beteiligen. Man sah Männer oft als in ein Macho-Image eingesperrt, emotional unterentwickelt und gefühllos gegen Frauen. Zeigten sie sich jedoch ein bißchen aufgeschlossener, wurden sie als zu weich oder »schwächlich« beschimpft. In der neuesten Runde der Nörgelei wird behauptet, Männer zögerten, sich zu Beziehungen zu bekennen. Unnötig zu sagen, daß all diese Vorwürfe nichts dazu beitragen, Harmonie und wechselseitiges Verständnis zwischen den Geschlechtern zu schaffen. Unsere Aufgabe in diesem Kapitel besteht darin, ein paar dieser Mythen zu enträtseln und ein Bild vom Mann vorzustellen, das von den Verzerrungen frei ist, die sich aus modischem Schwulst und oberflächlichen Charakterisierungen ergeben.

Ein Grund, weshalb Frauen Männer nicht verstehen, liegt darin, daß Männer sich wenig Mühe geben, erkannt zu werden. Statt dessen haben Männer Mythen darüber bestehen lassen, wer sie sind, wie sie fühlen und was sie denken. Auch wenn es vielleicht widersprüchlich klingt: Männer wollen erkannt werden, und sie lieben Frauen, die sie verstehen und akzeptieren.

Ein weiterer Grund, weshalb Männer nicht besonders gut verstanden werden, liegt darin, daß Frauen sich oft gescheut haben, die männliche Psyche objektiv zu betrachten. Manchen Frauen erscheint ein solch klarer, leidenschaftloser Blick sogar bedrohlich, weil sie befürchten, ihre Phantasievorstellung vom Prinzen dabei zu verlieren. Männer sind keine Ritter in schimmernder Rüstung; sie haben auch Fehler, oft recht peinliche. Unsere Überzeugung lautet, daß viele Frauen heute immer noch eine Variation des Prinzen wünschen – einen Mann, stark, aber empfindsam, heroisch und sanft zugleich, einen, der zu romantischen Überraschungen fähig ist und trotzdem die Arbeitswelt meistert. Wenn das nur wahr sein könnte. Solche Supermänner gibt es nicht. Wenn Sie aber den Wunsch nach dem Prinzen aufgeben, versprechen wir Ihnen, daß der Mann, den Sie finden, am Ende wesentlich mehr zu bieten hat.

Einen Mann zu verstehen, schafft Kraft. Ein Mann schenkt sein Herz einer Frau am vollkommensten, wenn er die Sicherheit und das Vertrauen spürt, die Wertschätzung trotz Erkanntsein begleiten. Die Fähigkeit einer Frau, einen Mann zu verstehen und so zu akzeptieren, wie er ist, stellt den Hauptschlüssel zur Leidenschaft eines Mannes und zu seinem Wunsch nach Bindung dar.

Verstehen bedeutet nicht unbedingt Bejahung

Verstehen und Bejahung sind nicht gleichbedeutend. Alle Männer sehnen sich nach der Anerkennung durch die Frau, die sie lieben. Verständnis ist nur ein Teil dieses Wunsches. Verstehen heißt zu wissen, wie Männer hinter der Pose und Angeberei wirklich beschaffen sind. Es bedeutet zu wissen, was sie antreibt und motiviert, was sie scheuen oder fürchten. Es heißt zu wissen, wie sie auf Frauen reagieren und wie sie sich an engen Beziehungen beteiligen. Es bedeutet, sich der vielen Arten bewußt zu sein, auf die sie Ihnen vielleicht ähnlich sind, vielleicht aber auch ganz anders. Das alles ist zwar wundervoll, aber Bejahung reicht noch viel weiter.

Viele Frauen haben ein teilweises Verständnis für Männer, besonders für ihre Verletzlichkeiten, akzeptieren Männer aber nicht wirklich und mögen sie nicht einmal besonders. Wenden sie ihre äußerst sensitive Männerkenntnis an, spüren sie die schwachen Stellen eines Mannes sofort und wissen, wie man sanft darauf spielt. Für einen Mann kann es faszinierend sein, von diesem Frauentyp erkannt zu werden, aber diese Faszination entwickelt sich nur selten von allein zu Vertrauen oder Liebe. Meist dient diese Art der Männerkenntnis der Manipulation und Ausbeutung, nicht dem Sich-Anfreunden.

Andere Frauen verstehen zwar Männer zutiefst, können sie aber ebenfalls nicht akzeptieren. Stärken wie Schwächen der Männer sind ihnen bewußt. Solche Frauen haben wenig Illusionen – sie wissen, was ein Mann kann und was nicht. Sie schätzen zwar die positiven Eigenschaften der Männer, hegen aber den manchmal heimlichen Wunsch, daß Männer anders wären – besser irgendwie. Sie lehnen die menschliche Unvollkommenheit eines Mannes ab, weil sie ihn daran hindert, der idealisierte Ritter, Ernährer oder romantische Prinz zu sein, den sie zu finden gehofft hatten.

Eine Form der Akzeptanz, die wir alle kennen, ist von einem Achselzucken und einem fatalistischen Seufzer begleitet: »Na ja, man weiß ja, wie Männer sind!« Oder: »Männer – die sind eben einfach so.« Das ist nicht die Art von Bejahung, die Männer suchen. Ein Mann hofft vielmehr, als Ganzes geschätzt zu werden und mitfühlende Vergebung für seine ärgerlichen Gewohnheiten, Unzulänglichkeiten und Charakterschwächen zu finden.

Volle und liebende Bejahung erfordert eine besondere Art von Reife. Sie bedeutet, jemanden zu mögen und gleichzeitig das Gute und das Nicht-so-Gute an ihm zu sehen. Ein Mann hat das dankbar beschrieben: »Ich weiß, es ist nicht einfach, mit mir zu leben. Aber ich kann Ihnen nicht sagen, wie wohl ich mich in meinem Leben mit Sara fühle. Ich bekomme nie das Gefühl, daß sie von mir erwartet, auf dem Wasser zu wandeln. Selbst wenn ich ein total blöder Kerl bin – ungeduldig, schlecht gelaunt oder bloß gleichgültig mein Teil unserer Ehe hochhalte –, ich weiß, daß das Schlechte und das Gute sich mischen werden und daß sie mich liebt. Nicht, daß sie mir nicht sagt, wenn ich ausflippe; ich weiß eben, daß sie mich trotzdem mag. Wegen ihrer Bejahung, Vergebung und Liebe möchte ich stärker daran arbeiten, die beste Person zu sein, die ich sein kann.«

Diese Frau bietet eben Liebe und Akzeptanz, frei von »Wenn und Aber« und strengen Grenzen. Daß es keine Kunst ist, Höhen eines Menschen zu lieben, ist eine alte Feststellung. Die Tiefen zu lieben, ist der schwierige Teil. Diese Art von Liebe braucht nicht wegzuschauen oder zu ignorieren, und sie ist keineswegs blind. Liebende Bejahung bedeutet einfach, daß wir nicht zulassen, daß die nicht so heroischen oder die störenden Seiten unseres Partners den Kern unserer Liebe berühren. Wenn sie zum Vorschein kommen, treffen sie auf eine emotionale Reaktion und werden dann fallen gelassen, ohne Groll aufzubauen oder die grundlegende Zuneigung zu untergraben.

Bejahung erfordert, daß wir darauf verzichten, in bezug auf uns selbst oder unsere Partner perfektionistisch oder idealistisch zu sein. Sind wir nämlich überkritisch gegen uns selbst, werden wir es auch gegen unsere Partner sein.

Man kann sich aus den einengenden Grenzen des Idealismus befreien, indem man Vordergrund und Hintergrund gegeneinander austauscht. Wenn wir zum Beispiel dem Husten einer Person auf dem Rang den Vordergrund überlassen, geht uns etwas von der herrlichen Symphonie verloren, die das Orchester auf der Bühne spielt. Räumen Sie der Geistesabwesenheit eines Mannes oder seiner Ungeduld beim Fahren oder seiner Angewohnheit, das nasse Handtuch als Haufen auf dem Badezimmerboden liegen zu lassen, den Vordergrund ein, kann ihnen seine Standhaftigkeit in Zeiten der Not, seine Geduld, wenn die Kinder laut sind, oder seine Treue zu Ihnen entgehen. Bejahung dagegen läßt seine angenehmen Seiten im Vordergrund, und was Sie ärgert oder enttäuscht, bleibt insgesamt im Hintergrund.

Lieben und bewußt akzeptieren ist nicht leicht. Man muß unrealistische Wünsche aufgeben. Das bedeutet nicht, alles kritiklos zu mögen und zu schätzen, sondern wahrzunehmen, daß die Fehler, auch die krassesten, ein Teil der gesamten Person sind, die Sie lieben.

Wir zählen hier nicht auf, was für Sie annehmbar sein sollte und was nicht. Das sind subjektive Feststellungen, die Sie selber treffen müssen. Zweifellos bedeutet Akzeptanz nicht Permissivität, Sie sollten sich daher mit absichtlich gefühllosem oder gemeinem Verhalten nicht abfinden. Worauf wir hinauswollen, das ist jene breite Skala typischer Verhaltensweisen, die zwar störend, aber ganz normal sind. Wenn man kleinere Fehler akzeptiert, besonders dann, wenn sie durch Eigenschaften, die wir mögen und respektieren, aufgewogen werden, ist schon viel geschehen, um für das Wohlbehagen und die Freiheit zu sorgen, die der anderen Person viel bedeuten.

Wer Männer wirklich sind

Will man Männer wahrhaft verstehen, ist es wichtig, einen Überblick über ihre Dramen, Hoffnungen und Träume zu gewinnen, vor allem für ihr ständiges Streben nach Männlichkeit. Dieses Streben begleitet Männer von Kindheit an, es hat eine tiefe Wirkung auf die Art, wie sie eine Frau lieben. Denn ebenso, wie eine Frau den Mann liebt und schätzt, der ihren Wunsch nach Leistung unterstützt, fühlt er sich von einer Frau angezogen, die sein Bedürfnis nach Leistung und beruflichem Erfolg versteht.

Der Drang nach Autonomie. Autonomie gehört zu den wesentlichsten Komponenten des Polaritäts-Faktors: Unabhängigkeit beginnt mit der Loslösung eines Jungen von seiner Mutter. Das Bedürfnis eines Mannes nach Selbstgenügsamkeit wächst aber bald über diese frühen Ursprünge hinaus – es wird zum Ziel an sich. Das Streben nach Autonomie bekommt seinen eigenen Wert und Sinn.

Die Gedanken eines Mannes sind von seinem Bedürfnis beherrscht, sich Aktivitäten zu widmen, die zu Gefühlen der Stärke und Vitalität führen, und von dem verwandten Bedürfnis, Situationen zu meiden, die zu Empfindungen von Schwäche und Hilflosigkeit führen könnten. Die meisten Männer drängt es zur Aktivität, sie verabscheuen Passivität. Ständig suchen sie nach Wegen, um sich stark und mächtig zu fühlen, denn solche Empfindungen hängen eng mit ihrem Gefühl von Männlichkeit zusammen. Obwohl Männer Stärke und Männlichkeit unendlich verschieden definieren, ist der alle verbindende Faden ein Gefühl von Macht oder Einfluß – der Fähigkeit, eine Wirkung auf die jeweilige Umgebung ausnützen zu können. Unabhängig von den besonderen Wegen, die sie zu diesem Ziel einschlagen müssen, haben die meisten Männer einen entscheidenden Drang, sich »effektiv« zu fühlen. Haben sie das erreicht, fühlen sie sich mehr als Mann.

Autonomie, die Fähigkeit, selbständig vorwärts zu kommen, ist bei Männern die Grundlage für das Erreichen eines Gefühls der Maskulinität. Das bedeutet nicht, daß Männer allein sein müssen, um sich männlich zu fühlen. Trotzdem ist das Gefühl der Maskulinität, nach dem Männer streben, eine Empfindung, die gewöhnlich außerhalb des Bereichs von Beziehungen auftritt, das Gebiet der Sexualität möglicherweise ausgenommen. Männer definieren Männlichkeit meist als arbeits- und tätigkeitsorientierte Aktivitäten, bei denen sie sich selbst im Grunde als allein erleben.

Der Wunsch, tapfer zu sein. In früher Kindheit lernen Jungen von ihresgleichen und von ihrem ersten Vorbild an Männlichkeit, ihren Vätern, sich ängstlicher Gefühle zu schämen, sie zu leugnen. Das steht in scharfem Gegensatz zu Mädchen, denen man wirklichkeitsnäher beibringt, daß Furcht gewissen Umständen entspricht, daß es tragbar ist, sie gelten zu lassen und sie zu äußern.

Vom Knabenalter an werden Themen wie Stärke, Tapferkeit und Wettbewerb allgegenwärtige Belange für Männer. Die meisten erwachsenen Männer können sich aus ihrer Kindheit noch lebhaft daran erinnern, daß man die Herausforderung durch einen anderen Jungen nicht hinnahm, daß man sich vor keiner Rauferei »drückte« und daß sie heimlich oder offen die Größe ihrer Penisse im Umkleideraum verglichen. Man erinnert sich an diese Erfahrungen zwar manchmal mit Vergnügen, manchmal sind sie aber auch immer noch schmerzlich von Angst und Beklemmung gefärbt. Diese Vorkommnisse formen die frühesten Vorstellungen eines Jungen von seiner Maskulinität.

Wettbewerb und Vergleich sind die Hauptbarometer für das Maß der Männlichkeit. Jungen, die zum Wettstreit bereit sind, fangen an, sich in Bildern von Maskulinität zu sehen. Der Junge, der Angst vor der Herausforderung hat, der schüchtern ist oder die Konkurrenz scheut, wird als »Schwächling« abgestempelt.

In primitiven Gesellschaften verbrachte ein Mann seine Knabenjahre damit, Jagen zu lernen, um sich auf den Initiationsritus vorzubereiten: ein gefährliches Tier zu jagen und zu töten. In der Regel sind heutige Kraft- und Mutproben weniger lebensgefährlich und bleiben meist auf den Sportplatz beschränkt. Doch obwohl heutzutage die Gelegenheiten für Prüfungen physischen und moralischen Muts im Leben junger Männer eher beschränkt sind, haben sich das Bedürfnis und der Wunsch, stark zu sein, kaum verringert. Die ungeheuere Popularität von Action- und Abenteuer-Filmen und -Fernsehprogrammen bestätigen diese Tatsache.

Der Film »Rocky« ist der Inbegriff der Phantasievorstellung vom armen Teufel, der im Ring triumphiert. »Rambo« legt eine ganze Nation mit einer Hand um. Clint Eastwood und Charles Bronson haben Filmkarrieren auf der Rolle des einsamen Rächers aufgebaut, der Horden von Bösewichtern besiegt. Die riesige Anzahl von Filmen, in denen es um Sieg und Rache geht, ob im Zusammenhang mit Sport, Krieg oder den Elendsvierteln (Polizisten gegen Kriminelle), alle beziehen sich auf den männlichen Wunsch, ein Gefühl der Hilf- oder Machtlosigkeit zu überwinden. Jeder Mann möchte gern das Gefühl haben, er sei jedem Anlaß gewachsen, könne die Herausforderung annehmen und gewinnen.

Alles in allem »entscheiden« sich Jungen nicht dafür, stark zu sein, sie »müssen« stark sein. Dieser unablässige Drang nach Selbstbestätigung hilft Jungen, Gefühle der Schwäche oder Hilflosigkeit zu besiegen. Sie werden härter, ihr Bild von Männlichkeit wird klarer und bereitet sie auf kommende Kraftproben vor.

Das Bedürfnis, zu gewinnen. Eines der schönsten und bittersten Beispiele dafür, wie wichtig Sieg und Niederlage für Männer sind, ist das amerikanische Drama von Arthur Miller, »Tod eines Handlungsreisenden«. Sein Held, Willy Loman, rührt den meisten Männern, die Zeugen seines quälenden Kampfes sind, ans Herz und weckt ihre Ängste. Ganz gleich, wie sehr Lomans Frau den Söhnen gegenüber darauf besteht, ihr Vater »verdiene Achtung«, egal, wie sehr Willy versucht, sie alle zu überzeugen, man möge ihn nicht nur, sondern man »möge ihn sehr« – wir wissen, daß sein Versagen als

Reisevertreter ihn zum Untergang verdammt. In Amerika ein Verlierer zu sein, bedeutet, ein schreckliches Schicksal zu erleiden. Im Verlauf der Behandlung männlicher Patienten erkennen wir, daß sie vom Schreckgespenst des Versagens verfolgt werden, ganz gleichgültig, wie erfolgreich sie sind. Wir haben tatsächlich den Eindruck, daß Männer von der Angst vor dem Versagen viel stärker getrieben werden als vom Wunsch nach Erfolg!

Von früher Kindheit an beherrscht die Betonung von Leistung das Leben eines kleinen Jungen. Mädchen hören verschiedene Ansichten über Leistung und beruflichen Ehrgeiz, aber für Jungen steht das absolute Erfordernis, wirtschaftlich unabhängig und darüber hinaus Ernährer einer Familie zu werden, stets außer jeder Frage. Ein Junge weiß von Kindheit an, daß er sein ganzes erwachsenes Leben mit Arbeit verbringen wird und daß man ihn vor allem nach dem Erfolg beurteilen wird, den er erreicht.

Da Amerika als das »Land der unbegrenzten Möglichkeiten« gilt, haben Männer, die in diesem Land scheitern, insgeheim das Gefühl, es sei ihre Schuld – sie seien zu schwach oder hätten sich nicht genug Mühe gegeben. Wenn aus Jungen Männer werden, wird ihr Selbstwertgefühl weitgehend von ihrem Emporklettern auf der Erfolgsleiter bestimmt.

Unglücklicherweise ist in Amerika das Geld ein Hauptmaßstab für Erfolg. Für manche Männer bedeutet es bereits eine beachtliche Leistung, das Notwendige aufzubringen. Bei anderen, wohlhabenderen Männern wird Geld nicht nur zum Maßstab für ihre Fähigkeit, für eine Familie zu sorgen, sondern auch für ihre Geschicklichkeit oder Schläue im Spiel um die Macht. Männer verwenden für die Jagd nach finanziellem Erfolg gern dieselben Ausdrücke, die sie auch benutzen würden, um einen Krieg oder einen intensiven sportlichen Wettkampf zu beschreiben. Manager sehen sich als Generäle, die ihre Truppen ins Feld führen, sie »atomisieren die Konkurrenz«, und ein Mann, der die Fähigkeiten hat, die man zum Überleben in der Unternehmenswelt braucht, ist ein »Sieger«.

Aus der männlichen Perspektive unterscheiden sich Sieger und Verlierer auch oft durch das Maß, wie zäh und »gewieft« sie sind, was wiederum den Kampf im Geschäftsleben mit den Auseinandersetzungen von Jugendlichen, die auf der Straße aufwachsen, in Beziehung setzt.

Männer glauben, Frauen könnten diesen Zwang, hart und erfolgreich zu sein, nicht verstehen. Zwar haben Männer die Botschaft des Feminismus und das Reden vom »neuen Mann« gehört, sie glauben aber immer noch, daß Frauen sie als potentielle Partner nach traditionellen Kriterien beurteilen – je erfolgreicher ein Mann ist, desto anziehender wirkt er auf Frauen. Das stimmt auch weitgehend. Bei der Wahl eines Liebhabers oder Gatten spielen bei vielen Frauen beruflicher Erfolg, Einkommen und Leistung eine hervorragende Rolle. Die ständige Predigt, die Jungen und später Männer zu hören bekommen, lautet: Sei erfolgreich im Beruf, dann ergibt sich alles andere von selbst.

In Anbetracht des enormen gesellschaftlichen Drucks auf Männer, »Sieger« sein zu müssen, ist es kein Wunder, daß sie der Arbeit eine derart hohe Priorität einräumen, oft auf Kosten persönlicher Beziehungen. Wie Larry (32), ein Produktionsleiter, betrübt feststellte: »Ich weiß, daß meine Kinder das Wichtigste sind, habe aber den heimlichen Verdacht, daß das eher ein Herzenswunsch ist als Realität. Aber mir ist klar, daß meine Ehe nach dem Beruf erst an zweiter Stelle kommt. Ich wünschte, es wäre anders, aber es sieht immer so aus, als ob zuviel auf dem Spiel steht, um die Augen vom Ball zu wenden.«

Diese Ausführungen sollen keine Aufforderungen sein, daß Frauen den arbeitsbesessenen Mann in ihrem

Leben zu Lasten ihrer eigenen Bedürfnisse gewähren lassen sollen, sondern eher Schlüssel zu den unterschwelligen Kräften, die Männer motivieren. Wir sind überzeugt, daß diejenigen Frauen Erfolg bei Männern haben, die die Macht der unterschwelligen Kräfte, die Männer im Berufsleben antreiben, völlig begreifen.

Das Bedürfnis zu spielen. Männer werden oft als »große Jungen« beschrieben, verrückt nach »Spielzeug« und übermäßig mit allen Sorten von Spielen beschäftigt, von der Amateur-Baseball-Liga über den Profi-Sport bis zu ausgetüftelten Streichen. Manchmal wird dabei ein geringschätziger Ton angeschlagen, als seien reife Männer die Ausnahme. Männer wollen aber nicht nur manchmal wie kleine Jungen spielen, sie brauchen das Spiel sogar oft als Ausgleich für ihren intensiven Arbeitseinsatz.

Wie schon in Kapitel 5 erwähnt, haben viele Frauen für diesen männlichen Drang zu spielen, sich zu amüsieren und sogar albern zu sein, wenig Verständnis. Manche Männer haben uns gesagt, daß ihre Frauen ihr spielerisches Verhalten bedrohlich finden, daß sie nicht akzeptieren könnten, daß ein Mann gleichzeitig stark, zuverlässig und reif, aber auch manchmal wie ein kleiner Junge sein kann. Männer müssen aber spielen, und nicht nur mit ihren Geliebten und Ehefrauen – sie brauchen auch Zeit und Raum, um sich mit ihren männlichen Freunden auszutoben. Der Lohn für die Männer besteht dabei im Abbau von Spannungen und in der Fähigkeit, das Leben ausgeglichener zu sehen. Frauen, die Männer wirklich verstehen, erkennen ihr Bedürfnis, ernsthaft zu sein, ebenso wie ihren Wunsch, sich gelegentlich jugendlich und albern aufzuführen.

Der Wunsch, ein Held zu sein. Seit ewigen Zeiten haben Männer sich an ihrer Fähigkeit gemessen, Gefahren auf sich zu nehmen und mutig und heroisch zu sein. In modernen Zeiten werden diese Themen oft in Büchern oder Filmen aus zweiter Hand erlebt, denn in unserer komplexen technologischen Welt ist es schwierig, Aufgaben zu finden, die heroisch sind. Trotzdem sehnen sich die meisten Männer in der Phantasie heimlich danach, mutig zu handeln, den Schritt zu wagen, der die Gefahr des Scheiterns und selbst körperlichen Schadens in sich trägt.

Heute ist es eine Herausforderung für Männer, einen heroischen Zusammenhang zu finden, eine Situation, die Risikobereitschaft, Ehrgefühl und Furchtlosigkeit verlangt. In einer Gesellschaft, in der die meisten Bemühungen weltlich, miteinander verflochten und oft anonym sind, bietet sich die heldische oder mutige Tat den meisten Männern gar nicht an. In unserem Jahrhundert waren Krieg und Sexualität oft die einzigen Schauplätze, auf denen dieser Aspekt der Männlichkeit zum Ausdruck kommen konnte. Gott sei Dank liegt die Vorstellung vom »gerechten Krieg« weit hinter uns, und die sexuelle Revolution ließ die sexuelle Eroberung der Frau als Maß der Maskulinität veraltet erscheinen.

In der Vergangenheit definierten Männer ihr Mannestum teilweise durch ihre Fähigkeit, Frauen zu verführen. Als dann die sexuelle Revolution die Regeln egalisierte, wichen die Männer zurück. Sobald den Männern klar wurde, daß Frauen den gleichen und manchmal sogar größeren sexuellen Appetit haben und daß sie sich bemühen mußten, gute Liebhaber zu sein, ließ der Drang nach sexueller Eroberung nach. An die Stelle des Gefühls der Überlegenheit, das Männer durch die Verführung gewannen, trat das Bewußtsein der Männer, daß nun Verantwortlichkeit und Leistung von ihnen erwartet wurden.

Mittlerweile beendete die Frauenbewegung die männliche Vorherrschaft am Arbeitsplatz. Frauen bewiesen, daß sie nahezu jeden Männerjob ausfüllen konnten – ebenso gut oder sogar noch besser. Frauen eroberten Clubs, die bisher »Nur für Männer« gewesen waren, wurden zu Richterinnen am Obersten Gerichtshof ernannt und zu Kandidatinnen für das Amt des Vizepräsidenten gewählt. Auf jedem Arbeitsgebiet, vom Raumfahrtprogramm bis zum Sitzungssaal, wurden sie aktiv. Weibliche Sportreporter drangen sogar in die Umkleidekabinen vor! Welches Gebiet bleibt den Männern da noch vorbehalten? Wie können Männer sich innerhalb der Begriffe herkömmlicher Männlichkeit noch definieren?

Heute ist es schwierig für Männer geworden, Aktivitäten und Unternehmungen ausfindig zu machen, die Bestätigung von Mut und Heldentum versprechen. Vielleicht läßt sich kein neuer Weg für eine solche Bestätigung mehr finden, aber die meisten Männer empfinden insgeheim oder unbewußt die Suche immer noch als unwiderstehlich.

Wie Männer auf Verständnis und Bejahung reagieren

Die meisten Männer werden gelegentlich von Angst vor Unzulänglichkeit geplagt. Die meisten kennen ihre Schwächen genau und könnten eine Liste ihrer krassesten Fehler aufschreiben. Deshalb fällt es ihnen oft schwer, ihr Selbstvertrauen aufrechtzuerhalten, denn Männer können viel selbstkritischer sein, als sie Frauen jemals eingestehen werden. Ein Mann, der glaubt, daß seine Partnerin ihn im Grunde akzeptiert, erfährt einen ungeheueren Auftrieb – er fühlt sich in ihren Augen geliebt und geachtet. Alle Männer brauchen dieses Gefühl, selbst wenn sie unfähig sind, dieses Bedürfnis den Frauen mitzuteilen.

Männer öffnen sich mehr, wenn sie beständige und liebevolle Bejahung erfahren. Sie geben sich weniger vorsichtig und zurückhaltend, ihre Angst, man könne sie zu hart beurteilen oder als mangelhaft ansehen, läßt nach. Alle Männer fürchten ungemein, auf einem wichtigen Gebiet, emotional oder beruflich, als unzulänglich zu gelten. Bejahung erlaubt Männern, sich »besser« zu fühlen, anstatt sich auf die allgemein männliche Sorge zu konzentrieren, sie könnten sich als »unzureichend« erweisen.

Als Ergebnis positiver Empfindungen fühlen Männer sich aufgeschlossener und lassen mehr von sich selbst erkennen. Der Lohn für die Bejahung einer Frau besteht darin, daß der Mann sie stärker liebt. Als Folge der Intimität und der Freiheit des Ausdrucks, zu denen ihre Akzeptanz ihn ermutigt, erleben beide, Mann und Frau, eine erfüllendere Beziehung.

Die Vertraute

Ken (30), Verwalter eines städtischen Kunst-Zentrums, beschreibt seine erste Begegnung mit Marisa (27), Assistentin eines prominenten älteren Kunstsammlers. Sie lernten sich kennen, als sie sich beide darum bewarben, in einem Ausschuß für eine Kunstauktion zu wohltätigen Zwecken mitzuarbeiten. Schließlich übernahmen sie gemeinsam die Verantwortung für einen Teil des Vorhabens und trafen sich zum Kaffee, um ihre Pläne zu besprechen.

»Wir brauchten nur fünfzehn Minuten, um uns über unsere Ideen zu einigen – sie war sehr offen und machte mir Mut, sagte Dinge wie ›Was für eine gute Idee‹ und machte auch eigene Vorschläge. Ihre Wärme, ihre Bereitwilligkeit, zu lächeln und zu lachen, gaben mir das Gefühl, charmant und klug zu sein. Sie fragte nach meinem Leben, wo ich in die Schule gegangen sei, und wir fingen an, von uns selbst zu sprechen.

Wenn ich zurückschaue, kann ich genau den Moment festlegen, als das Gespräch für mich nicht mehr nur die oberflächliche Unterhaltung zwischen zwei Leuten im selben Berufszweig war und das Gefühl aufkam, Marisa sei jemand, mit dem ich gern ausgehen würde. Wir entdeckten, daß wir einen gemeinsamen Bekannten hatten, einen Mann mit dem etwas schlechten Ruf, launisch und schwierig zu sein und nie zweimal mit derselben Frau aufzukreuzen. Ich wollte ihn gerade als Schürzenjäger herabsetzen, als sie mich unterbrach und sagte: ›Ich habe so ein Gefühl, er könnte in Wirklichkeit immer noch unter etwas leiden, das Jahre zurückliegt.‹ Sie erzählte mir, er sei mit einer Frau verlobt gewesen, die ihn plötzlich wegen eines anderen verlassen hatte. Sie schilderte ein paar Fälle, in denen dieser Bursche alles getan hatte, um anderen zu helfen, und malte ein viel sympathischeres Bild von ihm. Was sie sagte, klang so verständnisvoll und mitfühlend, sie sah das Gute an jemandem, den die meisten Menschen kritisieren, ohne ihn zu kennen. Und sie fing an, davon zu sprechen, wie schwierig heutzutage Beziehungen für Frauen wie Männer sind. Da erzählte ich ihr von meiner letzten ernsten Beziehung und was ich daraus gelernt hatte. Wir redeten fast bis Mitternacht. Als ich sie zu ihrem Wagen brachte, lud ich sie für den nächsten Abend zum Essen ein. Auf dem Heimweg wurde mir klar, daß dies eine Frau war, mit der ich zusammensein wollte. Sie war warm, offen und hatte eine Art, die es mir leicht machte, mich zu öffnen. Ich glaube, daß wir sehr viel zusammensein werden.«

Anziehung auslösen. Männer und Frauen nehmen so oft nicht wahr, wie rasch sich ihre Eindrücke bilden. Der Fall Ken zeigt, wie früh ein Mann die Möglichkeit ahnen kann, daß eine Frau zur Vertrauten werden wird. Irrtümlicherweise glauben wir, daß Attraktivität stets die Initialzündung für den Beginn von Anziehung ist. Indessen kann das Gefühl für das, was wir wirklich brauchen und was uns anspricht, der Funke sein, der einen Mann und eine Frau zueinander zieht. Ken spürte in Marisa die Fähigkeit der Bejahung, die offenbar für ihn wesentlich war.

Auch Molly ist eine Frau, die zur Vertrauten wurde. Es war ein Jahr nach der Hochzeit von Molly und Ben. Nachdem die letzten ihrer vielen Freunde zur Feier ihres einjährigen Hochzeitstages Trinksprüche ausgebracht hatten, stand Molly zusammen mit ihren besten Freunden, Andrea und Brad, und sie blickten auf die Gäste, auf das Haus und Ben. »Für alles das habe ich euch beiden zu danken«, sagte Molly lächelnd.

»Wir haben dir nur den Rat gegeben«, antwortete Brad, »aber du warst es, die danach gehandelt hat.«

Es war erst anderthalb Jahre her, daß Molly in ein selbstmord-nahes Tief geraten war. Nach drei Wochen einer leidenschaftlichen, intensiven Affäre mit Stan, einem Restaurantbesitzer, hatte er nicht mehr angerufen und keinen ihrer zahlreichen Anrufe beantwortet.

Molly fühlte sich gedemütigt, zurückgewiesen, wütend und vor allem hoffnungslos. Hoffnungslos deshalb, weil ihr im Rückblick auf all die enttäuschenden Beziehungen von drei Wochen oder zwei Monaten Dauer in den vergangenen Jahren diese letzte Affäre und abrupte Ablehnung als bloße trostlose Wiederholung von allen bisherigen anderen erschien – Romantik, Leidenschaft und dann verschwand der Mann.

Auf dem Heimweg von der Arbeit hielt Molly vor dem Haus ihrer Freunde, sie schluchzte und ertappte sich dabei, wie sie – zum erstenmal in ihrem Leben – wirklich um Hilfe bat. Die Antworten, die sie an jenem Abend von Andrea und Brad bekam, waren aufrichtig, manchmal sogar brutal. Brad sagte: »Jedesmal, wenn wir dir einen netten, ehrlichen Kerl vorstellen, der eine Familie gründen möchte, rufst du uns am nächsten Tag an und sagst ›Er ist nett, aber langweilig‹ oder ›Er war nicht sexy‹ oder ›Er war nicht aufregend genug‹.«

Andrea fügte hinzu: »Wenn du uns von deinen Rendezvous erzählst, redest du nur davon, wie erfolgreich sie sind, in welches Restaurant er dich geführt hat, wie großartig er im Bett ist – nie davon, daß du dich einfach entspannt fühlen konntest, wie ein Mensch aus Fleisch und Blut.«

»Und wenn wir uns mit dir und einem dieser Kerle zu viert treffen, benimmst du dich anders als mit uns allein«, sagte Brad. »Du kehrst so eine theatralische, kokette Person hervor – ›Schau mal, wie sexy ich bin‹. Das kann ein Mann vielleicht für kurze Zeit attraktiv finden, aber auf die Dauer möchte er jemanden, mit dem er aufrichtig reden kann.«

Molly änderte sich nicht über Nacht, so wenig, wie ihre Einstellung und ihre Verhaltensmuster Männern gegenüber sich über Nacht entwickelt hatten. Molly war zwar im Berufsleben ein tüchtiger und energischer Profi und in Gesellschaft ihrer Freunde und Freundinnen eine ehrliche Person, ging es aber um einen Liebhaber, spielte sie das Flirten und Romantisieren aus, das sie von ihrer Mutter übernommen und in der Kindheit tief verinnerlicht hatte. Nach ihrer Krise wurde ihr klar, daß sie lernen mußte, Freundin und Geliebte zugleich zu sein.

Nach ein paar Rendezvous der Sorte »einmal und nicht wieder« mit Männern, für die sie sich nicht wirklich interessierte, begegnete sie Ben bei einem Volleyball-Turnier. Er war genau der Typ Mann, den sie immer schon aufregend gefunden hatte: dynamisch, sexy und erfolgreich. Sie reagierte sofort ganz stark auf ihn, zwang sich aber, entsprechend ihrem Entschluß, ihr Verhalten Männern gegenüber zu ändern, bei der ersten Unterhaltung und den ersten flüchtigen Begegnungen geradeaus und natürlich mit ihm zu sprechen und nicht die aufreizende Körpersprache der Vergangenheit zu benutzen.

Ihr gefiel ihr Benehmen und die Art, wie sie die neue Beziehung langsam angehen ließ, aber obwohl sie sich dagegen wehrte, ertappte sie sich immer wieder dabei, wie sie von Gedanken und Phantasien über Ben geradezu besessen war. Und von der ersten Nacht im Bett an fiel Molly in ihre alten Verhaltensmuster zurück: Sie wurde zum traditionellen Weibchen, sogar kindisch, Scarlet O'Hara für Rhett Butler.

Bens Reaktion erschreckte sie. Kurz nachdem sie angefangen hatten, miteinander zu schlafen, fiel er ihr im Bett mitten in einer koketten, spaßhaften Neckerei ins Wort. »Vielleicht sollten wir wieder einfach Freunde sein, Molly«, sagte er, Gereiztheit in der Stimme. »Wir rutschen allmählich in eine ganz andere Nummer, die mir ganz ehrlich nicht mehr gefällt.«

Molly wurde zuerst rot vor Erniedrigung und Schmerz – sie empfand, daß er sie zurückwies, wie all die anderen vor ihm. Sie wäre am liebsten aus dem Bett gesprungen und nach Hause gegangen, aber Ben nahm sie in die Arme und drückte sie fest an sich. »Laß uns reden.«

In der langen darauffolgenden Diskussion erzählte er ihr, er habe eine Reihe romantischer Verliebtheiten und intensiver sexueller Affären mit Frauen erlebt, und er sei das alles leid. Er sagte, er fühlte sich im Beruf dauernd unter Druck gesetzt, »am Ball« und ein dynamisches und selbstsicheres Kraftwerk zu sein – das letzte, was er sich in einer Beziehung wünsche, sei der Druck, romantisch und aufregend sein zu müssen. »Was mich gleich bei unserer ersten Unterhaltung beim Volleyball-Turnier zu dir hingezogen hat«, sagte er, »war das Gefühl, ich könnte mich bei dir entspannen und ich selber sein.«

Molly mußte sich psychologisch ziemlich umstellen, um die tiefsitzenden, emotionalen Sehnsüchte aufzugeben, die stets den Liebhaber mit einem Retter, einem Prinzen und romantischen Ideal gleichgesetzt hatten. Aber mit Bens Ermutigung und Unterstützung gelang es ihr. Ben hat in Molly eine Frau gefunden, der er sich anvertrauen kann, eine Frau, die ihn immer näher zu sich zieht. Und sie hat mit der radikal veränderten Art Ben gegenüber, als seine Vertraute, Helferin und Freundin, eine tiefe und beständige Liebe gefunden.

Einem Mann gegenüber »real« werden. Es gibt immer noch massenhaft Frauen, die glauben, mit Koketterie einen Mann erobern zu können. Ein solches Verhalten erregt vielleicht seine Aufmerksamkeit oder seine Neugier, aber daraus wird sich selten eine bedeutsame Beziehung entwickeln. Männer werden der neckischen Art viel rascher überdrüssig, als den meisten Frauen klar ist. Männer wie Ben suchen im Grunde in einer Frau etwas Echteres; herumgespielt haben sie schon.

Wie wir in diesem Buch schon oft festgestellt haben: Lebenslängliche Verhaltensmuster zu durchbrechen, fällt schwer. Man muß aufgeben, was bekannt ist, und versuchen, was unbekannt ist und vielleicht nicht gelingt. Trotz alledem lohnte sich der Versuch, sich zu ändern. Natürlich kann man alle Männer zu Anfang zappeln lassen, aber im Grunde wünscht sich ein Mann eine Vertraute, jemanden, bei dem er er selbst sein kann, ohne Leistungsdruck.

Die Alles-Billigende

Es schien, als hätte Janie jedesmal einen neuen Mann als Gesprächsthema, wenn sie zu ihrer wöchentlichen Therapiesitzung erschien. Mit dreiunddreißig ist sie Chefin ihrer eigenen Firma, sie entwirft Inneneinrichtungen für Kleidergeschäfte und Restaurants. Sie ist außerordentlich kreativ, intelligent und verständnisvoll, was sie selbst und andere Leute betrifft. Auf dem äußerst konkurrenzreichen Gebiet des Designs sind es Janies besondere, gesellschaftliche Talente – ihre Fähigkeit, sich und ihre unverwechselbaren, ausgefallenen

Ideen zu verkaufen –, die zum großen Teil für ihren Erfolg verantwortlich sind.

Janies gesellschaftliche Talente verflüchtigen sich auch in ihren Männerbeziehungen nicht. Sie weiß viel über die Karriere-Motivation der Männer und ihren Wunsch nach Verständnis. Mit ihrem fabelhaften Sinn für Humor und ihrer Fähigkeit, Männern ein Wohlgefühl zu vermitteln, hatte sie nie Probleme, Männer anzuziehen. Jedesmal, wenn sie einen neuen Mann kennengelernt hatte, sprach sie begeistert von seinen Leistungen und wie herrlich das letzte Rendezvous für beide war. Sie erschien dann ehrlich hoffnungsvoll: »Wissen Sie was«, sagte sie dann, »vielleicht wird es mit dem da was.«

Aber unausweichlich hieß es dann nach ein paar Wochen, sie hätte schon wieder einen neuen kennengelernt – »Dieser letzte Kerl hat sich als Langweiler erwiesen« oder als »unsicherer Kantonist« oder »fehlerhaft«, oder es hieß: »Wahrscheinlich hat der eine andere kennengelernt – zwischen uns hat es ja auch nicht richtig gefunkt.« Janie hatte zu Beginn der Therapie zwar gesagt, sie wünsche sich ehrlich eine dauerhafte Bindung an einen Mann, es stellte sich aber mit der Zeit heraus, daß sie entweder an einer tragfähigen Beziehung nicht interessiert war – immer noch im Spiel bleiben wollte – oder daß sie eine Perfektionistin war, die einen Mann nach dem andern als nicht gut genug ablehnte. Erst nach mehreren Monaten intensiver Prüfung ihres Betragens Männern gegenüber trat ihr selbstzerstörerisches Verhaltensmuster hervor.

Bei all ihrem bekundeten Interesse an einer dauerhaften Beziehung war Janie zutiefst zynisch in bezug auf Männer und die Liebe. Sie zog einen Mann an sich, machte aber an einem gewissen Punkt Schluß aus Angst, verletzt oder abgewiesen zu werden. Ihr Betragen war an der Oberfläche zwar warmherzig und verständnisvoll, aber ihr Sinn für Humor konnte schneidend und sarkastisch werden. Verwirrt von diesen gemischten Botschaften zog sich der Mann von ihr zurück. Alles in allem wirkte Janie einschüchternd auf einen Mann; er konnte ihrer Zuneigung nicht trauen.

Janies Feindseligkeit war so gut getarnt, daß nicht einmal sie selber sie auf einer bewußten Ebene erkannte. Sie stammte aus einer Mischung aus ungelöstem Zorn gegen ihre Eltern und Abneigung gegen die Männer, die im Geschäftsleben die meiste Macht ausübten.

Janies Mutter war eine romantische Idealistin gewesen, deren Wunsch, das Familienleben warmherzig und liebevoll zu gestalten, von einem Ehemann sabotiert worden war, der als Folge wiederholter geschäftlicher Mißerfolge verbittert und sarkastisch war. Janie, als Kind ein Wildfang, war schon als Teenager entschlossen, eine erfolgreiche Geschäftsfrau mit Köpfchen zu werden, und hatte sich immer gegen ihre tiefsitzenden romantischen Neigungen gewehrt. Sie wollte nicht der enttäuschte, gequälte Abklatsch ihrer Mutter werden.

Schließlich wurde ihr klar, daß ihr beißender Humor, ihr Zynismus und Sarkasmus ihre Methode waren, ihren eigenen Sinn für Romantik und ihre Verletzlichkeit zu unterdrücken. Eigentlich benutzte sie ihren Geist als einen Schutzschild, um Männer in einem gewissen Abstand zu halten.

Inzwischen lebt Janie in einer gesunden Beziehung mit Luke, einem Werbegraphiker, der ebenso aufmerksam, intelligent und kreativ ist wie sie – bei der Wahl von Luke hat sie sich nicht auf einen geringerwertigen Partner »eingelassen«. Janie geht mit Luke genauso flink und munter um wie je zuvor mit einem Mann, nur daß Zynismus und Sarkasmus heute stark abgenommen haben.

Wie hat sie in dieser neuen Beziehung mit ihren alten Mustern gebrochen? Janie berichtet: »Ich habe von Anfang an daran zu denken versucht, daß es nicht um eine Schlacht gegen die Männer, um ›Sieg oder Niederlage‹

geht, sondern daß wir beide verlieren würden, wenn ich zu ihm nicht ebenso freundlich, bejahend und verständnisvoll bin, wie ich es mir von ihm wünsche – die goldene Regel ›Was du nicht willst, das man dir tu . . .‹. Ich mußte seine Verwundbarkeit akzeptieren und ihm meine zeigen, ihn an mich heranlassen, und so leicht ist das keineswegs immer.«

»Ich schätze ihr Verständnis, was mich und uns als Paar anlangt«, sagt Luke. »Sie kennt Männer, und sie kennt mich. Sie weiß genau, was ich bin und was nicht, aber sie liebt mich eben. Früher hatte ich immer das Gefühl, Frauen würden mich entweder idealisieren, um selber romantisch fühlen zu können, oder so realistisch sehen, daß keine Romantik mehr übrigblieb. Jetzt haben wir etwas von beidem und akzeptieren uns so, wie wir sind.«

Offen sein, ohne zu verletzen. Humor und Scharfsinn lassen sich defensiv einsetzen, als Mittel, jemanden fernzuhalten. Positiver kann man sie nutzen, um Verständnis und Zuneigung mitzuteilen. Janie lernte, ihren Witz und ihre Geisteskraft auf freundliche und einfühlsame Art zu gebrauchen. Männer wie Luke sprechen auf Frauen an, die die Wahrheit sagen und keine Angst haben, zu fordern und sich offen auszusprechen.

Die meisten Männer haben wirklich Freude an einer Frau, die sich direkt und ohne Einschränkung mitteilt, solange es ohne den schmerzenden Widerhaken der Verurteilung geschieht. Das stimmt sogar dann, wenn die Frau sich kritisch zu irgendeiner negativen Seite des Verhaltens des Mannes äußert, wenn die Kritik gezielt scheint und keine pauschale Anklage seines Wesens ist. Männer finden tatsächlich eine Frau unglaublich fesselnd, die sie wirklich wahrnimmt, vor allem, wenn sie keine Angst hat, ihre Beobachtungen direkt und humorvoll in die Beziehung einzubringen. Die meisten Männer wollen bei einer Frau gar nicht mit allem davonkommen, und wenn die Frau sie mit ihrem Betragen »auffliegen läßt«, gezielt, aber nicht verurteilend, gefällt ihnen das, weil sie sich von der Frau erkannt und akzeptiert fühlen.

Wie man das Bedürfnis eines Mannes nach Bejahung erkennt

Männer signalisieren ihren Wunsch nach Verständnis und Bejahung häufig indirekt. Sie finden es vielleicht peinlich oder unbehaglich, diesen allgegenwärtigen und tiefen Wunsch in Worte zu fassen, weil sie glauben, das sei nicht »männlich«. Ein versteckter Hinweis kann zum Beispiel sein, wenn ein Mann bewundernd von Paaren spricht, die »über alles reden«, oder neidisch Männer erwähnt, deren Frauen »sie wirklich verstehen«. Er vertraut sich vielleicht seinem Bruder, seiner Schwester oder Mutter an. Vielleicht wendet er sich an eine befreundete weibliche Person, sogar an eine enge Freundin von Ihnen. All das sind Anzeichen eines Wunsches nach tieferem Verständnis, das er bei Ihnen nicht findet. In Wahrheit geht es darum, daß er seine Geheimnisse lieber mit der Frau teilen würde, die er liebt, sich dazu aber außerstande fühlt.

Es kann niederschmetternd sein, wenn wir uns preisgeben und kein Verständnis finden oder sanft herabgesetzt oder nicht ernst genommen werden. Wenn Männer Versteck spielen oder sich an andere wenden, wollen sie sich damit vor solchen Verletzungen schützen. Worin bestehen die Wünsche, Gefühle und Ängste, die ein Mann Ihnen gern anvertrauen möchte? Wie wir bereits besprochen haben, ist die Arbeit für Männer wohl der lebenswichtigste Gesprächsgegenstand. Auch wenn Sie es als ständige Wiederholung empfinden: Männer versuchen, Arbeitsprobleme zu lösen, indem sie darüber sprechen – oft langweilig und manchmal endlos. Sie müssen über ihre Träume und Ziele genauso reden können wie über ihre Konflikte und Frustrationen. Sie brauchen das Gefühl, daß sie innere Zweifel und Unsicherheiten ebenso offenlegen können, wie sie ihre Triumphe teilen möchten.

An irgendeinem Punkt im Leben eines Mannes muß er diskutieren können, »um was es eigentlich geht« – er muß die Hilflosigkeit zeigen dürfen, weil er sich ausgebrannt fühlt, und die Frustration, die sich einstellt, wenn er nicht weiß, was er dagegen tun kann. Die meisten Männer erleben irgendwann einmal, daß ihr Interesse an ihrer Arbeit deutlich nachläßt, und das erfüllt sie mit Angst und Schuldgefühlen. Vielleicht hegen Männer auch Wünsche oder Phantasien in bezug auf andere Dinge, die sie gern ausprobieren würden. Fortschreitendes Alter und körperlicher Verfall mögen ihnen angst machen, Gefühle wie »es nicht geschafft zu haben«, nicht erreicht zu haben, was sie gehofft hatten. Diese Sorgen betreffen jeden Mann.

Ein weiteres Gebiet, über das Männer vielleicht sprechen möchten, aber nicht wissen wie, ist die Sexualität. Männer können ebenso wie Frauen Zweifel an ihren Qualitäten als Liebhaber und dem allgemeinen Grad gegenseitiger Befriedigung haben.

Ein anderes Thema, das Männer selten zur Sprache bringen, betrifft Freundschaften. Leider haben die meisten Männer wenig männliche Freunde. Bekanntschaften ja – Freundschaften nein. Männern fällt es als Erwachsenen schwerer als Frauen, Freundschaften zu schließen, weil sie mit ihren Emotionen mehr Schwierigkeiten haben. Männer empfinden oft Trauer, wenn sie an die Freunde denken, die sie gern hätten, offenbaren das aber ungern, als sollten sie keine Freunde brauchen, als sollten sie selbstbewußter sein.

Die meisten Männer haben zudem starke Bedürfnisse nach Partnerschaft und Gleichberechtigung. Sie würden gern damit aufhören, in ihren Rüstungen herumzuklirren, immer unter dem Druck, der Prinz sein zu müssen. Der weibliche Partner ist eine Seelengefährtin, ein Genosse und Verbündeter in den unvermeidlichen Kämpfen und Kümmernissen des Lebens. Jeder Mann wünscht sich die Beständigkeit von Liebe und Bejahung, die mitfühlende und teilnahmsvolle Freundin, die ihn liebt und trotz der Fehler, die er macht, oder der Fehlschläge, die er erleidet, an seinen Wert glaubt.

Vertrauen schaffen

Wie fördert man das Vertrauen eines Mannes? Ist Vertrauen nicht etwas, das vorhanden ist oder nicht? Gibt es wirklich einen Weg zu erreichen, daß ein Mann sich freier fühlt und Ihnen seine Gefühle offen zeigt? Ja, und wenn Sie wollen, können Sie einem Mann dazu verhelfen, mitteilsamer und offener zu werden. Der Schlüssel liegt in der langsamen Entwicklung von Vertrauen.

Die Voraussetzung für ein wirkliches Gefühl des Vertrauens besteht bei uns allen, Männern und Frauen, darin, zu spüren und zu glauben, daß wir trotz unserer Fehler, Launen und Unzulänglichkeiten geliebt werden. Ein Mann hoft im Grunde, daß Ihre Bindung an ihn keinem Wunschbild gilt, sondern ihm selbst.

Vielen Frauen fällt es schwer zu lernen, idealistische Vorstellungen von Männern loszuwerden. Manche Frauen befürchten, auf diese Vorstellungen zu verzichten, könne einen großen Verlust bedeuten; sie hätten sich dann irgendwie »abgefunden«. In Wirklichkeit geht es genau entgegengesetzt. Einen Mann von unerreichbar hohen Maßstäben zu erlösen, gestattet ihm, viel mehr er selbst zu sein. Er verbirgt weder seine Kanten noch seine Rundungen, weder seine Ängste noch seine Träume, weder seine Schwächen noch seine Stärken. Er kann dann sein ganzes Ich viel voller und umfassender in die Beziehung einbringen und so für ein reicheres Erleben beider Partner sorgen.

Es gibt ein paar bestimmte Dinge, die eine Frau tun kann, um diese Entwicklung zu fördern, wenn sie es wünscht. Bedenken Sie aber, daß das Wachstum des Vertrauens Zeit erfordert – erwarten Sie keine augenblicklichen Resultate.

Teilen Sie ihm Ihre Bereitschaft mit, mehr darüber zu wissen, wie er sich fühlt und worüber er nachdenkt. Seien Sie aufgeschlossen – das bedeutet, zeigen Sie eine gleichmäßig warmherzige und ermutigende Haltung. Es bedeutet nicht, daß Ihre Aufgabe darin bestehen soll, stets verfügbar zu sein oder wachsam auf ihn aufzupassen. Ihre Aufmerksamkeit läßt sich nicht in wenigen Sätzen vermitteln, aber Worte sind oft ein erster Schritt. Geben Sie ihm zu verstehen, daß er sich Ihnen anvertrauen kann, daß Sie gern mehr von ihm erfahren möchten – was er denkt und fühlt, aber meist nicht sagt. Es hilft, wenn Sie einen Zeitpunkt zum Reden wählen, an dem Sie beide entspannt sind und keine Unterbrechung droht. Zeigen Sie ihm Ihr Interesse an seinem Lebensplan, seinen Zukunftsträumen und den Hindernissen, die er überwinden zu müssen glaubt. Lassen Sie ihn wissen, daß Sie verstehen, daß es wahrscheinlich viele Dinge gibt, von denen er nie gesprochen hat, Themen, die Sie nie gemeinsam erörtert haben, und daß Sie daran interessiert sind zuzuhören, zu sprechen und ihn umfassender kennenzulernen.

Sich verstanden zu fühlen, heißt, sich geliebt zu fühlen. Bejahung, die Vertrauen und Verständigung fördert, ist das Fundament aller erfüllten Beziehungen.

9. Kapitel Einem Mann zutrauen, weibliche Stärke zu lieben

Vielen Frauen ist nicht klar, daß eine wachsende Zahl von Männern bei ihnen nicht nur emotionale Unterstützung suchen, sondern auch Inspiration. Wann immer wir als Therapeuten Frauen sagen, daß Männer Stärke an Frauen anziehend finden, schauen sie uns skeptisch an. Die Legende, nach der die starke Frau Männer einschüchtert und Feindseligkeit auslöst, lebt immer noch fort. Tatsache ist aber, daß Männer die Stärke einer Frau stets bewundert und immer am Phantasiebild der »Mutter Erde« festgehalten haben.

Die Redensart »Hinter jedem erfolgreichen Mann steht eine starke Frau« ist oft durchaus zutreffend. Die Geschichte ist voll von Berichten über Frauen, die die wichtigste treibende Kraft hinter ihren Ehemännern waren, die »Macht hinter dem Thron«. Damals wie heute betätigt sich dieser Frauentypus als Ratgeberin, Vertraute, sogar als Lügendetektor, eine solche Frau versteht die wahren Gefühle des Mannes und gebraucht ihre Einsicht, um ihm beim Vermeiden selbstzerstörerischer Illusionen oder Verhaltensweisen zu helfen.

Wenn wir in unserer psychotherapeutischen Praxis mit einem Mann arbeiten, der in einem beruflichen Dilemma steckt, fragen wir immer: »Was hält Ihre Frau oder Freundin davon? Wie findet Sie Ihren Boß oder Partner? Wie sieht sie dieses aufregende, aber riskante Unternehmen, das Sie vorhaben?« Wir fragen, weil wir wissen, daß die Frau oft mehr Einblick in die Stärken und Schwächen des Mannes hat als er selbst.

Das Band zwischen einem Mann und der Frau, die ihn leitet und inspiriert, ist unserer Meinung nach das stärkste und dauerhafteste von allen. Eine solche Frau fesselt einen Mann, beruhigt und fasziniert ihn gleichzeitig.

Männer und die neue Frau

Heute, mehr als ein Jahrzehnt nach den Anfängen der Frauenbewegung, ist eine neue Frau in Erscheinung getreten – stark und vielseitig ausgebildet, hat sie es in der Wirtschaftswelt zu etwas gebracht.

Als die Frauen noch um ihre Gleichberechtigung kämpften, lehnten viele Männer bis weit in die siebziger Jahre hinein die neue Frau insgeheim ab und fühlten sich von ihr bedroht. Sie hatten das naive Gefühl, man sei in ihre ausschließliche Domäne eingefallen. Außerdem fürchteten sie, sie besäßen in den Augen der Frauen, die sie liebten, keine einzigartige und geachtete Position mehr. 1980 kam dann die große Rezession, der schwerste wirtschaftliche Einbruch, den Amerika seit der großen Depression von 1929 erlebt hatte. Ihre Wirkung auf Männer ging tief. Zum erstenmal sprachen Männer offen über ihre finanziellen Sorgen und ihre Angst vor dem Scheitern. Viele dieser Männer begriffen, daß die Arbeitskraft ihrer Frauen dringend gebraucht wurde, als zweites Einkommen für die Familie. Jüngere, noch unverheiratete Männer begannen, Frauen in einem anderen Licht zu sehen. Anstatt sich von der neuen Karriere-Frau bedroht zu fühlen, sahen sie den Partner in ihr, eine Mit-Ernährerin, die an der Last der Alltagssorgen mittrug.

Die Männer begannen auch, Frauen nicht nur als finanzielle, sondern ebenso als psychologische Partner zu betrachten. Die Arbeitswelt war den Frauen nicht mehr mysteriös oder verschlossen. Die Frauen waren mit da draußen, mit denselben Träumen, denselben Zielen und

Frustrationen. Die Frauen wußten, was gespielt wurde, und die Männer wußten, daß sie es wußten.

Derzeit beginnt ein neues Stadium, eines mit ungeheueren Möglichkeiten. Starke und erfolgreiche Frauen sind in bezug auf Kenntnisse, finanzielle Belastbarkeit und Wissen um den Lauf der Welt vielen Männern in mancher Hinsicht überlegen. Natürlich traf das auch in der Vergangenheit weitgehend zu, aber heute haben Frauen nicht mehr das Gefühl, als müßten sie ihre Stärken vor Männern geheimhalten.

Allmählich erkennen Männer auch die intuitiven Kräfte von Frauen und ihre Bedeutung in der Arbeitswelt an. Während Männer zu übertriebener Rationalität und Logik neigen, sind Frauen oft besser imstande, rationales Denken mit Intuition und Feinfühligkeit zu verbinden – sowohl in bezug auf die Körpersprache der Menschen wie auch in bezug auf unausgesprochene Andeutungen. Diese großartige Mischung kann das mehr zweigeteilte Denken der Männer – falsch/richtig, gut/schlecht – kraftvoll ergänzen.

Viele Frauen fühlen sich heute sehr wohl dabei, ihre Intelligenz und gleichzeitig ihre intuitiven Fähigkeiten anzuwenden, um kreativ zu sein, Probleme zu lösen, Geschäfte abzuschließen und Mitarbeiter zu leiten. Dabei zeigen sie dieses absolut feminine Geschäftsgebaren offen, sie folgen nicht mehr dem alten Erfolgsmodell für Frauen, nach dem es hieß: »Wenn du in einer Männerwelt Erfolg haben willst, mußt du dich dieser Welt anpassen – mußt dich kleiden wie ein Mann, denken wie ein Mann, reden wie ein Mann und handeln wie ein Mann.« Die meisten Frauen fanden heraus, daß ihnen bei der Imitation des männlichen Modells gar nicht wohl war, und auch die Männer mochten es nicht, wenn Frauen sich wie Karikaturen von Männern benahmen.

Unsere Beobachtungen betreffen nicht nur Karriere-Frauen, sondern ebenso Hausfrauen und Mütter. Ganz gleich, welchen Weg sie gewählt haben: Hausfrauen können psychologisch genauso emanzipiert sein wie Berufstätige. Sie leben bewußt, sie sind aufgeklärt und haben keine Angst, ihre Stärke zu zeigen. Auch diese Frauen werden von Männern in einem neuen und aufregend günstigen Licht gesehen.

Vor zehn oder sogar erst fünf Jahren hätten wir diesen Beobachtungen nicht so getraut wie heute. Da die neue Frau lernt, ihre uneingeschränkte und direkte Demonstration von Stärke und Kompetenz mit ihrer Fähigkeit zu Zuneigung und Sanftheit auszubalancieren, vertrauen Männer schließlich Frauen eine immer mächtigere Rolle in ihrem Leben an.

Zahllose Männer bewundern und schätzen die neue Frau. Sie kann für das Leben eines Mannes unentbehrlich sein. Sie beeinflußt nicht nur sein Privat- und sein Gefühlsleben, sondern auch seine Karriere.

Männer sind empfänglich

Wenn Sie einem Mann, den Sie eben kennengelernt haben, sagen würden, Sie könnten ihm helfen, der Mann zu werden, der er zu werden hofft, indem Sie ihn inspirieren, würde er sehr wahrscheinlich mit Skepsis reagieren. Den meisten Männern hat man den Glauben eingeprägt, sie müßten in einer Beziehung die Oberhand behalten, was Macht und Geld anbelangt. Männer haben diese Botschaft nicht nur von unserer Zivilisation allgemein, sondern insbesondere von den Erwartungen der Frauen empfangen. Männer sind gegenüber der weiblichen Phantasievorstellung vom Prinzen durchaus nicht blind und wissen auch, daß manche Frauen eher eine Prinzessin sein möchten, nicht die Königin.

In der Vergangenheit wurden Männer mit starken Frauen oft von anderen Männern und Frauen verspottet. Man betrachtete solche Männer als »Pantoffelhelden« oder, schlimmer noch, als »kastriert«. Der klassische abfällige Kommentar über solche Ehen lautete: »Du weißt, wer in der Familie die Hosen anhat!« Diese Einstellung ändert sich zwar, aber es fällt selbst sogenannten »befreiten« Männern nicht leicht, derart tiefsitzende Besorgnisse loszuwerden. Das ist der Grund, weshalb das Phänomen der Liebe zur starken, selbst inspirierenden und motivierenden Frau noch kaum offen diskutiert wird. Männer, die sich zu solchen Frauen hingezogen fühlen, scheuen sich, ihre Wünsche jedem mitzuteilen.

Um die Besorgnisse der Männer auf diesem Gebiet zu verstehen, müssen Sie bedenken, wie schwierig es für Frauen ist, das romantische Phantasiebild vom »Allereinzigsten« aufzugeben. Auf der rein intellektuellen Ebene fällt es Frauen heute nicht schwer, von dieser Phantasievorstellung Abschied zu nehmen, aber der tiefere emotionale und psychologische Verzicht auf die Vorstellung vom vollkommenen Mann ist immer noch schwierig. Ebenso ist es nicht leicht für Männer, in bezug auf eine Frau ihre stereotypen Begriffe vom passenden männlichen Verhalten fallen zu lassen. Wenn man diese Tatsachen im Auge behält, sieht man leicht ein, warum es einem Mann schwerfällt, zu »kapitulieren«, wenn er einer Frau begegnet, die genug Dynamik, Einsicht und Intelligenz besitzt, um als Führer oder Mentor in seinem Leben zu fungieren. »Kapitulation« ist der richtige Ausdruck dafür, denn genau das fühlt ein Mann, wenn er einer Frau die Führung überläßt.

Wir haben alle erlebt, wie zurückhaltend und defensiv wir reagieren, wenn wir es in die Macht eines anderen legen, uns zu mögen oder zu bejahen. Das ist unheimlich, es macht uns angst. Wenn wir aber jemanden an uns heranlassen, fühlen wir uns erleichtert, sogar dann, wenn diese Person uns etwas sagt, das uns zunächst dumm dastehen läßt oder Kritik enthält. Es ist nie so schlimm, wie wir erwartet haben. Und genau damit kämpfen Männer, wenn sie einer Frau eine Position größerer Autorität und Führerschaft einräumen.

Männer, die diesen Lernprozeß durchmachen – und ihre Zahl wächst entschieden –, empfinden einen großen Gewinn. Sie fühlen, daß sie nicht allein sind. Sie haben nicht nur eine Frau, die sie versteht, akzeptiert und ein Kumpel ist, sondern auch einen richtigen Partner. Sie fühlen sich überaus erleichtert, weil es jemanden gibt, mit dem sie Bürden, Träume, Ängste und Hoffnungen teilen können. Sie fühlen sich vollkommener und stärker.

Hierin liegt nun ein interessantes Paradox. Obwohl Männer einen tief eingeschliffenen Widerstand gegen das Abgeben von Macht und Autorität an eine Frau haben, fällt es ihnen viel leichter, die Führung von Frauen zu akzeptieren als die anderer Männer, ein Gefühl von Behagen und Vertrauen vorausgesetzt. Die bejahende Haltung einer Frau läßt die schmerzlichsten Sorgen eines Mannes an die Oberfläche kommen. Wenn es sich nicht um einen besonders engen Freund handelt, wird dieses Intimitätsgefühl gegenüber einem anderen Mann von einem Konkurrenzempfinden oder von Angst vor Demütigung blockiert. Männer, die diese Art Beziehung zu einer Frau haben, fühlen, daß sie sie auf eine Weise kennt wie niemand sonst, und gewöhnlich trifft diese Annahme auch zu.

Die Partnerin

Kelly und Matt feiern, daß ihre private Radiostation zum ersten Mal in den schwarzen Zahlen ist. Vor genau acht Monaten haben sie den Sender in den Bergen erworben. Damals war er durch schlechtes Management tief in die roten Zahlen geraten. Kelly und Matt wechselten das Programm und haben seitdem ständig Zuhörer und Werbekunden dazugewonnen.

Kelly (36) begann ihre Laufbahn bei den Rundfunknachrichten und wurde eine bekannte Fernseh-Reporterin in einer großen Stadt. Vor zwei Jahren wurde ihr im Zuge eines Eigentümerwechsels plötzlich von der Fernsehstation gekündigt. Matt (34) war Verkaufsleiter für Sendezeiten bei derselben Station. Sie heirateten schon ein paar Monate nach dem Kennenlernen.

»Frauen, die aus dem einen oder anderen Grund sehr bekannt sind, bekommen oft eine Menge Aufmerksamkeit von Männern, aber die meisten haben nicht die besten Motive«, sagt Kelly. »Sie wollen mit einem gesehen werden oder sagen können, daß sie mit der Frau von den Nachrichten auf Kanal 9 ins Bett gegangen sind. Matt und ich haben uns gleich zu Anfang gut verstanden. Es ist ein echter Vorteil, daß wir beide im selben Geschäft sind.«

Sie hatten oft darüber gesprochen, aus der unbarmherzigen Konkurrenz in der Stadt herauszukommen und aufs Land zu ziehen, auch hatten sie mehrere Fernseh- und Radio-Tagungen besucht, um das Für und Wider einer eigenen Station zu ergründen. Als Kelly gefeuert wurde, beschlossen sie, ihren Traum zu verwirklichen.

Kelly und Matt arbeiten jetzt buchstäblich Seite an Seite in den winzigen Büros ihres Senders. Sie wechseln sich als Discjockeys ab, spielen Gastgeber beim Sonntagsgespräch und bei den politischen Sendungen. Matt ist Boß des dreiköpfigen Teams, und Kelly ist wohl seine engagierteste Mitarbeiterin. »Junge, auf seine Tips, wie man verkauft, kann ich mich wirklich verlassen«, meint Kelly mit einem Lächeln.

»Natürlich haben wir uns wie jedes Paar, das zusammen in ein Geschäft einsteigt, Sorgen gemacht, ob das eine zu große Belastung für unsere Ehe werden könnte«, erzählt Matt. »Aber bisher geht alles prima. Wir sind hier oben in den herrlichen Bergen, kommen finanziell klar und führen den Sender fast als Familienbetrieb.«

»Ich kann mir kein größeres Glück denken, als jemanden zum Geschäftspartner zu haben, der mich liebt«, meint Matt. »Wir sind Partner, Tag und Nacht.

Wir kommen uns näher und näher, wenn wir zusammen herausfinden, was auf der Station läuft und was nicht. Wir lernen immer besser, uns zu beraten und zu unterstützen, wir wir unsere Stärken und Schwächen ausbalancieren können, um ein gutes Team zu sein. Ihr Enthusiasmus begeistert mich wirklich. Wenn ich mich verkrampfe, merkt sie das, umarmt mich und wir reden darüber.«

Kelly sagt: »Einen Rat möchte ich anderen Paaren geben, die daran denken, gemeinsam etwas Geschäftliches anzufangen: Abends nach dem Nachhausekommen darf das Geschäft kein Thema mehr sein. Matt und ich waren nach den ersten paar Monaten allmählich ausgebrannt und fingen an, gereizt aufeinander zu reagieren. Inzwischen versuchen wir, uns zu Hause zu entspannen und nicht an den Sender zu denken. Denn wenn unsere Freizeit uns nicht regeneriert und unsere Ehe auseinanderbricht, würde das ganze wundervolle Leben, das wir führen, zerstört.«

Gegenseitige Unterstützung entwickeln. Die Partnerschaft und Gegenseitigkeit zwischen Kelly und Matt haben ihren Blick für das Lohnende ihrer Beziehung erweitert. Ihre Ehe illustriert, wie die Ausschaltung von sexuellen Rollenunterschieden oder Ungleichheiten nicht zu einem farblosen Einerlei führen muß, sondern statt dessen zu einer reicheren und pulsierenderen Partnerschaft.

Ihre Ehe stellt eine neue Art des ehelichen Teams dar, die heute häufiger zu sein scheint. Die fundamentalen Probleme sind dieselben, ob es um eine kleine Radiostation oder ein großes Unternehmen geht. In unserer unternehmerischen Ära möchten viele Männer und Frauen eine Liebesbeziehung mit beruflicher Partnerschaft verbinden. Sie glauben, die aufregendste und stimulierendste Beziehung sei die, in der Gemeinsamkeit – bei der Arbeit und zu Hause – die Liebe wachsen läßt.

Die Macherin

Tracy (28) ist eine Frau, die in Höchstgeschwindigkeit zu leben scheint. Sie ist dauernd in Bewegung, vibrierend vor Begeisterung. Sie ist mitten im Getriebe und Gehetze des Textil-Viertels von New York City aufgewachsen. Ihre Mutter war Näherin in einer Kleiderfabrik, und ihr Vater, der im Krieg aus Polen geflohen war, hatte ein bescheidenes Einkommen als Kleider-Grossist.

Noch auf der Schule fing Tracy an, in der Modeindustrie zu arbeiten, sie entwarf billige Kopien von Modellkleidern. Als sie 24 war, fanden ihre Entwürfe die Unterstützung eines Investors. Sie konnte – in bescheidenem Umfang – ihre eigene Linie preiswerter Berufskleidung für Karriere-Frauen herausbringen. Heute beschäftigt Tracys Firma fünfundzwanzig Leute, und ihre Vertreter haben mehrere große Abschlüsse mit Supermarkt-Ketten getätigt.

»Ich gebe zu, ich war lange eifersüchtig auf Tracys Erfolg und Unternehmungsgeist«, gesteht Gordon, ihr Freund seit drei Jahren. »Ich zog sie gern damit auf, sie sei vom Geldverdienen besessen, und unterbrach sie, wenn sie mir vom neuesten Geschäft erzählen wollte, das sie abgeschlossen hatte. Ich machte ihr sogar eine Menge Kummer und redete von den fehlgeleiteten Ambitionen der ›Neuen Karriere-Frau‹, der Zielgruppe ihrer Modelinie. Ich brauchte lange, um die Tatsache einzusehen, daß ich einfach auf ihre Leichtigkeit im Umgang mit der Geschäftswelt eifersüchtig war.«

Bis vor mehreren Jahren war sich Tracy ihrer Intelligenz nicht sicher, weil sie nicht auf dem College gewesen war. Mit der Zeit überwand sie ihre Unsicherheit und ihre Angst vor anderen Menschen, indem sie lernte, mit allen möglichen Männern und Frauen zu sprechen und zusammenzuarbeiten, die ihr geschäftlich begegneten. Sie lernte, daß Selbstachtung aus Tun und Handeln entsteht, und entwickelte ein positives, begeistertes und offenes Geschäftsgebaren, das sich zusammen mit ihren flotten, gutgemachten Kleidern als fabelhaftes Erfolgsrezept erwies.

Tracy lernte Gordon kennen, als er zu ihr heraufkam, um sich zu beschweren, ihr Stereo sei zu laut eingestellt – er war der neue Mieter unter ihr. Sie lud ihn zu einer Tasse Tee ein, und als sie sah, daß er in mürrischer Verfassung war, fragte sie ihn, was ihn außer ihrer lauten Musik sonst noch störe. Es ginge darum, sagte er mit einem frustrierten Seufzer, daß es Streit am Arbeitsplatz gebe.

In den nächsten paar Monaten luden sie sich gegenseitig zum Abendessen ein, und ihre Freundschaft gedieh langsam zur Romanze, obwohl Gordon Augenblikke des Unbehagens hatte. »Da bist du, Chef deiner eigenen Firma«, sagte Gordon dann mit gewissem Bedauern, »und ich versuche immer noch herauszufinden, was ich aus meinem Leben machen will.«

Gordon war gescheit, und seine Ideen als Marketingleiter einer Werbeagentur waren einfallsreich, aber ihm fehlten die gesellschaftlichen Talente, die extrovertierte Persönlichkeit und der leichte Zugang zu anderen Menschen, alles Fähigkeiten, die im Marketing ausschlaggebend sind. Schien es ihm bei Besprechungen nicht zu gelingen, seine Ideen an den Mann zu bringen, begab er sich oft in die Defensive, was sich stets gegen ihn selbst auswirkte. Er fühlte dann, wie zwischen ihm und seinen Kollegen eine deutliche Distanz entstand, wußte aber nicht, wie er diesen Prozeß umkehren sollte.

Bald nachdem er Tracy begegnet war, fing er an, abends kaufmännische Kurse zu belegen. »Ich wußte, daß er versuchte, zu sich selbst zu finden, und das war mir nur recht«, erinnert sich Tracy. »Mein Arbeitsgebiet ist sehr begrenzt, und es hat mir Spaß gemacht, von all den interessanten Kursen, die er nahm, zu hören. Er gab mir seine Bücher und nahm mich zu Vorlesungen an der

Universität mit. Für mich war es, als bekäme ich etwas von der College-Erfahrung, die mir entgangen war.«

Tracys Beziehung zu Gordon hätte durch Eifersucht und Konkurrenzdenken verdorben werden können. Statt dessen war Tracy klug genug zu begreifen, daß Gordon insgeheim auf ihren geschäftlichen Erfolg eifersüchtig war, und stellte fest, daß sie genügend Selbstvertrauen besaß, um von seinen gelegentlichen Seitenhieben nicht umgeworfen zu werden.

»Hätte ich seine Frustration persönlich genommen, hätten wir vielleicht die ganze Zeit gestritten und uns getrennt. Ich gab ihm keinen Rat, weil er nicht darum bat, erst sehr viel später.« Dabei verleugnete Tracy auch nicht ihre Begeisterung für ihre Arbeit, bloß weil Gordon mit seiner Laufbahn unzufrieden war. »Ich finde, wir sind zwei sehr verschiedene Leute, und wir müssen uns gegenseitig für das respektieren und akzeptieren, was wir sind. Diesen Gedanken habe ich von Anfang an herausgestellt, und das hat uns beieinander gehalten, mehr als alles andere.«

Durch den Umgang mit Tracy begann Gordon mit der Zeit, sein eigenes Geschick im Kontakt mit anderen zu entwickeln. Er fragte sie um Rat, wie sie ein schwieriges Geschäft abwickele oder mit einem problematischen Angestellten umginge. Tracys Energie und Glaube an Chance und Erfolg waren ansteckend. Ihre Liebe zu ihm, ihr Beispiel als unprätentiöse, direkte Geschäftsfrau und ihr gezielter Rat zu Fragen der Büropolitik, das alles stärkte sein Selbstvertrauen. Gordon wandte sich seinem Beruf wieder voll zu, wurde befördert und, was noch wichtiger ist, hat Freude an seiner Arbeit.

»Tracy war eine richtige Inspiration für mich, wenn ich so zurückdenke«, meint er. »Sie hat mir gezeigt, wie man das Spiel mitspielt und doch sich selbst treu bleibt. Ich habe es nicht einmal gemerkt, aber sie war eine Art Mentor für mich. Und da liegt der Schlüssel – nie hat sie mich gedrängt oder kritisiert.«

Alte Muster durchbrechen. Dadurch, daß Tracy ihre Erfahrung, ihren Grips und ihren Enthusiasmus mit Gordon teilte, wurde sie für ihn zu einer echten und liebevollen Inspiration. Er erlebte etwas Unerwartetes mit einer Frau – nämlich, daß er das Bedürfnis aufgeben konnte, stets der Allwissende sein zu müssen, und dabei dennoch stärker und erfolgreicher wurde.

Es gibt heute viele gescheite und erfolgreiche Frauen, die sich oft scheuen, ihre Fähigkeit zur Ermutigung und sogar Führung voll zu realisieren. Tracy war ein Mentor für Gordon, und er liebte sie dafür. Falls Sie sich in einer Beziehung dieser Art befinden, zögern Sie nicht, zu sagen und zu tun, was Ihnen richtig erscheint. Es ist völlig tragbar, Muster zu durchbrechen und alte Rollen-Erwartungen zu sprengen. Männer müssen nicht immer Führer sein.

Die Ratgeberin

Angelo und Diane lernten sich vor drei Jahren bei einer Wohltätigkeitsveranstaltung kennen, die ein Singles-Club organisiert hatte. Diane (31) ist Leiterin der Buchhaltung einer Werbeagentur, Angelo (30) ist Partner in einer Personalberatungs-Firma. Sie haben vor, nächstes Jahr zu heiraten. Daß sie überhaupt noch zusammen sind, ist »fast ein Wunder«, stellt Diane fest, »wenn man an unsere Probleme zu Anfang denkt«.

Als sie sich kennenlernten, hatte Angelo gerade ein großes Unternehmen für Personalberatung verlassen und sich mit einem ehemaligen Kollegen zusammengetan. »Ich wollte aus dieser Großfirmen-Mentalität heraus und selbständig arbeiten«, erinnert sich Angelo. »Mein Boß war immer hinter mir her, damit ich mich dem Betriebsstil anpassen sollte. Ich dachte mir, ich würde vermutlich in meiner eigenen Firma einen längeren Arbeitstag haben, könnte aber meine eigenen Regeln aufstellen und natürlich auch viel mehr Geld verdienen, wenn wir uns wirklich einsetzten.«

»Die ersten paar Monate nahm ich ihn nicht ernst«, erzählt Diane. »Er war eben so ein netter, draufgängerischer Junge. Es machte Spaß, mit ihm ins Kino zu gehen, und er nahm mich zu Veranstaltungen mit, wo ich noch nie gewesen war, zum Beispiel auf die Rennbahn, aber er war so ein Macho.

Er beschwerte sich immer über die ›Büro-Hengste‹, mit denen er es dauernd zu tun hatte, aber wenn ich Vorschläge machte, wie man mit den verschiedenen Leuten umgehen könnte, ging er richtig in die Defensive. Ich konnte sehen, warum er in seinem Beruf Probleme hatte – er ist impulsiv und kann zu direkt mit den Leuten sein, schroff, sogar grob, und so ein Verhalten ist nicht geschäftsfördernd. Ich weiß das – ich verkaufe an alle möglichen Leute. Wenn man Geschäfte machen will, muß man äußerst professionell sein. Man muß wissen, wen man vor sich hat und wie man mit den kleinen Eigenheiten der Leute umgeht.

Angelo hat ein weites Herz, und es kann ganz reizend und lustig mit ihm sein, aber er mußte immer und überall recht haben, sogar mir gegenüber. Außerdem war er schrecklich eifersüchtig und besitzergreifend, was ich nicht verstehen konnte. Wir haben uns dauernd gestritten. Er versuchte auch immer, Streit mit mir anzufangen, wenn ich keine Zeit für ihn hatte, weil ich Überstunden machen mußte oder andere Pläne hatte.

Schließlich fragte ich ihn, warum er mich dauernd anriefe, wenn er doch offenbar irgendeine altmodische Freundin haben wollte, die er kontrollieren und beherrschen konnte. Seine Antwort hat mich wirklich überrascht. Er sagte, er sei verrückt nach mir, weil ich so patent sei und da draußen in der Geschäftswelt allein meinen Mann stehe. Er sagte, er bewundere und respektiere mich, vor allem für mein gutes Auskommen mit anderen Menschen. ›Jeder fühlt sich wohl bei dir, Diane.‹

Ich antwortete ihm, ich sei bereit, den Versuch zu wagen, ob wir es als Paar schaffen könnten, wenn er sich wirklich anstrengen würde, weniger streit- und herrschsüchtig zu mir zu sein – daß es in einer Beziehung nicht ums Siegen gehe, sondern um Respekt vor der Meinung beider Teile und daß man sich miteinander vertragen müsse. Nachdem ich so auf ihn zugegangen war, bemühte er sich auch.«

Diane hat heute einen mächtigen positiven Einfluß auf Angelo. Sie sieht ihn sehr genau und kennt seine schwachen Punkte wie seine Stärken. Diane ist einfühlsam und auf Menschen eingestellt und wurde in den letzten paar Jahren ein unschätzbarer Verbündeter und Ratgeber für Angelo, denn sie hilft ihm, im Umgang mit Leuten geschickter zu werden, was nicht nur seinen beruflichen Erfolg steigert, sondern auch einen sensibleren Gefährten aus ihm macht.

»Diane hat viel für mich getan«, gibt Angelo zu. »Sie gibt mir Klugheit und Liebe, zusammen mit einer Menge geschäftlicher Weisheiten. Sie liest in mir wie in einem Buch, und ich vertraue wirklich auf das, was von ihr kommt. Ich war früher ziemlich aggressiv, aber sie hat mir zu der Einsicht verholfen, daß ich in dem Geschäft, in dem wir sind, nicht gewinnen kann, wenn nicht alle gewinnen.«

Auf die eigenen Stärken vertrauen. Zum Glück war Angelo imstande, die besonderen Qualitäten zu schätzen, die Diane besaß. Wie so viele Männer von heute war Angelo mehr als bereit, überholte und selbstzerstörerische Ansichten über Frauen gegen eine erfüllendere Beziehung einzutauschen.

Wann immer eine Frau sich einem Mann gegenüber auf diese Weise zeigt, besteht eine große Wahrscheinlichkeit, daß er zu Beginn in die Defensive geht. Männern fällt es nicht leicht, die Rolle zu wechseln, so sehr sie es auch wünschen. Hat eine Frau Zutrauen zu sich und ihren eigenen Vorstellungen, wird sie weder negativ noch als Rivalin wirken. Ist sie aber ihrer selbst nicht sicher und zweifelt an ihrem Selbstwert, besteht die Gefahr, daß der Mann denkt, sie wolle ihn herabsetzen oder versuchen, sich selbst zu beweisen.

Erlauben Sie sich zu führen

Wie wir geschildert haben, sprechen Männer nicht offen von ihrem Wunsch nach oder ihrem Hingezogensein zu Frauen, die sie inspirieren, motivieren und leiten. An den aufgeführten Fällen können Sie jedoch die Wirkung erkennen, die solche Frauen auf Männer haben, und das Gefühl von Wertschätzung und Dankbarkeit nachempfinden, das sie wecken. Dabei ist die Empfänglichkeit der Männer für diese Art Einfluß bestenfalls unterschwellig.

Um diesen Wunsch in Männern anzuregen, müssen Sie von der Voraussetzung ausgehen, daß er bei allen Männern existiert. Es gibt Ausnahmen, aber sie sind selten. Manche Männer werden Ihre Hilfe und Ermutigung nur von Fall zu Fall akzeptieren. Andere werden Sie als treibenden Teil ihres gemeinsamen Erlebens zu schätzen wissen. Bedenken Sie aber zuerst und vor allem, daß Männer Ihre Ideen und Anregungen wollen.

Erforscht man die Möglichkeiten von gesteigertem Verständnis und Freundschaft zwischen Männern und Frauen, muß man Phantasievorstellungen von Beziehungen aufgeben, wie sie im vorhergehenden Kapitel erörtert wurden. Es ist auch nötig, daß Sie den umfassendsten Ausdruck Ihres Selbst riskieren, und das heißt: Nicht posieren, nicht tun-als-ob oder Ihre wahren Stärken oder Einsichten verbergen. Auch wenn ein Mann nicht danach fragt, können Sie sie mit ihm teilen. Das bedeutet nicht, ihm Ihr Wissen und Ihre Intuition aufzudrängen, wenn er unempfänglich ist. Es kann hilfreich sein zu warten, bis Sie warm und liebevoll füreinander empfinden, ehe Sie ihm Ihre Gedanken mitteilen.

Eine Frau scheut sich oft, einem Mann gegenüber so direkt und geradeaus zu sein, weil sie befürchtet, ihr Verhalten könne ihn vertreiben. Achten Sie auf das »Timing« und seine Empfänglichkeit, aber bleiben Sie fest. Ergreifen Sie die Initiative, mehr von den Zielen zu erfahren, die ihn im Arbeitsleben vorantreiben, und von den Träumen und Phantasien, die er vielleicht in bezug auf sein Leben außerhalb des Berufs hegt. Zeigen Sie aufrichtiges Interesse. Was zunächst vielleicht langweilig wirkt, wird an Interesse zunehmen, wenn Sie es mit seinen Augen betrachten. In Ehen tauchen so oft Sorgen oder Themen immer wieder auf, und trotzdem nehmen sich Ehemänner und -frauen nicht die Zeit, wirklich herauszufinden, um was es geht. Meiden Sie diese Falle. Ein Gefühl von gemeinsamem Ehrgeiz und Partnerschaft wirkt in den besten Ehen als kräftiges Bindemittel. Seite an Seite an der Verwirklichung Ihrer Träume zu arbeiten, kann Sie beide bereichern.

Während Sie zusammen nach gemeinsamen Zielen streben und Sie das Risiko eingehen, ihn anzuleiten, werden Sie neue Facetten an Ihrer beider Persönlichkeit entdecken. Er wird in Ihnen eine Vertraute und Lebensgefährtin finden, die seine geheimen Hoffnungen erfüllt. Sie werden ein Maß an Intimität finden, das viel größer ist, als Sie jemals für möglich gehalten haben. Während Sie einander geben, wird eine Synergie entstehen, eine Kraft, die stärker ist als die Summe Ihrer getrennten Ichs, und sie wird Ihre Beziehung auf höhere Ebenen der Erfüllung tragen.

10. Kapitel Wie man Lust und Leidenschaft bei einem Mann erregt

Verlangen, Anziehungskraft, die Faszination der Suche nach Romantik – das sind die zeitlosen Ingredienzien von Lust und Leidenschaft. Wahrscheinlich gibt es zwischen Mann und Frau keine wunderbareren und komplizierteren und dabei potentiell irritierenderen Kräfte als die, zu denen Lust und Leidenschaft gehören. In ihrem stärksten Ausdruck verschmelzen Liebe und sexuelle Begierde zu einem leidenschaftlichen Band. Aber Leidenschaft ist mehr als sexuelle Begierde; zu ihrem Wesen gehört auch die Freisetzung so mächtiger Emotionen wie Liebe, Haß und Wut, Verlangen, Inbrunst, Besitzgier. Leidenschaft in einer Beziehung umfaßt den tausendfältigen Ausdruck von Lebendigkeit und Intensität.

Wo Leidenschaft im Spiel ist, bewirkt sie, daß wir uns lebendiger und vibrierender fühlen. Fehlt sie, fühlen wir uns schal, gelangweilt und gleichgültig. Leidenschaft ist eine Art Antwort auf das Leben, auf Ideen, Menschen und, natürlich, geliebte Personen. Leidenschaft trägt immer persönliches Risiko in sich, sie enthüllt unsere Gefühle so glühend und ungehemmt wie möglich. Menschen, die leidenschaftlich sind, wollen das Leben ganz ausschöpfen. Sie suchen nach dem Neuen, dem Unerwarteten, dem Aufregenden und erlauben sich, ohne Hemmung darauf zu reagieren.

Wenn wir älter werden, werden wir in unseren Aktionen und Reaktionen vorsichtiger und zurückhaltender. Wir behalten aber jene Zeiten in unserem Leben lebhaft in Erinnerung, als wir uns von Erwartungen und Einschränkungen weniger belastet fühlten, als wir kindlicher und spontaner waren. Wir alle sehnen uns insgeheim danach, uns noch einmal frei und ungehemmt zu fühlen. Aus diesem Grund ist romantische Liebe so verführerisch – für die meisten von uns schafft sie ein Milieu für Lebendigkeit, Erregung und Leidenschaft. Wenn Menschen ihre Gefühle in den ersten Wochen einer Beziehung beschreiben, sprechen die meisten tatsächlich davon, wie »lebendig« sie sich fühlen. Was sie wirklich erleben, ist ein Wiederaufleben jugendlicher Emotionen, die ruhen, weil wir als reife Erwachsene zu mehr Selbstbeherrschung und Vernunft neigen. Weil es so leicht geschieht, daß wir die Fähigkeit zur Selbsterzeugung dieser wundervollen Zustände verlieren, fühlen wir uns zu denen hingezogen, die sie in uns anregen und freisetzen können. Aus diesem Grund wirken Frauen, die Lust und Leidenschaft erwecken, wie Magneten auf Männer.

Wir fühlen uns lebendig, wenn wir Zurückhaltung, Hemmungen und Verbote beiseite schieben, um höchste Gefühle empfinden zu dürfen. So wünschenswert das klingt, gibt es doch Männer und Frauen, die sich vor der Erregung und Intensität der Leidenschaft in ihrem Innern wie im Innern ihrer Partner fürchten. Sie haben Angst, das Ergebnis könnten Kontrollverlust und sogar drohende Gefahr sein, denn Leidenschaft zu erleben bedeutet auch, sich ungeschützt zu fühlen. Aus diesem Grund können unsere Partner, auch wenn sie uns lieben, manchmal unabsichtlich unseren kindlichen Enthusiasmus, unsere Freude und Leidenschaft unterdrükken.

Die meisten von uns finden Leidenschaft und Erregung im Bereich der Sexualität. Das ist die Sphäre, in der wir Lust, Begierde, Sehnsüchte und die köstliche Vorahnung von sexueller Vereinigung und Befreiung empfinden können. Mit diesen Freuden gehen aber dunklere Gefühle einher, die viele von uns fürchten – eine Angst, die unsere Fähigkeit zum leidenschaftlichen Ausdruck stets abschwächt. Eine andere Person zu lieben, bedeutet auch, Momente von Unsicherheit, Zorn, Eifersucht und Besitzgier zu erleben. Sie sind die normalen Begleiter des leidenschaftlichen Bandes.

Leidenschaft und sexuelle Wünsche sind in den Anfängen eigentlich aller Liebesbeziehungen vorhanden. Die Frage, die die meisten Paare quält, lautet, ob die Fähigkeit, unsere Partner zu emotionalen Höhen zu erheben und zu stimulieren, über die Zeiten anhalten wird. Kann man das Gefühl der Lebendigkeit in einer langandauernden Beziehung erhalten? Im Anfang genügen Neuheit und Frische, um Leidenschaft und Verlangen in beiden Partnern zu entzünden. Während sie miteinander vertraut werden, muß dieser Funke durch das Wissen ersetzt werden, wie man durch bestimmte Einstellungen und Verhaltensweisen leidenschaftliche Gefühle bewußt hervorrufen kann.

Die leidenschaftliche Frau

Seit Menschengedenken haben Männer eben die Eigenschaften von Frauen, nach denen sie sich sehnen, töricht unterdrückt und kontrolliert. Die Frau, die vital, sexuell und spontan war und die Freude an sich selbst hatte, wurde von Männern mit Vorsicht betrachtet. Auf irgendeiner primitiveren Ebene fühlten Männer, sie könnten eine solche Frau nicht beherrschen – sie wollten eine passivere Gefährtin. Aber diese Einstellung ändert sich allmählich. Männer finden es inzwischen weniger bedrohlich, auf Kontrolle zu verzichten, und neigen mehr dazu, an Frauen Gefallen zu finden, die selbstsicher und nicht gehemmt sind.

Heute erforschen Millionen von Frauen mehr denn je ihre Fähigkeit zur Lust, zur Leidenschaft und zur Erregung auf allen möglichen Gebieten. Frauen finden Leidenschaft im Beruf, erreichen eine neue Ebene ungehemmter Sexualität und entdecken die Erregung in jeder Situation mit persönlichem Risiko.

Eine verbreitete falsche Auffassung von Leidenschaft ist, sie sei nur für wenige eine lebenslängliche Daseinsform – nur für »leidenschaftliche Menschen«. Viele Menschen glauben, sie seien so festgelegt, so unfähig, sich zu ändern, daß es fast unmöglich sei, zwischen ihnen und ihren Geliebten eine dramatisch gesteigerte Beziehung zu schaffen. Das stimmt nicht. Es gehört zu den großen Märchen von der Liebe, daß man nichts von wirklicher Bedeutung tun könne, um Ausdruck, Intensität oder Langlebigkeit von Leidenschaft und Verlangen zu beeinflussen. Leidenschaft kann gesteigert und neu entfacht werden – zuerst, indem man die Unterschiede zwischen Männern und Frauen in bezug auf Liebe und Verlangen begreift und dann sein Verhalten mit diesen Naturgesetzen abstimmt.

Wie Männer Leidenschaft erwidern

Viele Frauen glauben aufrichtig, der typische Mann sei argwöhnisch gegenüber der Frau, die so mit sich einverstanden ist, daß sie ihre Gefühle voll und uneingeschränkt emporkommen läßt. Ganz gleich, wie vorsichtig ein Mann zunächst auf intensive und energiegeladene Begeisterung, Entzücken und Freude reagieren mag, Sie können sicher sein, daß es ihm insgeheim gefällt.

Männer, besonders gehetzte Karrieretypen, stellen fest, daß eine Frau, die ihre Leidenschaft mit ihnen teilen kann, ihnen mehr als bloße Entspannung bringt – sie wirkt verjüngend und wiederbelebend. Die Volksweisheit behauptet, daß Männer Frauen wollen, die gelehrig und anpassungsfähig sind. Das stimmt aber nicht. Eine Frau, die sich nicht scheut, sie selbst zu sein, ihre

Gefühle zu zeigen, ihre Lebendigkeit geltend zu machen, ist den Männern aus einem ganz besonderen Grund willkommen. Die meisten Männer sind übertrieben von ihrer Arbeit in Anspruch genommen, bis zum Ausgebranntsein, und brauchen ein Gegengewicht. Wie wir bereits bemerkt haben, ist das Spiel für solche Männer ein besseres Gegenmittel als Entspannung. Das suchen sie bei Freunden, und sie freuen sich besonders, wenn sie es bei der Frau in ihrem Leben finden. Männer brauchen und wollen die Lebendigkeit, die viele Frauen in eine Beziehung einbringen.

Selbst die dunkleren Äußerungen von Leidenschaft wie Zorn, Eifersucht und Besitzgier sind geeignet, Beziehungen zu beleben. Es ist einer der großen Mythen über die Ehe, daß man sich stets um Harmonie und Frieden zu bemühen habe. Manchmal ist es gerade das Gegenteil, was die Beziehung braucht. Wenn ein sanfter Mangel an Stabilität mit anderen, mächtigen Emotionen einhergeht, kann er tatsächlich dazu beitragen, die Beziehung wiederzubeleben. Wenn Eifersucht zum Beispiel unkontrolliert bleibt, kann sie sich zwischen einem Mann und einer Frau quälend und sogar zerstörerisch auswirken. Trotzdem kann eines der besten Gegenmittel gegen einen allzu selbstverständlichen Ehe-Stil Eifersucht in kleinen Dosen sein. Wenn ein Mann oder eine Frau annehmen, ihr Partner werde treu bleiben, egal, was die Beziehung wert ist, kann die Einführung eines Elements von Zweifel oft genau der Schock sein, der sie oder ihn zu einer neuen Betrachtung zwingt. Wir meinen damit nicht, daß Sie künstliche Situationen schaffen sollen – wir weisen lediglich auf kleine Vorzüge eines Gefühls hin, das im allgemeinen negativ gesehen wird.

Auch Zorn kann manchmal als positives Element wirken. Zorn loszuwerden ist oft eine notwendige Voraussetzung für Wärme, Liebe und Sexualität. Daher kommt es, daß Paare nach einem Streit sich oft so leidenschaftlich umarmen; es ist, als sei ein Damm gebrochen. Auch hier empfehlen wir Ihnen nicht, Streit mit einem Mann zu suchen, Sie sollen sich nur nicht so vor Zusammenstößen im Zorn fürchten. Hitzige Auseinandersetzungen sind oft notwendig und können von einem negativen Anfang zu einem intensiven und leidenschaftlichen Schluß führen.

Die Liebende

Rhonda (30) und Jeff (32) sind gerade zwei Jahre verheiratet. Sie ist Verwaltungsassistentin in einer Hypothekenbank, er ist Elektriker. Sie lernten sich bei der Hochzeit eines gemeinsamen Freundes kennen und heirateten selbst vier Monate später.

Rhonda beschreibt ihr Liebesleben von heute mit den Worten »Es wird immer besser und besser«. Das war nicht immer so. Jeff mochte Rhonda zunächst, weil sie so gutartig und stets zu Späßen aufgelegt war. Sie ihrerseits fand seine ungestüme Persönlichkeit anziehend, seine Wertvorstellungen und seine Lebenseinstellung: »Arbeite hart und spiele hart«.

Ehe sie Jeff heiratete, hatte Rhonda nur zwei Liebhaber gehabt; hinter ihm lagen ein paar flüchtige Begegnungen und ein paar ernsthafte. Rhonda hatte sich nie als sexuell besonders begehrenswert empfunden; sie schämte sich ihrer kleinen Brüste und zeigte sich vor Jeff ungern nackt. Zudem war sie im Ausdruck ihrer Leidenschaft ziemlich gehemmt, obwohl sie Sex aufrichtig genoß. Ihr sexueller Stil war insgesamt liebevoll, aber ruhig und passiv.

Jeffs sexueller Stil war nicht so gehemmt – er wollte gern experimentieren. Er spürte aber die Scheu und Scham seiner Frau, und das wiederum hemmte ihn. Rhonda zog im Badezimmer stets ihr Nachthemd an und bestand immer darauf, daß die Lampen gelöscht wurden, wenn sie sich liebten. Als er anfangs versuchte, ihre Scheu zu vertreiben, indem er sie sanft damit aufzog, lachte sie zunächst auch, sie umarmte und küßte ihn liebevoll, um ihn zu beruhigen und das Thema zu wechseln. Aber im Lauf der Zeit wuchs auf beiden Seiten unausgesprochener Groll.

Eines Nachts erzwang er den Streit, indem er plötzlich das Licht anmachte, als sie vor der Umarmung im Bett das Hemd auszog. Endlich kamen ihre unausgesprochenen Frustrationen zu Wort – ein zorniger Austausch von Vorwürfen über ihr Sexualleben. Danach lagen sie im Bett, sie berührten sich nicht, sie schliefen nicht, sie starrten mit Schuldgefühlen und Groll an die Decke und fragten sich: »Soll es so etwa immer sein?«

In den folgenden Monaten geriet ihr Liebesleben in eine vorhersehbare Routine, manchmal mit Gefühlen von Spannung und Druck gemischt. Beide erinnern sich an den Moment auf der Party eines Freundes, als jemand einen schlüpfrigen Witz erzählte und sie dastanden, unfähig, mit allen anderen mitzulachen, unfähig, sich ins Gesicht zu sehen. Ihr Sexualleben war inzwischen so voller Konflikte und Enttäuschungen, daß ihnen die bloße Erwähnung von Sex peinlich war.

Nach einigen Monaten der Entfremdung beschlossen sie gemeinsam, ein Urlaub könnte Abhilfe schaffen. Nach einem gemütlichen und vertrauten Abendessen entschloß sich Rhonda, ihr eigenes Verhaltensmuster zu durchbrechen. »Ich glaubte an Jeffs Liebe zu mir, er hielt treu zu mir, auch in dieser schwierigen Zeit. Ich denke, ich wußte, daß ich irgendein Risiko eingehen mußte, etwas anders machen mußte.« Spät an diesem Abend gingen sie zusammen in den Whirlpool, und Rhonda begann, ihn auf eine Art zu liebkosen, die sie vorher nie versucht hatte. Danach, in ihrem Zimmer, verlor Rhonda schließlich ihre Hemmungen und gab sich den schönsten Umarmungen hin, die sie je erlebt hatten.

Mit der Zeit, während Rhonda begann, Jeffs Liebe zu ihr zu vertrauen, seinem Verlangen nach ihr und seinem Gefallen an ihrem schlanken Körper, nahm sie sich glücklicherweise vor, diesen Aspekt ihrer Ehe so erfüllend werden zu lassen wie alle anderen Aspekte. Sie fing an, Artikel in Frauenzeitschriften über Sex zu lesen, und kaufte sich mehrere Bücher über sexuelle Techniken, die sie dann zu dessen Entzücken an ihrem Mann auszuprobieren begann.

Während sie in den Anfängen ihrer Ehe Sex als Ausdruck ihrer Zuneigung zu ihrem Mann betrachtet hatte, fing sie nun an, ihn als einzigartig-genüßlichen Vorzug des Verheiratetseins anzusehen, ohne ihn mit Sinngebung zu überfrachten. Sie übernahm ihren Teil der Verantwortung, um sicherzugehen, daß sie nicht in Langeweile und Routine abglitten, verführte ihn zu unerwarteten Zeiten und an überraschenden Orten, an einem unvergeßlichen Tag sogar beim Wandern durch eine einsam gelegene Wiese. Es macht ihr Spaß, die Bühne für den Sex einzurichten, mit spielerischen, körperlichen Zärtlichkeiten, mit Musik und sogar Knutschen im Wohnzimmer vor dem Fernsehapparat.

Rhonda ist klug genug, um Sex nicht als Maßstab für ihren Wert oder als Pflicht zu betrachten – sie läßt es ihren Mann wissen, wenn sie eigentlilch nicht interessiert ist, wechselt sich aber mit ihm ab und läßt sich auch von ihm in der Rolle des aktiven Liebhabers verführen. Rhonda ist sexuell aufgeblüht, ein Ergebnis ihrer Risikobereitschaft, aber auch der Geduld und Liebe ihres Mannes Jeff. Er findet seinen Lohn darin, daß die Frau, die er liebt, eine leidenschaftliche Sexualpartnerin geworden ist.

Die Verführerin

Nach zehn Ehejahren empfand Brenda (31) eine wachsende geheime Ablehnung gegen ihren Mann Brian (34). Das Problem war ihr Sexualleben. »Er hatte anscheinend den Höhepunkt seiner Sexualität erreicht, bevor unser erstes Kind geboren wurde. Ich weiß, daß ich ihn oft abgewiesen habe, als unsere beiden Kinder noch klein waren – meist war ich zu erschöpft und abgelenkt. Aber jetzt sind die Kinder fünf und sechs, und ich bin anscheinend wieder sehr am Sex interessiert, er aber nicht. Es ist schon viel, wenn er einmal in der Woche Liebe von mir will, und auch dann ist es ganz schnell vorbei und nicht aufregend. Dabei waren wir einmal so ein tolles Liebespaar.«

Brendas Persönlichkeit ist lebhaft und warmherzig. Sie hat während ihrer ganzen Ehe in der Schulverwaltung gearbeitet. Brian ist Mitbesitzer einer Drogerie. Insgesamt sind sie ein engagiertes und erfolgreiches Paar von Doppelverdienern, sie teilen sich flexibel und gleichmäßig in Haushalt und Kindererziehung. Brenda fing aber an, die Freundschaft und Partnerschaft, um deren Entwicklung sie und ihr Mann sich in ihrer Ehe so sehr bemüht hatten, in Frage zu stellen.

»Vielleicht ist unser Liebesleben deshalb so tot – wir sind beste Freunde geworden, und das hat die Leidenschaft abgetötet. Ich möchte nicht weg von dem, was wir haben, aber auf Sex zu verzichten, scheint mir ein zu hoher Preis, um verheiratet zu bleiben.«

Im Gespräch wurde klar, daß Brenda ihrem Mann vorwarf, ihr zu selten sexuelle Avancen zu machen und ihr nicht das erregende Liebesleben zu bieten, an dem ihr lag, jetzt, da die Kinder nicht mehr klein waren. Sie war in eine passive Haltung verfallen und, was noch mehr bedeutet, in eine ablehnende und vorwurfsvolle Haltung.

Obwohl Brenda Brian ihre Unzufriedenheit nicht in

Worten mitteilte, tat sie es zweifellos mit ihrer Körpersprache, ihren Launen und frustrierten Seufzern vor, während und nach ihren sexuellen Begegnungen. Ihr Mann legte ihre Signale inzwischen als deutlichen Mangel an Verlangen nach ihm aus. Abgestoßen, weil er sich als Liebhaber abgelehnt und geringgeschätzt fühlte, regte er Sex nur noch selten an und erreichte den Orgasmus so schnell wie möglich. Sie glaubte, er habe seine Wünsche und Fähigkeiten als Liebhaber eingebüßt; er dachte, sie begehre ihn nicht und versuche nicht, eine gute Geliebte zu sein. Sie befanden sich in einer Sackgasse.

Brenda meinte, der erste Schritt, sexuelle Leidenschaft wieder in ihre Ehe einzuführen, sei nicht ihre Aufgabe. »Ich werde bestimmt keine dieser Frauen, die ihren Mann an der Tür im Negligé empfangen – das bin ich einfach nicht.« Aber sie begriff schließlich, daß sie aufhören mußte, ihm Vorwürfe zu machen, daß sie ihren Groll ablegen und ihm neues Interesse und Aufmerksamkeit zeigen mußte, wollte sie mit ihrem Mann aus der Sackgasse herauskommen und die Barrieren abbauen, die zwischen ihnen entstanden waren. Wenn sie Veränderungen wollte, mußte sie sie auch selbst in Gang setzen.

Brenda begann, indem sie Brian mehr körperliche Zuneigung zeigte – sie massierte seinen Nacken, hielt nach dem Essen seine Hand, gab ihm in unerwarteten Momenten einen flüchtigen Kuß. Im Bett kam sie ihm dann körperlich immer näher, lag dicht neben ihm und streichelte zärtlich seinen Körper. Sie ergriff auch öfters die sexuelle Initiative, zunächst mit Küssen, Umarmen und Streicheln, bis hin zum aufmunternden, sanften Liebesakt.

Während sie Brian ihr Interesse, ihre Wertschätzung und Leidenschaft für ihn mitteilte, fing er an, an ihr Verlangen nach ihm zu glauben und reagierte mit wachsender Begeisterung. Im Verlauf von Monaten wurde ihr

Liebesleben besser, als jeder von ihnen sich hätte vorstellen können, und immer phantasievoller. Heute sagt Brenda: »Mitten in einem beruflichen Meeting kommt es vor, daß ich mich plötzlich erinnere, was wir in der vergangenen Nacht im Bett gemacht haben, und daß mir Schauder über den Rücken laufen. Wir erforschen Neues miteinander, nicht bloß Stellungen, sondern Stimmungen, Arten und Weisen, Einstellungen bis hin zum Ausphantasieren mancher kleiner Szenen.«

Ihr wiederbelebtes Liebesleben hatte eine köstliche und überraschende Wirkung auf ihre Ehe. Sie haben ein Gefühl des Spielerischen, von Humor und Lebendigkeit, wiederentdeckt, das sie immer mehr Freude aneinander empfinden läßt.

Verlangen bei Männern wecken

Nichts blockiert romantische oder sexuelle Wünsche bei einem Mann schneller oder dramatischer als Leistungsdruck. Eine Frau, die übertrieben genau oder ausdrücklich beschreibt, was sie sexuell wünscht, oder sexuellen Kontakt mit einem Mann zu aggressiv einleitet, läuft bisweilen Gefahr, Angst zu wecken und nicht Leidenschaft. Männer fühlen sich zu Frauen hingezogen, die Interesse und Empfänglichkeit zeigen, möchten aber dabei eigentlich die Kontrolle behalten. Männer brauchen ein Gefühl von Entspannung und Vertrauen, und das erleben sie oft, wenn sie den ersten Schritt tun.

Einem Mann Entspannung zu verschaffen, hat mit Feingefühl für »Timing« und für besondere Forderungen oder Belastungen zu tun. Von Männern werden Sie nicht erfahren, daß sie dieses Feingefühl brauchen, weil ihnen dieses Bedürfnis entweder nicht voll bewußt ist oder sie sich schämen, es zuzugeben.

Natürlich ist nichts gegen eine kühne und selbstsichere Frau zu sagen. Daß Sie jedes Recht haben, zu sagen und zu suchen, was Sie wollen, liegt auf der Hand. Das Problem ist hingegen, daß es einige negative Konsequenzen geben kann, wenn Sie die Möglichkeit außer acht lassen, daß ein Mann Zweifel an seiner Leistungsfähigkeit hegen kann. Bedenken Sie: Entspannung ist eine wesentliche Vorbedingung für die Erektion beim Mann und geht stets einem Zustand sexueller Erregung voran. Zwar sind Sie für sein Wohlbefinden nicht verantwortlich, aber Einfühlungsvermögen für sein Wohlgefühl werden Ihnen durch sein Empfinden gelohnt, unbelastet und sexy zu sein.

Wann kommen Männer in Schwung? Warum geschieht das zu anscheinend merkwürdigen Zeiten? Ist es Ihnen schon passiert, daß Sie beschäftigt und geistesabwesend waren, und der Mann wurde unerwartet amourös? Eine Frau zieht sich vielleicht gerade an, liest gerade oder ist anderweitig beschäftigt, und plötzlich, als sei irgendein Alarm ausgelöst worden, kann der Mann nicht anders, als sie zu berühren und sich ihr sexuell zu nähern. Kennen Sie das? Nein, er versucht nicht, Ihnen auf die Nerven zu fallen. Er empfindet eher den momentanen Mangel an Interesse bei einer Frau, der eine Atmosphäre schafft, in der er sich wohl fühlt, und weil er dann die Oberhand hat, versucht er, sie zu verführen.

Wenn ein Mann dagegen über zu lange Strecken mit Sex überfüttert wird, wird er leicht bequem, empfindet keine Leidenschaft mehr, findet sogar das Verlangen der Frau nach ihm als ganz normal. Nicht, daß er diese Gabe der Liebe nicht anerkennen oder schätzen würde – nur: Wenn sie zu reichlich angeboten wird, empfindet der Mann die Erregung, die dazu gehört, nicht mehr und erwartet die Liebe einfach.

Gegen diesen neutralen Stand der Dinge sind besondere, Abhilfe schaffende Handlungsweisen notwendig. Genau da machen viele Frauen einen grundlegenden Fehler. Sie gehen zu aggressiv auf den Mann zu, anstatt sich so zu verhalten, daß er auf sie zukommt.

Frauen, die in reichen und erfüllenden sexuellen Beziehungen mit Männern leben, verstehen, daß sie einem Mann gegenüber nie absolut beständig sein dürfen. Leider sind »wollen« und »verlangen« viel stärkere Gefühle, als »besitzen«, und Männer müssen gelegentlich mit solchen Gefühlen in Berührung gebracht werden, um ihre Leidenschaft zu wecken.

Haben Sie keine Angst, für ein bißchen Spannung und Verwirrung zu sorgen. Folgen Sie nicht jeder seiner Launen, oder versuchen Sie auch nicht, ihm jederzeit jeden Gefallen zu tun. Das wird Männern langweilig. Seien Sie nicht immer verfügbar. Er soll sich gelegentlich ruhig fragen, ob Sie ihn lieben und begehren. Das bedeutet keine Gefahr für Ihre Beziehung, er wird dann respektvoller, aufmerksamer und interessierter sein. Seien Sie nicht übertrieben romantisch, und drängen Sie ihn nicht dauernd – das ist der schnellste Weg, um die romantischen Wünsche eines Mannes zu ersticken. Vielleicht bekommen Sie Blumen, aber bestimmt nicht Gefühle. Denken Sie daran: Indem Sie Hinweise auf Ihre eigene Identität und Ihre Wünsche geben, bewahren Sie den psychologischen Abstand, der ihn motivieren wird, sich auf Sie zuzubewegen.

Manche von Ihnen sagen vielleicht: »Na ja, das klingt alles so nach Spielerei, und das liegt mir überhaupt nicht.« Ganz richtig, es ist wirklich ein Spiel – und ein ergötzliches für Frauen wie Männer –, wenn es mit Einfühlung gespielt wird. »Spiel« ist aber nicht gleichbedeutend mit Manipulation. Verständnis, Partnerschaft und Freundschaft sind Dimensionen einer Beziehung, die keiner Strategie bedürfen, Leidenschaft dagegen war, ist und bleibt immer ein Spiel. Romantik und Leidenschaft bei einem Mann zu wecken und zu erhalten, erfordert zu verstehen, wie Männer funktionieren, und bereit zu sein, dieses Wissen in Tun umzusetzen. Vielleicht wollen Sie dieses Spiel nicht spielen, aber dann wird Ihnen eine Menge Genuß und Erfüllung entgehen.

Auf die Dauer bekommen Frauen, die ihr Bedürfnis nach Romantik von Zeit zu Zeit einschränken können und lernen, wie man geringe Grade von Unsicherheit, Abstand und Spannung bei einem Mann aufbaut und erhält, von Männern sehr viel mehr. Feine Änderungen des Verhaltens machen einen Mann liebevoller, aufmerksamer und leidenschaftlicher.

Verlangen bei einem Mann zu wecken, ist kein verbaler Prozeß. Kündigen Sie nicht an, was Sie tun – tun sie es einfach. In dieser Weise selbstsicher und abenteuerlustig zu sein, stellt keine Bedrohung Ihrer Liebe dar, sondern vielmehr einen fröhlichen Tanz, der Ihrer Liebesbeziehung gut bekommen wird.

Eine sexuelle Person werden

Zunächst müssen Sie der Sexualität in Ihrem Leben Bedeutung und Vorrang geben. Wollen Sie Leidenschaft und Verlangen erleben, müssen Sie lernen, alltägliche Schwierigkeiten und Ängste beiseite zu schieben.

Sexualität muß für Sie eine Quelle wirklichen Vergnügens sein, nicht nur eine Art, Ihren Wert und Ihren Reiz zu messen oder »seine« Wünsche zu befriedigen, damit er nicht auf Abwege gerät. Zu viele Frauen und Männer betrachten ihre sexuelle Beziehung lediglich als Mittel, ihre Liebe zu beweisen oder sich der Treue ihrer Partner zu versichern. Solche Besorgnisse sind zwar verständlich, taugen aber nicht für ein Tun, das Verlangen oder Verspieltheit fördern soll.

Sex will genossen werden, und Ihr Genuß muß sich Ihrem Partner mitteilen. Es stimmt zwar, daß Männer sich manchmal gegenüber Frauen, die allzu aggressiv sind, vorsichtig verhalten, aber im allgemeinen begehren sie Frauen, die leidenschaftlich und sexuell aktiv sind. Fragen Sie sich selbst, ob Sie Sex wirklich mögen oder ob es Gebiete von subtilem sexuellen Unbehagen oder Desinteresse gibt. Erforschen Sie Ihr Inneres, und nehmen Sie mit den verschiedenen Aspekten Ihrer individuellen Sexualität Berührung auf. Oft wird das bloße Erkennen von Bereichen der Scheu und des Unbehagens Sie befähigen, zu experimentieren und solche Hemmungen zu überwinden.

Wie steht es mit dem »Timing« sexueller Vorspiele? Weder Männer noch Frauen sind immer in der richtigen Stimmung. Genauso, wie es Sie stört, wenn ein Mann sich an Sie heranmacht, während Sie beschäftigt sind, empfindet er es auch, wenn er beschäftigt ist. Unglücklicherweise lassen viele Paare die Logistik und die Anforderungen des Alltags ihre Zeiteinteilung bestimmen und denken erst an Sex, nachdem alles andere erledigt ist. Dann sind sie wahrscheinlich erschöpft oder todmüde. Frauen sind am empfänglichsten für Sex, wenn sie entspannt sind, und Männern geht es genauso. Und ebenso wie Frauen erwarten auch Männer ein bißchen Vorfreude, Scherz und Verführung. Sie sagen vielleicht nicht, daß sie das wollen, aber dennoch wirkt es!

Wie finden wir heraus, was einem Partner sexuell gefällt? Paare neigen dazu, in berechenbare sexuelle Routine zu verfallen. Allzuoft machen Männer und Frauen das, was sie selbst sexy und unwiderstehlich finden, anstatt um den Preis von Irrtümern herauszufinden, was ihren Partner wirklich reizt. Ist Ihnen bewußt, was Ihr Partner fühlt und mag? Achten Sie einfühlsam auf seine Hinweise, was ihm gefällt? Lassen Sie ihn mit Worten oder durch Ihre Körpersprache wissen, was Ihre Leidenschaft erregt, oder verfallen Sie in den Fehler und denken, er müsse imstande sein, Ihre Gedanken zu lesen?

Was Romantik für Männer bedeutet

Stellen Sie sich für einen Moment ein wohlbekanntes Szenarium vor. Eine Frau und ein Mann begegnen sich. Beide sind stark interessiert und fühlen sich voneinander angezogen. Er tut den ersten Schritt und beginnt, um sie zu werben. Zwar befürchtet er, er könne sein Verlangen nach ihr zu früh zeigen, bringt ihr aber Blumen für diesen ersten wundervollen Tag mit dem gemeinsamen Picknick auf dem Land.

Er ruft fast jeden Tag an und zeigt deutlich, daß er so viel wie möglich mit ihr zusammensein möchte. Er versucht, nicht zu oft anzurufen oder zu bedürftig zu erscheinen und damit zu riskieren, daß sein stark empfundenes Interesse sie abstößt. Er ist verstimmt, wenn er bei ihr ist und sie einen Anruf bekommt und fröhlich und angeregt antwortet – er ist sicher, daß sie mit einem anderen Mann spricht. Er fühlt eine unbestimmte Eifersucht, Besitzgier und, wie er weiß, unangemessene Ansprüche. Er kann nichts dagegen tun – er will sie und drängt vorwärts, entschlossen, ihre Liebe zu gewinnen.

Vielleicht wird ihm aus seiner eigenen Unsicherheit heraus nicht deutlich, daß sie ebenfalls anfängt, ihm Gefühle der Liebe entgegenzubringen. Sie findet seine leichte Ungeschicklichkeit und die Anzeichen schüchterner Unsicherheit reizend und erfrischend. Sie liebt die gemeinsamen stillen Spaziergänge in der Dämmerung am Strand, die intimen Essen zu zweit, die er für sie kocht, und all seine hübschen, verlockenden Gesten, die ihr sagen, daß er sie mag.

Schließlich sagt sie ihm, daß sie ihn auch mag. Auf einem besonders leidenschaftlichen Höhepunkt einer Umarmung flüstert sie ihm zum erstenmal zu: »Ich liebe dich.« Beim Frühstück am nächsten Tag sagt sie ihm, daß sie es ernst gemeint hat mit dem, was sie in der Nacht davor gesagt hat: »Ich liebe dich.« Aber anstelle von Freude auf seiner Seite markiert das den Ausgangspunkt dessen, was ihr als ein langsamer Rückzug seinerseits erscheint.

Sie werden sich erinnern: Ein Mann fühlt romantisches Verlangen und zeigt es am offensten, wenn er sich aktiv bemüht, das Herz einer Frau zu erobern – wenn er sie an sich binden will. Solange sie fern ist, folgt er ihr: Seine Jagd wird von seinem Wunsch, sich ihrer zu versichern, ausgelöst. Dann bekennt sie sich auf dem Höhepunkt seiner Verfolgung zu ihrer Liebe. Sie glaubt, daß ihr Eingeständnis und die Versicherung, die es enthält, bei ihm noch größere Höhen von Leidenschaft und Verlangen freisetzen wird. Aber genau bei diesem Stand der Dinge kann seine romantische Glut beginnen abzukühlen. Seltsam genug kann er genau das Verhalten aufgeben, das ihm ihre Liebe gewann. Warum?

Wenn eine Frau ihre Liebe beteuert, schließt sie die Lücke zwischen sich und ihrem Liebhaber. Er spürt, daß er ihre Liebe gewonnen hat – sie sind vereint, verbunden. Er fühlt sich erleichtert und sicher. Seine romantische Jagd hat zum Ziel geführt, und er empfindet kein Bedürfnis mehr, ihre Liebe zu gewinnen – sie hat bestätigt, daß er sie bereits gewonnen hat. Daß er ihre Liebe anscheinend für garantiert hält, verwirrt, enttäuscht und ärgert sie, denn sie glaubt, sein romantisches Verhalten sollte nicht nur weitergehen, sondern ein neues Maß an Intensität erreichen, nachdem sie so willens und bereit war, ihm »alles zu geben«.

Jetzt fragen Sie sich vielleicht: »Wie steht es also bei einem Mann mit romantischer Leidenschaft? Gibt es überhaupt Hoffnung, oder sollen wir eben diese ersten Wochen oder Monate mit Wonne genießen und uns dann mit einer Bindung abfinden, in der jegliche magischen Gefühle der Romantik fehlen?« Es gibt nicht nur Hoffnung, Männer sind auch in vieler Weise berechenbarer und beeinflußbarer, als Sie sich vielleicht vorstellen. Das Geheimnis liegt im Verstehen von Männern und in der Bereitschaft, dieses Wissen in Handeln umzusetzen.

Bedenken Sie stets: Bei einer Frau sind Romantik und Leidenschaft oft mit Vertrauen zu einem Mann und dem Gefühl seiner Nähe verbunden. In diesem Zustand empfindet sie das geringste Maß an psychischer Spannung und Konflikt, sie wird freier und gelöster. Männer funktionieren nach einer anderen Dynamik. Ihre Gefühle romantischer Leidenschaft sind auf einer gewissen Ebene an die quälende Wirkung der Ungewißheit gebunden, ob »sie« sich wirklich etwas aus ihm macht.

Wie Sie sich wohl aus unserer Erörterung des Polaritäts-Faktors erinnern werden und daran, wie er das Verhalten des Mannes in Liebesbeziehungen erklärt, beweist ein Mann am meisten Aufmerksamkeit, solange er noch auf die Frau zugeht und versucht, eine Verbindung mit ihr einzugehen. Wenn er näherkommt und ihrer Liebe zunehmend sicherer wird, velangsamt er die Jagd allmählich.

Wir wollen damit sagen, daß Männer unbedingt auf ein unbegrenztes Maß an Vertrauen, Freundschaft, Verständnis und Partnerschaft reagieren, mit Romantik aber nur von Zeit zu Zeit umgehen können. Werden die Äußerungen von Romantik zu häufig oder intensiv, wird Männern unbehaglich. Es ist, als seien sie übersättigt. Nach einer Pause ohne Romantik wird die Sehnsucht beim Mann wieder wachsen, und sein Interesse wird wieder lebendig.

Raten wir Ihnen nun etwa, berechnend zu sein und Unnahbarkeit vorzutäuschen, um die Leidenschaft eines Mannes zu steigern? Nein. Wir wollen nur, daß Sie verstehen, wie Männer wirklich sind, und sich klarmachen, daß ein wenig Abstand gut für eine Beziehung ist. Wenn Sie gelegentlich allein etwas machen wollen, sorgen Sie sich nicht, wie es auf ihn wirken wird, wenn Sie nicht verfügbar sind. Wenn Sie sich um Ihre eigenen Bedürfnisse und Wünsche kümmern, regen Sie ihn damit, als Nebengewinn, wahrscheinlich zu romantischerem Verhalten an.

Eine Leidenschaft fürs Leben

Vielleicht glauben Sie, die Fähigkeit zur Leidenschaft sei ein Wesenszug, mit dem man entweder geboren wird oder nicht; Tatsache ist, daß man Leidenschaft erlernen kann. Sie ist nichts, was in sich und durch sich existiert, sie ist der gesteigerte Ausdruck der Gefühle, die wir alle haben. Wir sind alle imstande, Leidenschaft zu empfinden und auf die Welt um uns herum leidenschaftlich zu reagieren.

Jedem ist Lebendigkeit gegeben, um die allein es bei der Leidenschaft geht. Lebendig zu sein heißt, rückhaltlos unsere Gefühle in voller Intensität zu erleben und auszudrücken. Wie schon gesagt, haben die zur Leidenschaft gehörenden Emotionen ihren Ursprung in der Kindheit. Leidenschaftliche Individuen sind diejenigen, die entweder nicht zugelassen haben, daß die Einschränkungen des Erwachsenseins sie übermäßig einengen, oder die herausgefunden haben, auf welche Weise sie im Zaum gehalten wurden, und die dann beschlossen haben, etwas dagegen zu unternehmen.

Die Unabhängige

Laura und Max sind seit sieben Jahren verheiratet. Max (35) ist Zahnarzt. Laura (33) hat eine abgeschlossene Schwesternausbildung und seit Jahren in der Nuklearmedizin gearbeitet. Ihre Ehe war immer gut gewesen, und sie hatten einen kleinen Freundeskreis, meist Nachbarn oder Leute, die sie von der Arbeit kannten. Es hatte ihnen Spaß gemacht, das alte Haus zu renovieren, das sie gekauft hatten; sie freuten sich auf die zwei Urlaube im Jahr, wenn sie die Camping-Ausrüstung in ihren Wagen luden und zu einem Nationalpark fuhren, wo sie noch nie zuvor gewesen waren.

Dann aber, vor zwei Jahren, begann Laura, eine Art

Stillstand zu empfinden, sowohl in ihrem Beruf wie in ihrem Leben allgemein. Sie war vom College direkt auf die Fachschule gegangen und dann in den Beruf. Sie war immer sehr leistungsorientiert gewesen, bestrebt, beruflich voranzukommen und eine sichere, finanzielle Basis zu schaffen. Jahrelang hatte sie lange anstrengende Stunden in der Klinik gearbeitet, nach dem typischen Zeitplan der Krankenschwester, der ständig rotiert, so daß sie in ihrer Freizeit auch keine Kurse besuchen oder sich Gruppen anschließen konnte. Sie fühlte, wie sie ungeduldig wurde, neue Dinge auszuprobieren, ein Leben zu führen, zu dem mehr gehörte als nur Arbeit und Ehe. Sie beschloß, etwas Neues zu wagen.

Ihr Mann ermutigte sie dazu, ihre Arbeitszeit als Schwester auf zwei Tage in der Woche zu reduzieren und zu einem Forschungsprojekt überzuwechseln, das einen regelmäßigen Wechselschicht-Plan garantierte. Laura sucht jetzt nach der Passion in ihrem Leben. Sie ist noch in der Schwebe und weiß nicht, in welche Richtung sie geht, aber ihre Suche gibt ihr mehr Kraft, als sie ihr Rückschläge einbringt. Immer schon an Kunst interessiert, arbeitet sie an mehreren Projekten – sie schreibt und illustriert ein Kinderbuch, zeichnet Entwürfe für Möbel und prüft verschiedene Ideen, wie sie sich beruflich selbständig machen könnte.

Zur Zeit experimentiert Laura – sie nimmt sich Urlaub von den vielen Jahren einkommens- und leistungsorientierter Tätigkeit. »Ich muß mich oft daran erinnern, daß ich mich nicht beweisen oder mich sofort auf eine neue Karriere konzentrieren muß. Manchmal beunruhigt mich, daß ich gegenwärtig nur eine Dilettantin bin, aber das ist nicht schlimm. Meine Tage sind wirklich herrlich aufregend. Ich habe so viele neue interessante Leute kennengelernt, und sie spornen mich ständig an.«

Lauras neue Lebenslust war ansteckend. Ihr Mann sagt dazu: »Lauras Leidenschaft und Begeisterung, ihre

Bereitschaft, neue Dinge auszuprobieren und Risiken einzugehen, hat unser Leben unglaublich erweitert. Sie bringt immer interessante Leute zum Abendbrot mit. Wir beteiligen uns aktiv an der Kunstszene, gehen zu Vernissagen und sammeln auf bescheidener Ebene, und wir haben einen sehr anregenden, neuen Freundeskreis. In unserem Zuhause summt und wimmelt es von Menschen, Musik und Ideen. Wir alle empfinden es als ein sehr aufgeschlossenes, ermutigendes Milieu. Lauras Lebendigkeit und Unberechenbarkeit machen sie zu einer ständigen fesselnden Herausforderung für mich.«

Leidenschaftlich werden

Aus zwei fundamentalen Gründen verbergen wir Leidenschaft und Verlangen. Der erste hat mit Verletzlichkeit zu tun. Unsere Gefühle sind Privatsache, während Worte und Verhalten mehr öffentlich sind. Wenn wir uns emotional öffnen, können wir uns nackt fühlen, sogar gefährlich exponiert. Wenn wir besorgt sind, unsere Partner könnten uns »erkennen«, verbergen wir leicht unsere Leidenschaft, um uns nicht ganz so verwundbar fühlen zu müssen.

Der zweite Grund, weshalb wir Leidenschaft und Verlangen verleugnen, betrifft die Intensität. Manche Menschen sehen in Steigerungen emotionaler Intensität eine Gefahr, ob die Gefühle nun positiv oder negativ sind. Wir alle haben Zonen des Behagens, die festlegen, welche Empfindungen akzeptabel sind und welche nicht. Alles, was ein behagliches Maß an Intensität überschreitet, kann Angst und Furcht vor dem Verlust der Kontrolle auslösen. Die Lösung heißt dann dämpfen und verbergen, da solche Empfindungen meist ein Gefühl der Gefährdung auslösen.

Gibt es in einer Beziehung Schwierigkeiten, schwindet die Leidenschaft als erstes und kehrt als letztes zu-

rück, selbst nachdem die Probleme gelöst sind. Genauer gesagt, kann Leidenschaft verborgen werden, wenn:
wir verletzt sind;
wir enttäuscht sind;
wir zornig und rachsüchtig sind;
wir versteckte Ressentiments ansammeln;
wir der Liebe unseres Partners nicht vertrauen;
wir unsicher sind, wie anziehend wir auf unseren Partner wirken;
wir uns schuldig fühlen;
wir ängstlich und unserer selbst nicht sicher sind und daher nicht entspannt sein können.

Diese Gefühle können eine sich ins Negative steigernde Wirkung haben, die schließlich Behagen und Vertrauen in einer Beziehung untergräbt. Wie lernt man also, diese destruktiven Kräfte zu erkennen und auszuschalten? Hier sind ein paar Vorschläge.

Alte Verhaltensweisen ablegen. Manche Menschen tragen alte, weitgehend unbewußte Einstellungen in ihre gegenwärtigen Beziehungen mit hinein. Diese Haltungen färben lebhaft auf ihren intimen Umgang mit einer anderen Person ab und setzen der Leidenschaft innerhalb der Beziehung Grenzen. Hat die Äußerung von Zorn in Ihrer Kindheit zum Beispiel eine unangenehme Rolle gespielt und verband sich in ihrer Vorstellung mit dem Verlust von Kontrolle, werden Sie es wahrscheinlich schwierig finden, Ihrem Partner negative Emotionen zu zeigen.

Alte Einstellungen gegenüber dem Sex wirken sich ebenfalls auf die Äußerung von Leidenschaft aus. Galt Sex in der Vergangenheit als schmutzig, sündig und schlecht? Wenn ja, dann existieren vermutlich noch Überbleibsel solcher Gefühle, die immer noch nachwirken können. Hat man Ihnen beigebracht, Sie seien wahrscheinlich »sexbesessen«, weil Sie viel Freude am Sex hatten? Oder: Es sei falsch, einen Mann auf irgendeine Art sexuell zu ermuntern, weil Sie dann für seine Erregung verantwortlich seien und den Akt auch vollziehen müßten? Vielleicht hat man Sie glauben gemacht, »normale« Frauen hätten mit Leichtigkeit jede Menge Orgasmen, oder »leidenschaftliche« Frauen seien immer in der Stimmung, ohne Rücksicht auf Müdigkeit, Kinder oder andere Inanspruchnahme.

Betrachten Sie Ihre überkommenen Vorstellungen und prüfen Sie, inwieweit sie Ihr Behagen bei der Äußerung von Leidenschaft beeinflussen. Erkennen Sie, daß ein paar dieser Vorstellungen veraltet sein können und absolut nichts damit zu tun haben, wer Sie heute sind und wie Sie empfinden.

Verborgenen Groll freisetzen. Nicht geäußerter Zorn engt die Leidenschaft stets ein. Eine gute Faustregel lautet: Wenn es Ihnen wichtig genug ist, werden Sie zornig. Stehen Sie für sich selber ein; lassen Sie Ihren Zorn heraus, und bleiben Sie dabei, bis die Lösung gefunden ist. Stammt der Zorn aus der Vergangenheit, versuchen Sie, damit Schluß zu machen. Bezieht er sich auf eine gegenwärtige Situation, geben Sie Ihre Gefühle klar zu erkennen, und bieten Sie ein paar gezielte Lösungen für das Problem an.

Ist der Anlaß der Gereiztheit nicht wichtig genug, um sich aufzuregen, vergessen Sie ihn. Zorn freizusetzen ist kein Ausweg für Feiglinge, da es in jeder Beziehung zahllose geringfügige Konflikte gibt, die wir einfach zu übergehen lernen müssen, weil sich nichts daran machen läßt. Wütend über diese kleinen Dinge zu bleiben, ist destruktiv und selbstzerstörerisch, weil wir uns am Ende nur weniger lebendig und weniger liebevoll gegenüber unserem Partner fühlen werden.

Selbstachtung steigern. Wir verbergen Seiten unseres Wesens, die wir für gefährlich halten, und zeigen die Seiten, die uns ungefährlich erscheinen und die akzeptiert und gebilligt werden. Sehen Sie sich nach Urteilen um, die Sie über sich selbst gefällt haben und von denen Sie annehmen, sie seien bei Ihrem Partner ebenso ausgefallen, obwohl Sie sie nie genau überprüft haben. »Lebendiger« zu sein heißt einfach, mehr Sie selbst zu sein. Es bedeutet, mehr und offener Ihre Gefühle zu zeigen. Es heißt, Ihren eigenen Gedanken und Beobachtungen zu vertrauen und sie zum Ausdruck zu bringen. Kurz, davon auszugehen, daß Sie liebens-würdig sind.

Zuerst: Wie stellen Sie sich Ihrem Partner dar? Verstecken Sie sich, verkleiden Sie sich? Wieviel von sich selbst geben Sie ihm wirklich zu erkennen? Die meisten von uns hegen heimliche Ängste und Zweifel in bezug auf ihren sexuellen Reiz.

Wenn wir uns gehemmt oder verlegen fühlen, dann meist deshalb, weil wir fühlen, wir seien nicht genug – nicht attraktiv genug, nicht frei genug, nicht liebenswert genug. Lassen Sie aus negativen Selbstzweifeln nicht Tatsachen werden. Erlauben Sie sich nicht, sich hinter Schüchternheit oder Befangenheit zu verstecken. Wenn Menschen sich hinter ihrer Schüchternheit verbergen, wirken sie wie tot oder unsichtbar. Zur Überwindung dieser Haltung müssen Sie als ersten Schritt die Schüchternheit bei sich selbst empfinden. Schüchternheit ist etwas vollkommen Normales. Nervosität und Unbehagen bedeuten, daß Sie lebendig sind. Wichtig ist der Entschluß, andere Gefühle, die Sie für gewöhnlich unter dem Mantel dieser Hemmung verborgen halten, zu offenbaren und auszudrücken.

Um mehr von Ihrem Wesen zu enthüllen, müssen Sie ein paar Vorstellungen von Scham und Peinlichkeit revidieren. Wann immer wir etwas Neues anpacken, etwa Tanzenlernen oder Tennisspielen, fühlen wir uns dumm und ungeschickt. Das ist natürlich. Ebenso mögen Sie sich töricht finden, wenn Sie lernen, weniger gehemmt und leidenschaftlicher zu sein als bisher – aber das ist gut; Sie riskieren etwas. Sich nicht von Befangenheit beherrschen zu lassen, wird Ihnen mehr Kraft und mehr Lebendigkeit verleihen. Frauen, die mit sich selbst einverstanden sind, die Leidenschaft und Verlangen bei ihren Männern wecken, sind fähig, ihre inneren Gefühle ohne Einschränkung an die Oberfläche dringen zu lassen.

Denken Sie daran, leidenschaftlich zu werden, folgt auf eine Periode, in der Sie die Äußerung von Gefühlen riskieren. Leidenschaftlich werden Sie nicht sofort; diese Eigenschaft wird erst nach bewußtem Planen und Handeln ein Teil von Ihnen. Wenn Sie entsprechend Ihrem Wunsch handeln, leidenschaftlich zu sein, werden sich auch die Gefühle einstellen. Wollen Sie zum Beispiel sexy auf einen Mann wirken, werden Sie zuerst vielleicht befangen sein, wie bei jeder neuen Aktivität oder Verhaltensweise. Vertrauen Sie darauf, daß Sie durch diese Periode der Unbeholfenheit hindurchkommen und Ihr Verhalten allmählich natürlicher werden wird. Gefühle diktieren unser Verhalten, aber unser Verhalten verändert auch unsere Gefühle. Männer reagieren nicht nur darauf, was Frauen fühlen, sondern auch auf ihre Handlungen, und wie Sie handeln, haben Sie selbst zu entscheiden.

Will man lernen, neue Gefühle freizusetzen, so ist unserer Meinung nach die Technik der visuellen Vorstellung sehr hilfreich. Keiner von uns kann etwas tun, ohne sich vorzustellen, was und wie er es tut, und das gilt genauso für den Abbau von Hemmungen. Versuchen Sie, sich selbst zu sehen, wie Sie leidenschaftlicher oder mehr sexy vorgehen. Schließen Sie die Augen, und lassen Sie Ihre Phantasie walten. Schlagen Sie die Vorsicht in den Wind. Stellen Sie sich vor, daß Sie Dinge sagen und tun, die nicht typisch für die Art sind, wie Sie sich gewöhnlich benehmen. Wenn Sie sich eine Vorstellung und ein Bild von sich als einer weniger gehemmten und zurückhaltenden Person machen, bereiten Sie sich darauf vor, in dieser Weise mit Ihrem Partner umzugehen.

Die Frau, die Leidenschaft und Verlangen in einem Mann weckt, empfängt einen großartigen Lohn. Wir haben uns darauf konzentriert, was Sie tun können, um einen Mann zu stimulieren und zu beeinflussen, aber der umgekehrte Prozeß, den Ihr Tun auslöst, ist nicht weniger bereichernd. Der Mann, der auf diese Weise angeregt wird, wird sich nicht nur zu Ihnen hingezogen fühlen und ein enges Band mit Ihnen eingehen, er wird auch liebevoller und romantischer sein und sich wohl fühlen, wenn er die Geschenke, die Sie ihm machen, erwidert.

11. Kapitel Liebe durch Freundschaft vertiefen

Michael (33) beschreibt ein Erlebnis, das ihn lehrte, was er bei einer Frau wirklich suchte. »Nachdem meine Frau mich verlassen hatte, war ich die ersten paar Monate zornig und untröstlich, dann kam ich wieder auf die Beine, lief herum und fing sogar an, ein bißchen Spaß zu haben. Sechs Monate nach der Trennung fuhr ich allein nach Europa auf Urlaub. In Rom besuchte ich den Vatikan, um das Deckengemälde von Michelangelo in der Sixtinischen Kapelle anzuschauen. Als ich zu diesem majestätischen Kunstwerk hinaufblickte, überfiel mich plötzlich die tiefste Einsamkeit, die ich je gekannt hatte. Ich dachte daran, wie sehr meine Ex-Frau und ich uns immer eine Europareise gewünscht hatten und wie begeistert wir immer waren, wenn wir zusammen Museen besuchten.

Der Rest meines Urlaubs verlief ziemlich trübe. Ich schleppte mich so durch, und mir war dauernd klar, daß ich meine beste Freundin verloren hatte. Daß ich sie als Geliebte verloren hatte, das verletzte Ego – all das konnte ich überleben. Aber der Verlust dieser besonderen Freundschaft, der war unerträglich.«

Wenn Sie jemals von Männern oder Frauen gehört haben, ihr Partner sei ihr »bester Freund«, dann hören Sie aus der Art, wie sie es sagen, wie glücklich sie darüber sind. Während manche Menschen glauben, der Inbegriff des Erfolgs in einer Beziehung läge auf dem Höhepunkt von Leidenschaft und Romantik, fühlen andere sich glücklich, wenn sie jemanden finden, der ein

Freund und Gefährte ist – und das gilt ganz besonders für Männer.

Vor der sexuellen Revolution galt die Vorstellung von echter Freundschaft zwischen Männern und Frauen in der Ehe als unwahrscheinlich, ausgehend von der sehr unterschiedlichen Definition der Rollen wie auch der komplizierten Spannungen, pauschal als »Kampf der Geschlechter« bekannt. Es schien, als könne dieses schlichte Band der Freundschaft sich nicht mit verwikkelten sexuellen, familiären und ökonomischen Abhängigkeiten vertragen.

Männer, Frauen und unsere Gesellschaft als Ganzes haben sich als Ergebnis der Frauenbewegung stark verändert. Männer und Frauen ähneln sich heute mehr – beide bewegen sich draußen in der Arbeitswelt. Männer beteiligen sich mehr an der Verantwortung für Haushalt und Kindererziehung. Und nach vielem Untersuchen und Experimentieren, konzentriert auf die Frage, was männlich und was weiblich sei, fühlen sich Männer wie Frauen wohler, wenn sie die maskulinen wie femininen Aspekte ihrer Persönlichkeiten zum Ausdruck bringen können. An diesem Punkt befinden sich Männer und Frauen fraglos in einer ständigen Evolution der Geschlechterrollen und des Verhaltens und haben mehr Verständnis, Akzeptanz und Wertschätzung für die angeborenen Unterschiede zwischen den Geschlechtern. Nach einer langen Periode voll feindseliger Spannung und Mißtrauen und nach der aufregenden und positiven Wende, die darauf folgte, sind wir in eine neue Ära der Gleichberechtigung und des Respekts eingetreten. Dank dieses Waffenstillstands erforschen Männer und Frauen, vielleicht zum erstenmal in der Geschichte, was es heißt, auf nicht-sexuelle Art einander nahe zu sein.

Dieser Zug zur Versöhnung und zu platonischen Beziehungen ist durch den Rückzug der sexuellen Revolution und auch durch Gesundheitsüberlegungen beschleunigt worden. Männer und Frauen, die noch 1968 oder 1975 wahrscheinlich flüchtige sexuelle Begegnungen miteinander gehabt hätten, neigen heute mehr dazu, als platonische Freunde zusammenzusein. Vielleicht vermissen manche jene verrückte Ära sexueller Promiskuität, aber die geringere Betonung des Sexuellen hat tatsächlich zu neuen Möglichkeiten der Freundschaft zwischen Männern und Frauen geführt.

Die Geschlechterrollen sind nicht mehr so genau definiert, und auch das hat es Männern und Frauen leichter gemacht, die Möglichkeiten echter Freundschaft zu erkunden. Je mehr sich unser Ehrgeiz, unsere Kämpfe und Erfahrungen entsprechen und ähneln, um so größer wird die Wahrscheinlichkeit, daß wir eine stärkere Beziehung zueinander haben können wie auch zu gleichgeschlechtlichen Freunden. Wenn wir herausfinden, daß wir mit jemandem eine Menge gemeinsam haben, sind wir von dieser Entdeckung stets entzückt und möchten mehr Zeit gemeinsam verbringen.

Wir befürworten das dauerhafte, lohnende Band der Freundschaft zwischen Männern und Frauen und halten weniger von flüchtiger romantischer Intensität, die mehr mit Phantasie als mit Realität zu tun hat. Denken Sie an die drei Stadien der Liebe: Im Lauf einer reichen und reifen Beziehung entwickeln sich Romantik und Verliebtheit zu einem dauerhafteren und für viele befriedigenderen Zustand der Gemeinschaft. Leidenschaft braucht deshalb nicht bloße Erinnerung zu werden; Leidenschaft kann und sollte stets von neuem entfacht werden. Aber Freundschaft ist etwas Wesentliches und Grundlegendes. Aus ihr entsteht das Erlebnis, verwandten Geistes zu sein. Freundschaft ist wahrhaft eines der stärksten Bande, vor allem für Männer.

Das Wesen der Freundschaft

Der Psychologe Erich Fromm hat gesagt: »Das tiefste Bedürfnis des Menschen ist, sein Getrenntsein zu überwinden.« Darum geht es in der Freundschaft. Sie ist das Gegenmittel gegen das menschliche Dilemma, in dem wir uns alle in unserem Leben von Zeit zu Zeit befinden – Einsamkeit. Wie Sie zweifellos wissen, bedeutet heiraten oder einen Partner zu haben nicht, daß Sie nie Einsamkeit erleben werden. Freundschaft hingegen vermindert unser Alleinsein. Natürlich ist sie mehr als eine Unterbrechung unseres Gefühls der Einsamkeit. Ihr Lohn gehört zum Schönsten, was wir erleben können.

Allen Freundschaften sind gewisse Qualitäten gemeinsam. An erster Stelle steht ein Gefühl des Vertrauens. Wir wissen, daß die andere Person sich etwas aus uns macht – wir werden gemocht, sogar geschätzt für das, was wir sind und womit wir die andere Person bereichern. Ein Gefühl von gutem Willen und von Treue verbindet uns – wir vertrauen darauf, daß der anderen Person unser Bestes am Herzen liegt, daß sie uns nicht betrügen und ein loyaler Verbündeter sein wird.

Je länger die Freundschaft dauert, desto mehr wächst sie durch das Wissen, soviel investiert und soviel Lohn empfangen zu haben. Hinzu kommt die Freude über die gemeinsame Vergangenheit, über nostalgische Erinnerungen an unsere gemeinsamen Erlebnisse. Auch die Zukunft gehört zu jeder Freundschaft – Pläne, Träume, Erwartungen und das wohltuende Bewußtsein, daß unser Freund oder unsere Freundin da sein wird, um auch die Zukunft mit uns zu teilen.

Als Kinder und Jugendliche finden wir es einfacher, Freundschaften zu schließen, denn als Erwachsene. Besonders Mädchen schließen sich eng an andere Mädchen an – sie tauschen ihre Kleider, bringen ihre Mütter dazu, ihnen dieselbe Garderobe zu kaufen, tragen Freundschaftsringe. Auch Jungen gehen Beziehungen mit anderen Jungen ein, die ihre Kameraden und Kumpel werden.

Der Ausdruck »mein bester Freund« taucht in der Kindheit zuerst auf und besitzt besondere Bedeutung. Leider büßen wir mit dem Älterwerden unsere Fähigkeiten, solch wesentliche Beziehungen zu begründen, allmählich ein. Viele Erwachsene sind klug genug, alte Freunde beizubehalten, aber schrecklich schwerfällig, wenn es um den Erwerb von neuen geht. Mit dem Älterwerden entwickeln wir leider zunehmend falschen Stolz. Die einfachen Aufforderungen der Kindheit: »Willst du mit mir spielen?« geraten in Vergessenheit. Wir werden zurückhaltender und weniger empfänglich, obwohl unser Bedürfnis nach solch engen Bindungen nicht geringer geworden ist. Wir tun so, als brauchten wir sie nicht mehr.

In unserer therapeutischen Praxis haben wir es fast täglich mit dieser Art falschem Stolz zu tun. Männer und Frauen, die sich auf allen anderen Gebieten ihres Lebens intelligent verhalten, werden schwerfällig, wenn es darum geht, anderen Menschen die Hand entgegenzustrecken. Insgeheim glauben sie an die alte Idee aus Schultagen, »beliebte« Leute brauchten sich um Freundschaften nicht zu bemühen, sie ergäben sich einfach. Wenn das nur wahr wäre!

Als Erwachsenen gelingt es den meisten von uns, hie und da etwas zu riskieren und neue Freundschaften zu schließen. Anders als Kinder erfahren wir dabei die Schwierigkeiten und den Lohn, die dazu gehören. Von befreundeten Erwachsenen erwartet man, daß sie in schweren Zeiten Ansprüche aneinander stellen. Wir brauchen sie dann. Durch ihr Vorhandensein sagen sie uns, daß sich jemand um uns kümmert, uns liebt. Sie wissen es immer, wenn uns etwas weh tut, oft schon vom bloßen Klang unserer Stimme.

Wir alle brauchen Hilfe, und von engen Freunden bekommen wir sie. Die Redewendung »Sie ist für mich da«

fängt für eine Frau das Gefühl ein, daß sie sich auf ihre Freundin verlassen kann, was immer auch geschieht. Männer gebrauchen den Ausdruck »ein aufrechter Kerl« für einen Freund, der sie nicht im Stich läßt, der in Zeiten der Not für sie eintritt.

Freundschaften können aber auch ins Wanken geraten. Wir streiten uns, tun uns weh, lassen uns gegenseitig fallen, entzweien uns, gehen sogar durch Zeiten, in denen wir weniger häufigen oder gar keinen Kontakt miteinander haben. Aber es bleibt das Gefühl, daß wir uns eines Tages wiederfinden werden, weil der Verlust sonst zu groß wäre. Mit dem Älterwerden steigt sogar der Wert von Langzeitfreundschaften. Uns wird sehr klar, daß es zu spät ist, um die tiefen, wissenden und haltbaren Bande zu knüpfen, die sich nur in Jahren, ja Jahrzehnten der gemeinsamen Freude und des geteilten Leides entwickelten.

Wegen der vielen gemeinsamen Jahre sind Freunde imstande, glückliche Zeiten der Vergangenheit bei uns wachzurufen. Durch unsere besten Freunde gewinnen wir auch oft den Kontakt mit dem Kind in unserem Innern wieder und finden Möglichkeiten, wieder zu spielen.

Freundschaften zwischen Liebespaaren oder Ehepartnern ähneln anderen Arten der Freundschaft, sind aber durch den zusätzlichen Komplex der Romantik oft noch tiefer und bedeutsamer. Ehepartner, die gute Freunde sind, besitzen die Fähigkeit, Sexualität und Leidenschaft mit Zärtlichkeit und Kameradschaft zu verschmelzen.

Männer und das »Sich-Öffnen«

Männern wird oft nachgesagt, es fiele ihnen schwer, »sich zu öffnen«, verbal ausdrucksvoll zu sein und eine emotionale Verletzlichkeit zuzulassen. Als Folge dieser psychologischen Selbstbeherrschung sind Männer empfänglicher für zahlreiche, mit Streß verbundene Krankheiten. Sie gelten als unfähig oder unwillig, offen mit ihren Frauen zu kommunizieren oder mehr als die oberflächlichsten Beziehungen zu männlichen Freunden einzugehen.

Bis zu einem gewissen Grad stimmen diese bitteren Feststellungen auch. Leider trifft es zu, daß Männer sich nicht so oft mit anderen Männern zusammentun, wie sie es gern wahrhaben möchten. Wahr ist auch, daß manche Männer nicht so oft wie ihre Frauen intime Gespräche führen. Und schließlich leiden Männer, die sich weigern, ihre innersten Ängste zuzugeben, mehr unter Streß als die, die mit ihren Gefühlen offener umgehen. Dabei ist durch unsere Beobachtungen des heutigen männlichen Verhaltens aus erster Hand auch klar geworden, daß die Lösung nicht einfach ist: Es geht nicht nur darum, daß Männer sich mehr »öffnen« sollten.

Männer zum Beispiel, die über ihre berufsbedingten Ängste klagen und keine besonderen Methoden entwickeln, um damit fertig zu werden, leiden leicht unter noch mehr Streß. Die Verfahren, die oft zur Überwindung von berufsbedingtem Streß empfohlen werden, betonen sogar, die Männer müßten »härter« und effektiver werden, nicht »weicher« und verbal ausdrucksvoller.

Männer haben mit der Äußerung von Gefühlen im allgemeinen keine Schwierigkeiten. Was ihnen schwerfällt, ist die Äußerung bestimmter Gefühle – Gefühle, die Sanftheit oder Verwundbarkeit verraten. Aber auch bei diesen Gefühlen können Männer leidenschaftlich und äußerst offen sein, vorausgesetzt, sie sehen den Zusammenhang irgendwie als »heroisch« an. Aus diesem Grund können Sportler oder Soldaten sich erlauben, offen zu weinen: Sie haben das Gefühl, in einem Kontext zu stehen, in dem Themen wie Mut und Ehre eine vorherrschende Rolle spielen.

Frauen glauben vielleicht, sie wollen, daß Männer die

ganze Skala ihrer Emotionen zum Ausdruck bringen. Unsere Erfahrung mit Männern, Frauen und Paaren hat uns aber gezeigt, daß der wirkliche Wunsch der Frauen darin besteht, die Männer wären in ihrer Liebe zu ihnen offener und ausdrucksvoller – nicht in Hinsicht auf das ganze Spektrum ihrer Gefühle. Eine Frau kann ganz unsicher werden, wenn ein Mann zu offen, zu verletzlich wird. In den meisten Frauen weckt die Preisgabe männlicher Verletzlichkeit und männlichen Schmerzes starke Ängste. Die Frau hat die Empfindung, als ob der Mann plötzlich ein Abkommen verletzt habe, eine unausgesprochene Vereinbarung gebrochen, Schwäche offenbart und schlimmer noch: als müsse sie die Lösung des Problems finden. Frauen wissen, daß sie in einem einzigen Mann nicht beides – emotionale Ausdrucksfähigkeit und dynamisches, handlungsorientiertes Verhalten – im Überfluß haben können. Sie sind auf Kompromisse vorbereitet.

Im allgemeinen wollen Männer nicht gerne emotional oder verwundbar sein. Inzwischen beginnen aber immer mehr Männer, sich hie und da zu gestatten, freier und offener zu sein. Sie lernen, daß es sie selbst bereichert, wenn sie ihren Partnern Einblick in ihre inneren Gedanken und Gefühle erlauben und daß auch ihre Kinder dabei gewinnen, wenn sie ihren Vater als wirkliche Person und nicht nur als zweidimensionale Figur erleben. Zudem fangen Männer an zu lernen, daß in der Arbeitswelt Ängste, die sich aufstauen, toxisch und schädlich sein können.

Die überwältigende Mehrzahl der Männer zieht die Aktion dem emotionalen Ausdruck vor. Das heißt nicht, daß Männer für die Frauen, die sie lieben, schweigende Fremde bleiben müssen. Es zeigt jedoch, daß Frauen Männern dabei helfen können, sich zu öffnen, wenn sie verstehen, was »sich öffnen« für sie bedeutet. Frauen, die die Kräfte begreifen und akzeptieren, von denen die Wahl der Männer bei der Äußerung ihrer Gefühle bestimmt wird, werden von Männern ungeheuer geschätzt.

Sexualität als Verschleierung von Nähe

Weil es für Männer immer noch schwierig ist, ihre Gefühle und Bedürfnisse auf direkte Art auszudrücken, teilen sie sie manchmal auf verschleierte Weise mit. Sexualität war immer schon ein Ausdrucksmittel für Männer und auch ein Zugang zum Aufnehmen von Kontakten. Was als Lust, Leidenschaft und Sexualität eines Mannes gilt, ist in Wirklichkeit sehr häufig ein Versuch des Mannes, sich einer Frau mehr zu nähern.

Vor der sexuellen Revolution galt die eherne Überzeugung, Männer besäßen einen stärkeren Sexualtrieb als Frauen und seien Sklaven ihres rasenden Testosterons. Männliche »Sexbesessenheit« wurde als normale, gesunde, biologische Tatsache des Lebens hingestellt – Männer brauchten einfach mehr Sex als Frauen. Heute wissen wir es besser – wenn es um Libido geht, sind Männer und Frauen ziemlich gleich. Zudem war selbst in der Vergangenheit der männliche Sexualtrieb nicht das, was er zu sein schien. Schon vor vielen Jahrhunderten verbarg der offenkundige Hunger des Mannes nach sexueller Eroberung immer auch noch einen tieferen Wunsch – den Wunsch nach physischem und emotionalen Kontakt – nach Intimität. Die Ursachen dafür reichen bis zu frühkindlichen Verhaltensweisen zurück. Jungen weinen zwar, haben zarte Gefühle und erleben Zeiten, in denen sie nur aus völlig unkontrollierter Emotionalität bestehen, aber anders als Mädchen zahlen sie für diese Gefühlsäußerungen einen Preis – Peinlichkeit und Scham. Jungen bringt man von früher Kindheit an bei, daß es zur männlichen Selbstkontrolle und Selbstbeherrschung gehört, seine Gefühle zu verbergen.

Für Mädchen ist der physische Ausdruck von Gefühlen akzeptabler. Nähe ist für Mädchen angenehm, und so sind sie frei, ihre Bedürfnisse nach körperlichem Kontakt und Zuneigung zu ergründen und zu erfüllen. Jungen haben dasselbe Bedürfnis nach Nähe, aber die Ausdrucksmöglichkeiten für dieses Bedürfnis werden mit dem Alter geringer. Jede Mutter hat schon erlebt, wie ihr Sohn sich einem liebevollen Kuß auf die Wange entzog aus Angst, jemand könne ihn für ein »Baby« oder einen »Weichling« halten. Ebenso hat mancher Vater gespürt, wie sein Sohn einer spielerischen Umarmung auswich und Papa wissen ließ, er sei »dafür jetzt zu alt«.

Die körperliche Berühung im zulässigen, aggressiven Zusammenhang mit Sport oder Raufereien kann der einzige körperliche Kontakt sein, den ein Junge jahrelang bekommt. Kein Wunder, daß er so begeistert ist, wenn er das Alter sexuellen Experimentierens erreicht! Sex bestätigt die Maskulinität der Männer und erlaubt ihnen gleichzeitig, ihren Hunger nach Nähe zu stillen. Die stereotype, weibliche Furcht: »Er ist nur an meinem Körper interessiert« ist oft ziemlich zutreffend. Das aufgestaute Bedürfnis eines Mannes nach körperlicher Zuneigung nimmt oft diese Form an. Wenn ein Mann sich sexuell aggressiv verhält, bedeutet das aber noch nicht, daß Sex alles ist, was er will. Ausdrücke sexueller Wünsche sind häufig ein getarnter Wunsch nach größerer Intimität.

Während manche Männer Sex als Mittel zur Befriedigung ihres Bedürfnisses nach Intimität betrachten, fürchten andere die emotionalen Sehnsüchte und Zugehörigkeitswünsche, die sich während des Akts einstellen könnten. Manche gehen wegen dieser Ängste dem Sex überhaupt aus dem Weg, und andere zeigen nach einer möglicherweise leidenschaftlichen, gefühlvollen Umarmung eine plötzliche Gleichgültigkeit gegen ihre Partnerinnen. Dieser abrupte Umschwung wirkt nur gefühllos; in Wirklichkeit handelt es sich um die besondere Anstrengung, *nicht* zu fühlen. Es geht um eine Reaktion, die von Gefühlen ausgelöst wird, die zu intensiv und unbehaglich sind. Männer, die sich nach dem Liebesakt schnell von einer Frau abwenden, sind nicht unbedingt kalt oder gefühllos – sie versuchen vielleicht, den inneren Konflikt zu verbergen oder zu unterdrücken, der in ihnen durch die Nähe, die sie gerade erlebt haben, aufgerührt worden ist.

Mark (36) ist deshalb ein ungewöhnlicher Fall, weil er sich dieses inneren Aufruhrs sehr stark bewußt ist. »Immer, wenn ich ein sexuelles Erlebnis mit einer Frau hatte, bekam ich Vorwürfe, weil ich sofort hinterher einschlief. Ich habe mir das selber erst unlängst erklären können. Wenn ich eine Frau körperlich liebe, hat das wirklich mit Liebe zu tun – ich bin zärtlich, möchte befriedigen, sogar liebevoll sein. Es ist, als wäre es in Ordnung, all das auf dem Höhepunkt der Leidenschaft zu empfinden, in Ordnung, mich zu verlieren, sogar dem Weinen nahe zu sein. Aber gleich danach ist die Ungeheuerlichkeit dessen, was ich empfunden habe, zuviel für mich – ich fühle, als müßte ich heiraten – als verlange das Wunderbare des Akts nichts Geringeres als eine feste Bindung. Also bewältige ich all diese gemischten Gefühle, indem ich einschlafe.« Man täte Mark unrecht, wollte man ihn als gefühllos bezeichnen, auch wenn sein offenkundiges Verhalten ihn so erscheinen läßt. Es liegt am Polaritäts-Faktor – zuviel Nähe ist für Mark das deutliche Signal, sich zurückzuziehen.

Andere Männer, die eine intensive Bindung fürchten, verleugnen ihre Furcht, indem sie zwanghaft auf sexuelle Eroberung aus sind. Bei diesen Männern steht im Zentrum der sexuellen Eroberung ein Wunsch nach Nähe und Verbindung mit einer Frau. Hinter dem scheinbar unersättlichen sexuellen Appetit verbirgt sich in Wirklichkeit ein nach Liebe hungernder Mann! Weil diese Not nicht erkannt wird, niemals zugegeben, nie ausgedrückt, fühlt sich der sogenannte Don Juan kaum jemals geliebt oder erfüllt. Deshalb empfindet er diese schreckliche Leere, während er eine Frau nach der anderen unbarmherzig verführt und dann flieht. Was der Don Juan will und verzweifelt braucht, ist der emotionale Kontakt mit einer Frau, aber die Ängste, von denen diese Wünsche umringt sind, sind so groß, daß er es sich nicht leisten kann, sie zuzugeben.

Der Don Juan hat meist eine Mutter gehabt, auf deren Liebe kein Verlaß war – manchmal warmherzig, sogar verführerisch, dann wieder kalt und reserviert. Weil seine Beziehung zu seiner Mutter von einer Kombination aus Sehnsucht und Furcht geprägt war, sind seine emotionalen Wünsche an eine Frau mit einem gesteigerten Gefühl von Beklemmung verbunden, mit greifbar drohender Gefahr. Seine Sehnsucht nach Wärme und Zugehörigkeit, vom unerfüllten Versprechen seiner Mutter in Gang gesetzt, treibt ihn, der Gefahr zu trotzen und verzweifelt Frauen zu begehren. Da er Angst hat, eine Frau rückhaltlos zu lieben und zu wollen, beschränkt er seine Aktionen auf sexuelle Eroberung – so kann er einer Frau scheinbar nahe sein, ohne intim zu werden.

Doch Männer und Frauen befinden sich in einem Entwicklungsprozeß, und damit schwindet zum Glück das Bedürfnis, grundlegende menschliche Gefühle wie den Wunsch nach Wärme und Zuneigung zu verbergen. Und je mehr den Männern allmählich bewußt wird, daß ihre Sexualität eine Tarnung anderer Motivierungen sein kann, desto leichter können sie die Freundschaft einer Frau suchen, offen und ehrlich.

Wie Männer auf Freundschaft reagieren

Männer und Frauen sind auffallend verschieden, was ihr Verhalten Freunden gegenüber anbelangt. Weibliche Freundschaften zeichnen sich durch körperliche Zuneigung und emotionale Ausdruckskraft aus. Männliche Bande sind nicht so direkt. Frauen rufen sich nur zum Plaudern an; Männer tun es, um Aktivitäten zu planen. Wenn Frauen sich unterhalten, teilen sie sich oft auch Intimes mit; Männern geht es mehr um den Austausch von Fakten und Informationen.

Denken Sie aber nicht, daß es sich nur um eine bedeutungslose Konversation handelt, wenn Männer von so allgemeinen Aktivitäten wie Poker, Squash oder einem Angelausflug reden. Männer kommunizieren in einer Sprache, die Frauen indirekt erscheinen mag, die aber andere Männer klar und deutlich verstehen. Für Männer ist zum Beispiel typisch, Alltagssorgen, Träume und selbst Befürchtungen in verschleierten Begriffen zu besprechen; sie erzählen, wie erfolgreich sie sind, oder philosophieren über den Sinn des Lebens. Ihr Wunsch, Gegenseitigkeit und Intimität zu erleben, ist vorhanden und wird geäußert, wenn auch verborgen hinter Frozzelei oder Bemerkungen, die man oberflächlich für bloßes Wetteifern halten könnte.

Jeder Mann, ganz gleich, wie viele männliche Freunde er haben mag, wünscht sich – wenn auch heimlich – eine Frau, die gleichzeitig auch sein bester Freund ist. Ohne sie empfindet er eine Art von Einsamkeit, die ihm zwar vertraut vorkommen mag, aber einen Schmerz im Gefolge hat, den nur allzu viele Männer kennen. Trotz der Verbundenheit »von Mann zu Mann«, die Männern zum Teil ermöglicht, tiefere Gefühle mitzuteilen, gibt es viele Männer, die an dieser Art der Intimität überhaupt nicht teilnehmen und auch keine anderen engen Freunde haben, nicht einmal Frauen. Die Untersuchungen auf diesem Gebiet zeigen leider, daß die meisten Männer keinen engen oder besten Freund besitzen.

In schwierigen Situationen wenden sich Männer meist nicht so an ihre männlichen Freunde, wie Frauen es mit ihren Freundinnen tun. Als Therapeuten begegnen uns oft Männer, die Eheschwierigkeiten haben oder an Ängsten vor beruflichem Versagen leiden und außer uns meist niemanden haben, mit denen sie sprechen könnten. Zweifellos haben auch Sie schon einen Mann erlebt, der bis zum letzten Moment gewartet hat, ehe er seinem Kumpel sagte, seine Ehe ginge auseinander, während die Freunde und Freundinnen seiner Frau seit langem davon wußten. Die Konkurrenzangst der Männer wird als ständiger Vorwand gebraucht, aber in Wahrheit sind Männer in einer Freundschaft gar nicht so auf Wettstreit eingestellt, wie die Leute glauben.

Als Folge ihrer Hemmungen und Besorgnisse, nur ja nicht schwach zu erscheinen, ist den meisten Männern Männerfreundschaft nicht genug. Sie wünschen sich eine intimere und vertrauensvollere Beziehung, in der sie sich ohne Einschränkung offen zeigen können. Und eine solche Beziehung suchen sie bei Frauen. Männer wollen und brauchen Freundschaft mit ihren Partnerinnen sogar stärker als Frauen mit ihren Partnern. Weil sie sich anderen Männern gegenüber zurückhalten, baut sich eine ungeheuere Sehnsucht in ihnen auf. Für geschiedene oder verwitwete Männer kann die Einsamkeit zur Qual werden, und das ist der Grund, weshalb diese Männer oft wieder heiraten, so rasch sie können. Sie wollen die Freundschaft wiederfinden, die verlorenging.

Männer reagieren auf echte Freundschaft mit Dankbarkeit und Loyalität. Sie fühlen sich näher, nicht so allein, haben mehr Vertrauen. Sie spüren, daß sie eine Lebensgefährtin haben, jemanden, der ihnen in den Abenteuern des Lebens zur Seite steht. Eine Frau, die das begreift, kann zur Seelengefährtin eines Mannes werden, die ihn kennt und versteht.

Der Kumpel

Stuart (30) hatte erst einmal eine ziemlich lange Beziehung von einem Jahr Dauer gehabt. Danach hatte es eine Anzahl flüchtiger Begegnungen mit Frauen gegeben. Stuart sagte zwar, er fühle sich zur Ehe bereit und wolle Kinder, bemühte sich aber stets um Frauen, bei denen das Aussehen den Ausschlag gab. Er bevorzugte große, schlanke, blendend aussehende Frauen, die er dann nach ein paar Rendezvous allesamt nie mehr anrief, weil er sie zu ichbezogen oder oberflächlich fand.

Eines Tages verkündete er in der Therapie: »Ich habe die Frau gefunden, die ich heiraten werde – wenn sie mich will.« Diesmal beschrieb Stuart nicht wie sonst Beine und Haare der Frau und wie hübsch und sexy sie sei, sondern sagte: »Sie gibt mir das Gefühl, einen wirklich guten Freund gefunden zu haben!«

Nikki und Stuart waren sich bei einer Tages-Radtour, die von einem Radsport-Magazin veranstaltet wurde, begegnet. Nebeneinander strampelten sie einen steilen Hügel hinauf, machten Witze über die starke Steigung und kamen so ins Gespräch. Beim Mittagessen saßen sie am selben Tisch. »Auf alles, was ich sagte, ging Nikki sofort ein – wir sprachen über Fahrräder, Touren, an denen wir teilgenommen hatten, wo wir in den Ferien hinwollten – es gab sogar ein paar Bücher, die wir beide gelesen hatten, und wir waren uns einig, was uns daran gefiel und was nicht. Am nächsten Nachmittag nahm sie mich zu einem Volksmusik-Konzert mit. Es ist alles leicht mit ihr. Wir sind einfach zusammen, wie Kameraden.«

Inzwischen, sieben Monate später, sind Stuart und Nikki eng befreundet. Er hat zwar ein paar Probleme erwähnt – er hat nicht viel für ihre Zimmergenossin übrig, und sie hat ihn gebeten, zuverlässiger zu sein, wenn er sagt, daß er sie anrufen will, was er inzwischen ist –, hofft aber, daß sie sich immer näher kommen und eines

Tages heiraten werden. Stuart hat in Nikki einen richtigen Kumpel gefunden, einen Kameraden, eine Frau, die dieselben Dinge gern tut wie er und zur Freundschaft ohne männlich-weibliche Machtkämpfe oder Konflikte fähig ist.

Eingedenk Stuarts bisheriger Festlegung auf große, schlanke, sehr hübsche Frauen fragten wir ihn nach Nikkis Aussehen, und er zog einen Schnappschuß von einem ihrer Wochenendausflüge in die Berge heraus. Sie hat ein freundliches, offenes Gesicht und wirkt anziehend, aber nicht hübsch im herkömmlichen Sinn. Bei einer Größe von einem Meter sechzig hat sie kurze, muskulöse Beine und ist das Gegenteil seines bisherigen »Typs«.

Entdecken, was Männer wirklich anzieht. Wir haben Nikkis Aussehen deshalb erwähnt, weil wir meinen, daß diese Fallgeschichte lebhaft unsere Überzeugung illustriert, daß die Einstellung der Frau, ihre Persönlichkeit, ihr Verhalten und die emotionale Reaktion, die all diese Eigenschaften bei einem Mann auslösen, ein weitaus maßgebenderer Faktor für männliches Wohlgefallen und Bindungswilligkeit sind als die äußere Erscheinung, ganz gleich, wie festgelegt der physische »Typ« eines Mannes zu sein scheint. Das warme, wohltuende Gefühl der Freundschaft, das Stuart bei Nikki findet, war ausschlaggebend, sie zu schätzen und heiraten zu wollen.

Auch Bonnie ist ein Kumpel. Für Ray ist sie eine warmherzige und vertrauenswürdige Gefährtin. Dabei stehen diese Gefühle in scharfem Kontrast zu manchen Eindrücken, die er früher von ihr hatte.

»Als ich zu dir und deinen Freundinnen hereinkam und hörte, wie ihr die Männer buchstäblich auseinandernahmt und davon redetet, was für ›blöde Heinis‹ und wie ›ungehobelt‹ wir seien, da wußte ich, daß wir nicht zusammenpassen würden. Ich brauche eine Frau, die mein Freund sein will – wir waren offensichtlich nicht füreinander geeignet.«

Ray war auf der Party in einem anderen Zimmer gewesen, und als er in die Küche kam, wurde er Zeuge, wie Bonnie und ihre Freundinnen einen »Weiberratsch« hatten. Als er ihr auf dem Heimweg sagte, er wolle sich von ihr trennen und warum, versuchte sie, seine Kritik ins Lächerliche zu ziehen. »Komm, komm, das ist halt die Art, wie Frauen reden. Außerdem, ich bin nicht dein Kumpel, ich bin deine Geliebte.«

Sie war überrascht von dem Zorn, den diese letzte Bemerkung bei Ray auslöste. »Genau das ist es, Bonnie! Und ich bin das dämliche, romantische Getue leid, das du mit mir aufführst. Spar deine Reizwäsche und deinen Champagner für einen Kerl, der genug vom Neandertaler hat, um davon ständig leben zu wollen!«

Wütend über seine Worte sprang Bonnie aus dem Wagen und schmiß die Tür zu, als er vor ihrem Wohnblock anhielt. »Und ich hoffe, du findest den Freund, der mit dir angeln geht und dich glücklich macht! Zu schade, daß du nicht Ernest Hemingway heiraten kannst.«

Bonnie (35) war in ihrem Beruf als Vertreterin einer Konstruktionsfirma äußerst ehrgeizig und zielstrebig. Während der Arbeitszeit kleidete sie sich konservativ und war der Inbegriff der professionellen Geschäftsfrau, entschlossen, die Männer auf einem Gebiet, das sie weitgehend beherrschten, zu schlagen. Am Feierabend wurde sie eine ganz andere Person. Sie tauschte ihre Karriere-Garderobe gegen hautenge Kleider und hohe Absätze. Ebenso vertauschte sie ihre Rolle als tüchtige Berufstätige gegen die einer koketten Sexbombe.

Sie war stolz darauf, fast jeden Mann herumkriegen zu können, den sie wollte. Aber gleichzeitig verachtete sie Männer dafür, daß sie den Köder schluckten. »Mit Männern ist es so einfach – man zieht einen kurzen Rock an, und schon kommen sie angerannt.« Dabei war ihr bewußt, daß sich die Männer zwar zunächst körperlich von ihr angezogen fühlten, ihre Beziehungen aber selten länger als ein paar Monate dauerten.

Nach vielen kurzen Affären, gewöhnlich mit unzuverlässigen oder schwer zu haltenden, aber aufregenden »Scheißkerlen«, hatte sie eine »Wir-gegen-sie«-Mentalität entwickelt, die Überzeugung, daß Männer und Frauen sich im Grunde im Krieg befänden, einem Krieg, den sie selbst zu gewinnen entschlossen war. Sie und ihre Freundinnen redeten jede Woche stundenlang und tauschten unter Gelächter den neuesten Klatsch über ihre Affären aus. In eine dieser Zusammenkünfte war Ray hineingeplatzt.

Bonnie hatte Ray auf einer Party getroffen, ihn nach seiner Telefonnummer gefragt und ihn die darauffolgende Woche angerufen. Zwei Monate lang hatten sie sich immer wieder gesehen, meist um ins Kino, auf Vernissagen oder in schicke Restaurants zu gehen, wo sie regelmäßiger Gast war. Er hatte sie mehrmals aufgefordert, einen Ausflug aufs Land zu machen, zu einem Baseball-Spiel zu gehen oder zum Angeln. »Ich möchte dir diesen zauberhaften See zeigen, den ich weit hinten in den Bergen entdeckt habe – es ist so friedlich dort«, hatte er immer wieder gesagt. Sie hatte es immer wieder abgelehnt, bei solchen Sachen mitzumachen, sie küßte ihn und sagte: »Das sind Angelegenheiten für Männer – nimm doch einen deiner Freunde mit.«

Danach hatte sie eine ihrer Freundinnen angerufen und ihr erzählt, was passiert war. Sie war bestürzt, als sie ihre Freundin sagen hörte: »O Gott, Bonnie! Er war so nett! Er ist der beste Mann, mit dem ich dich je gesehen habe – du hättest ihn heiraten können!«

Während der nächsten Tage wurde Bonnie auf dem Weg zu Verkaufsterminen im Auto von Tränen übermannt. Immer wieder ging ihr durch den Sinn, was Ray und ihre Freundin gesagt hatten. Zum ersten Mal in Jahren gestand sie sich ein, daß sie sich eine ernste Beziehung wünschte, sogar die Ehe.

Sie rief Ray an und fragte ihn, ob er sie in einer Espressobar treffen wolle. Sie sprachen stundenlang miteinander, aufrichtig, wie Freunde. Bonnie spürte, wie sie sich köstlich locker und entspannt fühlte, einfach sie selbst in seiner Gegenwart. Als sie im Aufbruch waren, fragte sie ihn: »Wenn ich die Karten besorge, gehst du dann mit mir zu einem Baseball-Spiel?«

Bonnie entdeckt allmählich, daß sie viele der Unternehmungen, die sie vorher verachtet hatte, ehrlich genießt. Zahlreiche Affären mit schlechtem Ausgang haben sie ängstlich gemacht und Narben hinterlassen, aber an die Stelle ihrer tiefsitzenden Angst vor Intimität treten allmählich Vertrauen und Achtung vor Ray. Langsam gibt sie ihm mehr von sich preis.

Auch Ray seinerseits wird freier und viel offener ihr gegenüber. Bis dahin hatte er immer leisen Groll gegen sie verspürt, weil er fühlte, daß sie ihn nur als attraktiven Begleiter haben wollte. Da er selber nur begrenzt Lust auf Nachtleben und übertriebene Romantik hatte, hatte er sie nicht öfter als ein- oder zweimal die Woche treffen wollen. Als der Bereich ihrer Unternehmungen sich erweiterte, begann Ray zu spüren, daß er in Bonnies Gegenwart mehr er selbst sein konnte, und wollte von da an mehr und mehr Zeit mit ihr verbringen.

Freundin des Geliebten werden. Eine der verbreitetsten Befürchtungen von Männern und Frauen ist, das Entstehen echter Freundschaft in einer Beziehung sei der Vorbote des gefährlichen Verlusts von Erregung und Erotik. Unser Kulturkreis neigt dazu, diese Furcht zu betonen, denn es werden leider scharfe Trennungslinien zwischen freundschaftlichen und sexuellen Beziehungen gezogen. Die meisten von uns machen sich unbewußt diese falsche Differenzierung zu eigen, die Wahrheit ist dagegen, daß Liebende Freunde sein können und umgekehrt.

Freundin Ihres Geliebten zu werden, bedeutet keinen

Verlust an Leidenschaft; es erweitert Ihre Beziehung um eine bedeutende Dimension. Am häufigsten stirbt Leidenschaft, wenn sich langsam Schmerz und Groll ansammeln. Die Leichtigkeit der Kommunikation und das Gefühl der Gemeinsamkeit, die sich in einer engen Freundschaft ergeben, sind das beste Mittel gegen diese Mißverständnisse. Wenn Menschen befreundet sind, verstehen sie sich besser. Wenn Liebende gleichzeitig gute Freunde sind, haben sie die Möglichkeit, von ihrem Verständnis auf eine Weise Gebrauch zu machen, die die Leidenschaft eher verstärkt als vermindert. Liebende, die auch Freunde sind, haben nach der Umarmung etwas, worüber sie sprechen können, und sie besitzen die gegenseitige Offenheit und Bejahung, die wiederum den Wunsch nach Umarmung mit sich bringen.

Die Initiatorin

Janet und Gene gehen jetzt seit neun Monaten miteinander. Im letzten Monat hat er Formulierungen fallen lassen wie »wenn wir ein altes Ehepaar sind« und »in unseren Flitterwochen«, aber deutlicher wurde er nicht, und er machte ihr auch keinen förmlichen Antrag. Janet (34) mußte sich mehrmals bremsen, um ihn nicht zu fragen, ist aber entschlossen zu warten, bis er um sie anhält. »Schließlich habe ich in unserer Beziehung eine Menge Risiken auf mich genommen und viele Sachen vorgeschlagen. Ich will, daß er mir den Heiratsantrag ganz von sich aus macht.«

Es ist wirklich so, daß die beiden sich vielleicht gar nicht kennengelernt hätten, hätte Janet nicht so stark die Initiative ergriffen, nachdem sie Gene (35) begegnet war. Zwei Jahre zuvor hatte sie eine persönliche Veränderung vollzogen, und damit hatte sich auch ihre Einstellung zu Männern und ihr Verhalten in Beziehungen radikal geändert.

»Es war auf einer Party. Ich war mit einer Freundin gekommen und sah, wie all die Paare miteinander redeten, wie Männer auf Frauen zugingen und eine Unterhaltung anfingen, wie Frauen sich mit Männern bekanntmachten. Ich war richtig neidisch, als ich diese Frauen dabei beobachtete. Die ganze vergangene Woche hatte ich mich verbittert und als armes Opfer gefühlt, ich hatte diesen Kerl verflucht, mit dem ich ein paarmal ausgegangen war, weil er nicht wieder angerufen hatte, und mich gefragt, was ich getan hatte um ihn zu vertreiben. Ich hatte mich bemitleidet und an die zahllosen Male zurückgedacht, die ich schon darauf gewartet hatte, daß Männer mich anrufen würden, von Groll erfüllt. Während ich die Leute auf der Party beobachtete, wurde mir klar, daß ich bei Männern selten irgendeine Initiative ergriff. Daß ich darauf wartete, Männer sollten auf Partys auf mich zugehen, und daß ich deprimiert heimging, wenn »der Richtige« nicht mit mir gesprochen hatte. Ich hatte von einem Mann auch immer erwartet, daß er immer seine Pläne fertig hat, so einer, der die Sache in die Hand nimmt und entscheidet, wo wir zum Abendessen hingehen und sogar, wann er mich das nächste Mal trifft. Ich begriff, daß ich den Männern übelnahm, daß sie mir das Gefühl einer Betrogenen verschafften, während doch ich es war, die sich durch ihr passives Verhalten zum Opfer machte.«

Janet fing an, selbst ein paar Schritte zu tun. Und es war nicht immer lustig. »Ich fand ziemlich schnell heraus, was Männer durchmachen müssen. Auf einen Mann zuzugehen, zum Beispiel in meinem Fitneß-Center, und eine Unterhaltung anzufangen oder zu sagen: ›Tauschen wir doch die Telefonnummern aus und schauen wir, ob wir nächste Woche zusammen ins Kino gehen können‹, war manchmal wirklich schwer, und ich fühlte mich schrecklich, wenn ich spürte, daß von seiner Seite kein Interesse vorhanden war. Aber später traf ich ein paar interessante Männer und ging mit ihnen aus, weil ich den Anfang gemacht hatte. Und ich fühlte mehr Kraft, mehr Gleichgewicht.«

Gene nahm an einem Kurs für kreatives Schreiben teil, den Janet an der Universität besuchte. »Als ich ihn zum ersten Mal sah, fühlte ich mich sofort zu ihm hingezogen, und als er eine seiner Geschichten im Unterricht vorlas, spürte ich, daß wir in mancher Hinsicht ähnliche Gedanken und Gefühle dem Leben gegenüber hatten. In der Pause ging ich hin und stellte mich vor und sagte, daß mir seine Geschichte sehr gut gefallen habe. Ich fragte ihn, ob er nach Unterrichtsschluß mit mir einen Kaffee in der Cafeteria der Universität trinken wolle, und kam mir dämlich vor, als er sagte, er sei mit jemandem verabredet – ich dachte, er hätte eine Freundin oder sei verheiratet.

Der Kurs ging weiter, wir beide lasen unsere Arbeiten vor, tauschten Blicke und ein paar Worte, und ich spürte richtig etwas, wenn wir uns anschauten. Als nur noch zwei Unterrichtstermine bis zum Ende des Kurses übrig waren, beschloß ich, noch einmal einen Vorstoß zu riskieren – wenn ich nichts tat, sahen wir uns nach Beendigung des Kurses womöglich nie wieder. Also fragte ich ihn noch mal, ob er nach dem Unterricht mit mir Kaffee trinken wolle. Er sagte ›nein‹! Lange Pause, und dann: ›Ich muß meinen Bruder nach Hause fahren – wir wohnen zusammen.‹ Ich ging einfach weiter und ließ nicht nach. ›Sind Sie verheiratet?‹ fragte ich. ›Nein‹, antwortete er, ›ich habe nicht mal eine Freundin.‹ ›Also‹, sagte ich, ›geben Sie mir Ihre Nummer, dann lade ich Sie und Ihren Bruder zu einem Abendessen ein, das ich nächste Woche gebe.‹«

Janet hatte Gene von Beginn des Schreibkurses an gefallen, aber er war und ist ein schüchterner Mensch. Er war ungeheuer erleichtert, als sie den ersten Schritt tat und ihn wissen ließ, daß sie an ihm interessiert sei. Das warmherzige Interesse und die Freundlichkeit, die aus ihrer Einladung zum Abendessen sprachen, und wie sie später Unternehmungen vorschlug und ihn und seinen Bruder in der Stadt herumführte, gaben ihm Sicherheit und ermutigten ihn, seine Scheu ihr gegenüber abzulegen, und gestatteten ihm auch, sich rascher und lokkerer auf ihre wachsende Zuneigung zu ihm zu verlassen.

Ihre Bereitschaft zum Risiko, daß sie die Initiative ergriff, gab ihm den Mut und die Freiheit, ihr mehr von seiner Persönlichkeit zu offenbaren. Sie trat als Freundin auf, und das hatte auf ihre Beziehung einen sehr positiven Einfluß.

Die Initiative ergreifen. Ob in der Nachbarschaft, beim Einkaufen, beim Unterricht, in unseren Gruppen oder sogar bei der Arbeit: Wir alle haben eine große Zahl Menschen in unserem Leben, die wir regelmäßig genug sehen, um uns ihre Gesichter zu merken, mit denen wir aber nicht reden. Wir sind nicht vorgestellt worden oder haben keinen besonderen Grund, um mit ihnen zu sprechen, also tun wir es nicht. Wir nicken vielleicht oder lächeln und sagen »Hallo«, aber mehr geschieht nicht. Eine Person, ob männlich oder weiblich, die das Risiko eingeht, Kontakt herzustellen, vermehrt stark ihre sozialen Möglichkeiten.

Es kann sich herausstellen, daß Sie nichts gemeinsam haben. Es kann ein beruflicher Kontakt oder eine flüchtige Bekanntschaft sein. Vielleicht sprechen Sie mit einer Person bloß einmal und erfahren oder hören etwas, das Ihnen im Augenblick nottut. Aber Sie könnten auch dem einen, einzigen begegnen. In unseren Ohren tönt es etwas kraß, aber wir haben oft sagen hören, es sei »ein Lotteriespiel – je mehr Männer man kennenlernt oder trifft, desto größer die Chance, denjenigen zu finden, bei dem es wirklich funkt«. Ebenso sagt man, eine Frau, die zu Hause neben dem Telefon sitzt und wartet, werde vermutlich lange warten.

Die Initiative zu ergreifen, versetzt Sie in eine aktivere, bessere Position. Sie kommen aus der passiven Haltung heraus und warten nicht mehr darauf, daß Männer auf Sie zukommen oder Sie ausführen, die Sie vielleicht überhaupt nicht interessieren. Ob Sie nun den ersten Schritt tun und sich selbst jemandem vorstellen und eine Unterhaltung anfangen oder das größere Risiko eingehen und einen Mann zum Kaffee oder Mittagessen oder Kino oder einem kulturellen Ereignis auffordern – Sie übernehmen die Verantwortung für Ihr eigenes Erleben, indem Sie aktiv werden.

Wie reagieren Männer darauf? Sie mögen es, fast immer. Männer spielen nur ungern die Rolle desjenigen, der stets und ständig den ersten Schritt tut und die Zurückweisung riskiert. Ergreift eine Frau die Initiative, ist das sowohl schmeichelhaft als auch eine große Erleichterung für einen Mann. Außerdem gilt: Während aggressive Männer oder Schürzenjäger gar keine Schwierigkeiten haben, sich mit Frauen bekannt zu machen – Männer, denen Sie vielleicht lieber nicht begegnen möchten! –, bei vielen Männern, bei denen es sich lohnt, die aber selbst zu zurückhaltend und schüchtern sind, kann Ihre Initiative der einzige Weg sein, sie kennenzulernen.

Auch Evelyn ist eine Initiatorin. Sie und Larry sind seit sechs Jahren verheiratet. Sie sind beide in den Mittvierzigern und kinderlos. »Wenn ich mir vorgestellt hätte, wir würden jeden Abend von der Arbeit nach Hause kommen, zu Abend essen und bloß vor dem Fernseher sitzen, wäre ich vielleicht nie zu unserem zweiten Rendezvous gegangen! Unser Leben langweilt mich so sehr. Larry kriegt langsam einen Bauch, er fängt an, häufig Überstunden im Büro zu machen, und ich laufe nur seufzend herum. Er ist ein guter Mann, und ich liebe ihn, aber ich weiß nicht, was ich machen soll.«

Evelyn und Larry sind an einem kritischen Punkt in ihrer Ehe angelangt. Sie fühlt sich gelangweilt und beneidet andere Paare, sogar Junggesellinnen, um ihr aufregenderes Leben. Sie glaubt, daß Larry vorzeitig ins mittlere Alter eingetreten ist. Er ist nicht mehr der flotte unternehmungslustige Mann, der sie um Mitternacht in Jazz-Clubs führte und über das Wochenende mit ihr in abenteuerliche, ausgefallene Unterkünfte in den Bergen fuhr. Das Problem ihrer Ehe besteht darin, daß Evelyn passiv erwartet hat, Larry werde schon für Spannung sorgen, wie zu Anfang, als er ihr den Hof machte, und während der ersten paar Jahre ihrer Ehe. Sie erwartete seine Vorschläge für Unternehmungen, daß er sie ausführte und Karten für interessante Veranstaltungen besorgte.

Larry gab sich auch wirklich Mühe, Aktivitäten vorzuschlagen, wurde aber im Lauf der Jahre durch Evelyns zunehmend anspruchsvolle Haltung entmutigt. »Wozu die Mühe?« dachte sich Larry allmählich.

Eines Tages, beim Mittagessen mit einer alten Freundin, deren Ehe Evelyn beneidenswert fand, beklagte sie sich wieder über die Langeweile in ihrer Ehe. »Du und Jim, ihr besucht immer einen Kurs oder geht fürs Wochenende auf eine Farm oder beteiligt euch am Gemeindeleben – Ich wünschte, Larry brächte mal eine solche Idee!«

»Glaubst du, eine einzige Idee stammt von meinem Mann?« fragte ihre Freundin erstaunt.

Evelyn beschloß, Larry entgegenzukommen und sich ihm gegenüber positiver, herzlicher und liebevoller zu verhalten. Obwohl er anfangs nicht darauf reagierte, blieb sie dabei, wohl wissend, daß ihre Ehe sich nicht über Nacht kurieren ließ. Sie beschloß auch, nicht mehr so passiv zu sein und von Larry zu erwarten, den Ritter in schimmernder Wehr zu spielen. Sie traf Verabredungen mit anderen Paaren zu zwanglosen Abendessen und zu einem Konzert in einem Jazz-Club, der in der Nachbarschaft aufgemacht hatte. Warme Gefühle erwachten wieder zwischen Evelyn und Larry. Sie sprachen wieder miteinander, und sie sagte ihm, wie traurig sie sei, daß sie sich so weit voneinander entfernt hätten und daß sie sich vorgenommen habe, diesen Prozeß zurückzudrehen.

Als Evelyn mit ihrer Initiative begann und neue, gemeinsame Unternehmungen vorschlug, war sie hocherfreut zu sehen, daß Larry Spaß daran hatte. Seine Reaktion stammte aus der Erleichterung – eine Last war von ihm genommen: Nicht länger mußte er nun derjenige sein, von dem man automatisch Vorschläge für Aktivitäten erwartete. Die neue, gleich verteilte Dynamik reduzierte stark den Groll auf beiden Seiten.

»All das hat uns einander wieder nahegebracht«, sagt Larry, »und in unserem Sexualleben Wunder bewirkt. Eine Zeitlang hatte ich das Gefühl, für uns sei alles vorbei, ich wäre ein alter Mann – aber so, wie es heute steht, stimmt es vielleicht, daß das Leben mit vierzig beginnt. In meinen Augen hat Evelyn ein großes Verdienst daran, weil sie uns wieder in eine positive Richtung gelenkt hat.«

Verantwortung für Veränderung übernehmen. Jede Freundschaft, jede Ehe muß sich fortwährend weiterentwickeln. Wie Woody Allen im Film »Annie Hall« zu Diane Keaton sagt: »Eine Beziehung ist wie ein Hai – sie muß in Bewegung bleiben, oder sie stirbt.« Beide Partner sind dafür verantwortlich, die erforderliche Energie einzubringen, um ihre Beziehung aktiv und lebendig zu erhalten. Beide müssen sich an neuen Erfahrungen beteiligen, die gemeinsame Gefühle erzeugen, die Gesprächsthemen, Pläne und Träume bringen. Das trifft besonders auf Paare zu, die entweder kinderlos oder deren Kinder erwachsen sind und die daher weniger gemeinsame Handlungsinteressen haben.

Um die Wahrheit zu sagen: Die meisten von uns hätten gern gewisse Veränderungen in ihrem Leben und ihren Beziehungen. Nur allzu häufig treffen die Vorwürfe unsere Partner, wenn sich diese Veränderungen nicht ereignen. Sie brauchen unsere Vorschläge nicht, sie hören unseren Klagen nicht zu, unser Flehen rührt sie nicht, sie wissen nicht einmal, was in uns vorgeht. Doch wenn Veränderung eintreten soll, müssen wir aufhören, sie nur von unseren Partnern zu fordern, und anfangen, die Verantwortung zu übernehmen, sie selbst herbeizuführen.

Grundsätzlich ist diejenige Person, die eine Veränderung wünscht, dieselbe, die dafür zu sorgen hat, daß etwas geschieht. Es ist nicht nur ärgerlich, sondern vollkommen vergeblich, herumzusitzen und auf jemanden zu warten, der unser Leben verbessern soll. Warten wir, so fühlen wir uns passiv und, schlimmer noch, auf die Empfindsamkeit und Großzügigkeit unserer Partner angewiesen. Wenn wir Verantwortung übernehmen, warten wir nicht, dann sind wir nicht passiv, sondern bewegen die Dinge in die Richtung unserer Wahl, anstatt uns dem Schicksal als Opfer darzubieten.

Ein Grund, weshalb manche Menschen sich wehren, diesen aktiveren und effektiveren Weg zur Veränderung einzuschlagen, ist Stolz oder falscher Stolz, genauer gesagt. »Wenn er nicht selbst die Initiative ergreift, nicht selbst daran denkt oder nichts von sich aus tut, dann hat es keinen Zweck. Eine Erfahrung ist nur dann gut, wenn er sie selbst macht, weil er das will – Bitten macht alles kaputt!« All diese Gefühle haben mit falschem Stolz zu tun und nicht mit Liebe. Manchmal ist wirklich mehr Liebe dahinter, wenn wir beginnen, als wenn ein Partner nur gewohnheitsmäßig handelt. Wenn ein Partner auf etwas Neues, das wir tun, reagiert und sich darauf einstellt, zeigt er damit seine Liebe, weil er oder sie etwas tun, was nicht selbstverständlich ist.

Zu handeln ist wichtiger als zu warten. Wenn wir handeln, nehmen wir automatisch weniger übel und steigern die Möglichkeit, unser Leben auf eine Art zu bereichern, die uns gefällt.

Die treusorgende Ernährerin

»Als ich Michael zuerst begegnete, fühlte ich, daß es ihm irgendwie unbehaglich war, mit einer Geschäftsfrau auszugehen«, erinnert sich Janine, die Werbung verkauft. »Seine Freunde sind Künstlertypen – Schriftsteller, Dichter und Künstler. Und nach dem, was er mir sagte, hatte er es vor mir immer mit sehr gefühlsbetonten, ziemlich verrückten Schauspielerinnen und Künstlerinnen zu tun gehabt. Er rief mich sechsmal am Tag an, aber ich wußte, daß er Zweifel hatte, ob wir ein gutes Paar abgeben könnten, und ich hatte dieselben Zweifel. Es kam nicht in Frage, daß ich der reife, praktische Partner in der Beziehung wurde, damit er der tolle, kreative Künstler sein konnte. Ich sagte ihm von Anfang an, daß wir ein gutes Gleichgewicht zwischen uns benötigten, wir müßten beide gleichermaßen verantwortlich und kreativ sein.«

Janine (36) traf Michael (34), Stückeschreiber und freier Journalist, zwei Jahre nach der Zerrüttung ihrer achtjährigen Ehe. Nach ihrer Scheidung war Janine in eine andere Stadt gezogen. Abends besuchte sie Kurse über Film, kreatives Schreiben und Theater. Michael lernte sie kennen, als sie zum erstenmal als Volontärin Werbung für ein Stück machte, das er geschrieben hatte.

»Er ist ein unglaublich begabter Autor und ein sehr warmherziger, großzügiger Mensch«, sagt Janine. »Zuerst haben mich seine Freunde eingeschüchtert, und ich glaube, er wußte nicht recht, ob ich zu ihnen passen würde, und fragte sich, ob ich nicht zu ›konventionell‹ sei – aber das alles haben wir verarbeitet. Ich habe wirklich Freude an den Ideen und der Theaterleidenschaft und der Kunstwelt, in die er mich eingeführt hat. Auch da gibt es ein paar eingebildete Nullen und Snobs, aber die gibt es überall – mir macht das nichts aus. Und er hat gelernt, die Geschäftswelt gelten zu lassen und die ›Kunst‹, die ich betreibe. Er hatte sogar einen bescheidenen Erfolg mit einem Stück über Kaufen und Verkaufen, und ich war das Modell der Hauptfigur.

Geld war zuerst ein haariges Thema für uns. Mein Gehalt ist fünfstellig, und er wohnte in einem billigen Studio und verdiente mit seiner freien Mitarbeit bei Zeitschriften so zwischen 500 und 1000 Dollar, gerade genug, um die Miete bezahlen und so seine Stücke schreiben zu können. Er weigerte sich, in teure Lokale zu gehen, auch wenn ich ihn einlud, weil er sich nicht revanchieren konnte.

Erst nachdem wir ein paar Monate viel zusammen gewesen waren und uns wirklich verliebten und anfingen, uns tiefer zu vertrauen, waren wir imstande, von unserer Zukunft und vom gemeinsamen Wirtschaften überhaupt zu sprechen. Ich sagte ihm, daß ich meine Arbeit liebte und das Geld, das sie einbringe, daß ich aber auch an ihn als Autor glaubte und keinen Börsianer oder Mogul aus ihm machen wollte, bloß damit er auch eine Menge Geld verdiente – ich hatte bereits eine Ehe mit Konkurrenzdenken und Materialismus hinter mir. Andererseits wollte ich auch kein finanziell unsicheres Bohème-Leben führen.

Nach vielen langen Diskussionen beschlossen wir zu heiraten. Wir legen unsere Einkünfte zusammen und haben genug Geld für einen angenehmen, wenn auch nicht extravaganten Lebensstil. Ich kümmere mich um die Rechnungen und Finanzen und habe auch den Kauf unseres Hauses geregelt, weil ich das gut kann und weil es mir liegt. Er ist mehr mit Kochen und Einkaufen beschäftigt als ich, aber er ist zufrieden dabei – er schreibt sowieso nur am Vormittag. Ich möchte jetzt gern schwanger werden, und das finden wir beide sehr spannend. Ich werde weiter arbeiten, und er wird mehr der Hausmann sein.«

»Manche Leute mögen denken, daß unsere Ehe eine Art Rollentausch ist«, sagt Michael. »Janine verdient das

Fünffache von mir, aber wir arbeiten beide sehr hart an Dingen, die wir gern tun. Ihr Glaube an mich als Autor hilft mir wirklich vorwärts, und nach vielen intensiven Beziehungen mit Frauen, die genauso verrückt waren wie ich damals, bin ich äußerst dankbar dafür, eine Frau zu haben, die so vernünftig, liebevoll und hilfsbereit ist wie Janine. Wir ergänzen uns sehr gut, finde ich. Viele Autoren sind sehr früh ausgebrannt und können sich nicht leisten, eine Familie zu haben. Mein Leben hätte sehr einsam und unstet sein können, aber sie macht eine Familie für uns möglich – ich betrachte mich als sehr glücklichen Mann, weil ich sie gefunden habe.«

Der Wunsch der Männer nach Kameradschaft

Wie Sie an diesen Fällen erkennen können, wünschen sich Männer Freundschaft mit den Frauen in ihrem Leben, auch wenn dieser Wunsch weder ihren Partnern oder ihnen selbst klar ist.

Viele Frauen erkennen diesen männlichen Wunsch nicht nur deshalb nicht und handeln nicht danach, weil er oft stumm bleibt oder indirekt zum Ausdruck kommt, sondern auch deshalb, weil der Wunsch eines Mannes nach Nähe für eine Frau bedrohlich erscheinen kann. Eine Frau mag fürchten, aufgezehrt zu werden, sie mag fürchten, daß ihre eigenen Bedürfnisse unbefriedigt bleiben oder daß sie etwas von ihrer Selbständigkeit verliert, wenn der Mann zu besitzergreifend oder zum besten Freund wird. In der Vergangenheit und auch noch heute genügt es vielen Frauen völlig, Frauen als beste Freunde und Kameraden zu haben, und sie ziehen einen Mann als Freund kaum in Betracht; ob bewußt oder unbewußt, viele Frauen wollen, daß Männer der stereotypen Männerrolle des Starken und Selbstbewußten entsprechen.

Häufiger noch ist es hingegen der Mann, der es versäumt, seinen Wunsch nach Umwandlung einer romantischen Beziehung in eine Freundschaft zu signalisieren. Bedenken Sie jedoch, daß alle Männer einen tiefen Wunsch nach Freundschaft, nach Kameradschaft hegen, wie versteckt auch immer. Glauben Sie von keinem Mann, er sei anders, so unabhängig oder selbstsicher er auch scheinen mag.

Um dieses Bedürfnis bei einem Mann leichter zu erkennen, fragen Sie sich: Spricht er mit Ihnen über seine berufliche Laufbahn oder seine Träume? Beklagt er sich darüber, daß Sie nicht mehr gemeinsam unternehmen? Wenn Sie die Initiative ergreifen, ist er dann erfreut, gefällt ihm das sogar? Spricht er mit Ihnen darüber, wie weit Sie sich für seine Arbeit interessieren und was Sie darüber wissen? Möchte er gerne Zeit mit Ihnen verbringen, ohne besondere Tagesordnung, nur um mit Ihnen zusammen zu sein? Diese Fragen können Sie sich stellen, um so hinter seinen unausgesprochenen Wunsch nach mehr Freundschaft zwischen Ihnen beiden zu kommen. Aber selbst wenn er keinen Wunsch nach Freundschaft zeigt, seien Sie versichert, dieser Wunsch ist trotzdem da. Jeder Mann sehnt sich danach, aber vielen ist nicht einmal klar, daß Kameradschaft zwischen Männern und Frauen möglich ist.

Sich mit einem Mann befreunden

Vielen Frauen fällt der erste Schritt zur Freundschaft mit einem Mann am schwersten. Manche romantischen Wünsche müssen aufgegeben werden. Ein Freund ist nicht mysteriös, nicht schwer zu halten. Freundschaften gründen sich auf Verständnis, Bejahung und Wissen.

Der zweite bedeutende Schritt auf dem Weg zur Freundschaft mit dem Mann in Ihrem Leben heißt, vom Denken zum Verhalten, von der Absicht zum Handeln überzugehen. Freundschaften basieren mehr auf Taten als auf Gedenken. Befragt man sie, geben die meisten Männer und Frauen bereitwillig zu, daß sie gern mehr Freundschaft zu ihren Geliebten spüren würden. Diejenigen, denen das gelingt, das sind diejenigen, die ihren guten Willen in ihr alltägliches Verhalten einfließen lassen. Dies im Sinn, lassen wir ein paar Ideen folgen, die Sie sich überlegen oder vielleicht in die Tat umsetzen können, falls Sie aus diesem Aspekt Ihrer Beziehung mehr machen wollen.

Wir schlagen vor, daß Sie mit ihm in derselben lockeren und offenen Weise zu sprechen anfangen, wie Sie es mit Ihren Freundinnen tun. Das können wir gar nicht genug betonen. Wenn Sie so handeln, als wären Sie Freunde, wird er sich mehr entspannen und mehr Vertrauen haben. Werden Sie ein Vorbild an Offenheit und Leichtigkeit der Kommunikation.

Ergreifen Sie die Initiative. Frauen, die das tun, schaffen damit ein neues Gefühl der Vitalität. Es gibt zahllose Männer, die im Beruf vielleicht dynamische Zugpferde sind, aber es müde werden, dieselbe Pose auch im häuslichen Leben beizubehalten. Männer lieben Frauen, die diesen Wunsch nach Gleichberechtigung und Partnerschaft spüren.

Lassen Sie ihn wissen, daß Sie mit ihm gemeinsame Interessen und Anliegen teilen wollen. Zeigen Sie ihm, daß Sie sich aus den Dingen, die Sie gemeinsam tun, etwas machen. Wenn es in Ihrer Beziehung bisher wenige gemeinsame Interessen oder Aktivitäten gibt, entwickeln Sie sie. Wann immer wir mit Paaren arbeiten, erleben wir, daß dieser Rat zwar allgemein angenommen, aber nur selten in die Praxis umgesetzt wird. Sie sollen nicht nur darüber reden, Sie sollen gemeinsam etwas tun – zum Beispiel Kurse gemeinsam besuchen, Hobbys und gemeinsame kulturelle Interessen entwickeln, dasselbe Buch lesen und darüber diskutieren, mehr über seinen Beruf erfahren oder ihm von Ihrer Arbeit erzählen und so weiter.

Ein wichtiger Tip: Warten Sie mit Ihrer Initiative nicht, bis Sie selbst sich höchst motiviert fühlen und vor Begeisterung bersten. Wirkliche Spannung und echtes Interesse entstehen meist erst, wenn man an einer Aktivität beteiligt ist. Vorher neigen wir alle dazu, ziemlich passiv, sogar lethargisch zu sein. Die meisten von uns haben Träume oder Pläne; doch nur wenige von uns führen diese Pläne auch wirklich aus. Gewöhnlich warten wir auf den anderen, und dann haben wir einen Sündenbock, wenn alles beim alten bleibt!

Wollen Sie aufrichtig ein Gefühl der Freundschaft bei einem Mann wecken, dann sprechen Sie mit ihm über Ihre gemeinsamen Träume, planen Sie die Zukunft, auf weite Sicht wie für die kommende Woche. Paare, die zusammen arbeiten, spielen und träumen, verbindet ein starkes, dauerhaftes und erfüllendes Band.

12. Kapitel Elf Regeln zur Erhaltung der Liebe

Eine Beziehung lebendig zu erhalten, ist eine immerwährende Aufgabe, aber der Lohn ist die Anstrengung eindeutig wert. Männer und Frauen sind in gleichem Maße verantwortlich für das, was sie tun, und das, was sie versäumen. Bei unserer Arbeit mit Paaren haben wir herausgefunden, daß es ebenso voraussagbare Gefahren wie Richtlinien für den Erfolg gibt. Die meisten Paare sind auf guten Willen und liebevolle Hoffnung angewiesen, die aber nicht ausreichen, um für Vitalität, Zuwendung und eine Liebe zu bürgen, die mit den Jahren wächst und reift. Mehr wird gebraucht. Vor allem ist es entscheidend, ein Bewußtsein für die subtilen Anschauungen, Handlungen und persönlichen Haltungen zu besitzen, die einen befähigen, einer Beziehung Leben, Freude und Vitalität einzuhauchen.

Regel 1
Beziehungen ergeben sich nicht von selbst, wir schaffen sie

Die meisten von uns werden im Glauben an die Magie der »Chemie« zwischen Liebenden erwachsen. Die Liebe wird als etwas Köstliches, Unerklärliches und letzten Endes außerhalb unserer Kontrolle Befindliches empfunden. Wir beschließen nicht bewußt, ein Liebespaar zu werden, es scheint sich einfach zu ereignen, und wir nehmen es mit Entzücken und Staunen zur Kenntnis.

Wahr an der Sache ist, daß der Liebe Lohn zwar unbezahlbar sein kann, daß es aber etwas kostet, ihn zu bekommen. Gute Beziehungen ergeben sich nicht einfach von selbst, sie sind das Ergebnis bewußter Anstrengung und Arbeit. Gute Vorsätze allein genügen nicht. Soll sich eine reiche und erfüllende Liebesbeziehung entwickeln, wird eine aktivere Haltung verlangt. Liebe erfordert ein Bewußtsein dessen, was nötig ist, damit unser Geliebter sich glücklich und erfüllt fühlt. Sie verlangt Ehrlichkeit gegen uns selbst in bezug darauf, was wir wahrhaft fühlen und aufrichtig zu geben bereit sind. Das Wesentlichste ist vielleicht, daß wir uns als Handelnde wohl fühlen. Ohne Handeln bleibt im besten Fall nur Reden und im schlimmsten Fall Klagen, Vorwürfe und das allmähliche Anwachsen destruktiver Haltungen und Gefühle.

Der Verlauf einer Beziehung wird nie vom Glück oder Schicksal bestimmt, er ist das Resultat fortlaufender Entscheidungen, für die beide Partner verantwortlich sind. Selbst wenn weder Mann noch Frau sich der Bedeutung dessen, was sie tun oder lassen, bewußt sind, formen und verändern diese Taten oder diese Tatenlosigkeit doch das Band zwischen ihnen. Eine Beziehung ist das Fazit unseres Verhaltens insgesamt.

Uns allen ist bewußt, wie wir zu Beginn einer Beziehung sind. Aber trotz bester Absichten werden viele von uns unterwegs träge und weniger sensibel für die Bedeutung ihrer Handlungen. Dabei sind Beziehungen niemals statisch, entweder sie wachsen oder sie befinden sich sachte auf dem Weg des Verfalls. Wegen der Bedeutung unseres Verhaltens bleiben wir die ganze Beziehung hindurch verantwortlich dafür, daß Lebendigkeit und Wärme in der Liebe erhalten bleiben.

Wenn Sie diese Regel begreifen und annehmen, werden Sie sich weder belastet noch frustriert fühlen – eher werden Ihre Kräfte zunehmen. Wenn Ihnen klar ist, daß Sie selbst den Lauf der Liebe zu bestimmen haben, daß Sie Ihr eigenes Schicksal gestalten können, werden Sie Hoffnung, sogar Optimismus spüren. Anstatt ein passiver Beobachter zu bleiben, werden Sie zum Mitbeteiligten auf der Suche nach Liebe und ihrer Vollendung.

Regel 2
Liebe mag schlummern, aber sie stirbt nie

Alle Verheirateten fürchten insgeheim, Stagnation könne das schicksalhafte Ende der Beziehung sein. Weil es so mühsam sein kann, das Band mit einer anderen Person zu pflegen, und weil Scheidung derart grassiert, fürchten wir oft, die Liebe werde welken und sterben. Solche unheimlichen Grübeleien werden oft von Legenden über den Mythos der Liebe erzeugt – wenn die Liebe auf so geheimnisvolle Weise auftreten kann, dann mag ihr Tod ebenso rätselhaft sein. Viele Menschen sind überzeugt, daß sie sich ebenso leicht ent- wie verlieben können.

Trotz dieser Befürchtungen stirbt die Liebe aber selten. Sicher, wenn Leute sich scheiden lassen, vergewissern sie sich, daß der letzte Funke erloschen ist, um in bezug auf ihren Entschluß ruhig sein zu können. Wenn aber Liebe in einer Beziehung fehlt, dann liegt das daran, daß etwas anderes sie verdunkelt hat. Negative Gefühle verschleiern häufig die positiven oder lassen sie verstummen. Wenn wir zornig, frustriert oder enttäuscht sind, lassen wir diesen Gefühlen die Oberhand über Liebe und Verlangen. Emotionale Gleichgültigkeit wird zur Maske, die uns davor schützt, Schmerz und Zorn zu zeigen. Emotionale Erstarrung wird zum Mittel, uns gegen die Gefahr erneuter Zuneigung zu wappnen. Wenn Liebe also schlummert, können wir nur diese negative Facette erkennen. Bitterkeit verbirgt die Süße einer Liebe, die einst deutlich sichtbar war – daher der Ursprung der Idee, Liebe und Haß seien nahe Verwandte. In Wirklichkeit sind die Äußerung von Zorn und verbale Ausbrüche gegen unseren Partner nicht nur Beweise verletzter Liebe, sondern sie könnten auch der Wunsch nach Kontakt sein, ein Wunsch, der auf verzerrte Art zum Ausdruck kommt.

Wenn in einer Ehe schlimme Dinge passieren, möchten wir uns davor schützen. Wir haben Angst vor Schmerz und Zurückweisung, ziehen uns in uns selbst zurück und sind überzeugt, daß die Liebe tot ist. Das ist sie aber nicht. Und sie kann wiederbelebt werden. Zu begreifen, daß tiefe positive Gefühle eher schlummern können als ganz verschwunden zu sein, öffnet neue Bahnen, eine Beziehung wiederzubeleben und anzukurbeln. Sie können diese Regel anwenden, indem sie zunächst das, was Sie jetzt fühlen, von dem trennen, was Sie zu Beginn einer Beziehung empfunden haben. Denken Sie daran, die Liebe, die Sie in der Vergangenheit gefühlt haben, war real, und jetzt ist sie ein Maßstab für das Potential, das noch vorhanden ist.

Liebe läßt sich wiederbeleben, aber hüten Sie sich vor den tödlichen Wirkungen von falschem Stolz und Halsstarrigkeit. Leute, die unbedingt recht haben müssen, die es nach Vergeltung oder Rache dürstet, lernen nie, wie Wärme und Reichtum, die einst existierten, sich erneuern lassen. Zuerst müssen die Quellen von Zorn und Trauer klar erkannt werden. Danach müssen die Gefühle voll zum Ausdruck kommen, gefolgt von Vergebung und Bejahung. Sich der Liebe zu erinnern, die Sie einmal empfunden haben, sich Erinnerungen und Bilder der Zuneigung und des Verlangens, die einst existierten, ins Gedächtnis zu rufen, ist unabdingbar bei der Suche nach der inneren Bereitschaft zu tun, was notwendig ist. Wenn die negativen Faktoren, die die Liebe lähmen, isoliert und dann zerstreut oder beiseite geschafft sind, können die positiven Gefühle freigelegt werden.

Regel 3
Ein Partner ist kein Allheilmittel

Der Lohn der Zweisamkeit wird so hoch gepriesen, daß wir zu dem Glauben gelangen, Liebe sei das Mittel gegen alles, woran wir leiden. Ein ausgefülltes, wunderbares, höchst befriedigendes Leben wird versprochen. Wir sind überzeugt, daß alte Wunden sich schließen und Unsicherheiten behoben werden.

Jeder von uns hat seine Achillesferse, und in gewissem Maß lecken wir alle alte Wunden. Es stimmt, daß Liebe ein besonderer Prozeß der Verbindung, der intensiven Anteilnahme und des Gebens ist, sie ist aber kein Allheilmittel für innere Probleme. Liebe mag eine der größten Erfahrungen des Lebens sein, ist aber nicht das Leben selbst. Sich mit dem Geliebten eins zu fühlen, ist wunderbar, aber nie buchstäblich wahr. Ganz gleich, wie eng, wie liebevoll oder wie intensiv Ihre Beziehung oder Ehe ist, Sie sind stets zwei Individuen ebenso wie ein Paar.

Leider werden wir alle im Heranwachsen durch den Einfluß kultureller und sozialer Kräfte auf Strategien hingewiesen, die unsere Selbstachtung stärken sollen. Viele dieser Strategien sind von zweifelhaftem Wert, andere sind sogar gefährlich und selbstzerstörerisch. Männern hat man zum Beispiel von jeher den Glauben eingeredet, Geld und finanzieller Erfolg höben ihr Selbstwertgefühl an, und Frauen hat man beigebracht, geliebt und verheiratet zu sein, garantiere grenzenlosen Gewinn. Geld und Heirat sind zwar zweifellos wünschenswert, aber sie sind kein Gegenmittel für den Schmerz alter Wunden oder Enttäuschungen. Es ist wichtig zu verstehen, daß Sie selbst für Ihre Heilung verantwortlich sind. Partner können Hilfe leisten und sicherlich den Schmerz eines einsamen Herzens kurieren, sie können aber keine Erfahrungen der Vergangenheit ausradieren, die zu Gefühlen von Zweifel und Unzulänglichkeit geführt haben mögen. Selbst wenn ein Partner nachgiebig zu sein scheint, wird er oder sie unbewußt Widerstand leisten.

Wenn wir unserem Partner übertriebene Erwartungen aufbürden, fühlen wir uns am Ende unweigerlich enttäuscht, und unser Partner ist verärgert. Übermäßige Hoffnungen sind selbstzerstörerische Phantasien und bringen nur selten Zufriedenheit. Selbst wenn eine Beziehung dazu zu führen scheint, daß wir uns besser fühlen, diese guten Gefühle können nur dann dauerhaft sein, wenn sie aus uns selbst kommen. Werden sie uns nur von unserem Partner vermittelt, geben wir ihm damit eine große Macht über uns, und wenn er uns eines Tages verläßt, bleiben wir allein und ohne gesundes Selbstwertgefühl zurück. Wir müssen ganz aus uns selbst die Fähigkeit und den Mut entwickeln, uns in einem positiven Licht betrachten zu können. Wir müssen zuerst lernen, uns selbst zu lieben, sonst werden wir nie das Selbstbewußtsein und die Fähigkeit haben, einen anderen wirklich zu lieben.

Regel 4
Liebe ist Bejahung, nicht Veränderung

Viel zu oft sind wir der falschen Ansicht, daß Liebe und Ehe ein Freibrief dafür sind, einen anderen umzukrempeln. Wir halten es für richtig, die harten Ecken und Kanten der geliebten Person zu glätten, obwohl wir dabei Gefahr laufen, auch gerade die Qualitäten auszumerzen, die wir an unserem Partner lieben.

Unter dem Deckmantel von Kommunikationsbereitschaft und Offenlegung der gegenseitigen Gefühle halten es viele Menschen heute für vollkommen in Ordnung, vom Partner zu verlangen, daß er sich verändert. Obwohl es richtig und wichtig ist, Unzufriedenheit und Beschwerden auch zu äußern, gehen viele doch zu weit. Unter dem Vorwand, nur aufrichtig und ehrlich zu sein, versuchen wir, unseren Partner von Grund auf umzumodeln. Das gelingt aber nicht. Selbst wenn der Partner sich zu fügen scheint, unbewußt leistet er doch Widerstand.

Der Ehe haftet eine verbreitete Legende an: Alle Themen könnten auf den Tisch kommen, und über alles könnte verhandelt werden. Doch nichts könnte weiter von der Wahrheit entfernt sein. Zwischen Frauen und Männern gibt es viele Themen, die nicht verhandelbar sind. Dagegen ist nichts zu sagen, und es bedeutet auch nicht Mangel an Liebe oder verminderte Sensibilität gegenüber dem Partner. Wir alle besitzen Seiten unserer persönlichen Identität und Persönlichkeit, die nur uns gehören, die weder destruktiv noch verletzend sind und schon gar nicht Gegenstand von Veränderungen.

Sicherlich, manche Dinge können und müssen besprochen werden, wenn sie unerträglich sind. Es mag sich aber für Sie lohnen, die Bedeutung von »in guten und schlechten Tagen« neu zu überdenken. Dieser Satz im traditionellen Heiratsgelöbnis sollte uns daran erinnern, daß wir alle Fehler und Unzulänglichkeiten haben. Zudem werden die Fehler zunehmend deutlicher, wenn wir uns besser kennenlernen. Dann ist es an der Zeit, wirkliche Liebe und Bejahung ins Spiel zu bringen.

Oft versuchen wir schon im Anfangsstadium der Liebe, unseren Geliebten zu ändern. Viele von uns fühlen sich von Gegensätzen angezogen, gehen aber dann daran, eben diese einzigartigen Eigenschaften auszurotten, die uns zuerst so gefallen haben. Unterschiede können emotional bedrohlich wirken. Es ist, als nähmen wir sie persönlich, als ob sie eine Ablehnung oder Verneinung dessen enthielten, wer wir sind und was wir schätzen.

In Wirklichkeit geht es in der Liebe darum, ebenso die Fehler des anderen zu akzeptieren wie auch das zu schätzen, was besonders und liebenswert ist. Selbst Veränderung oder Abwandlung, die in bester Absicht angeregt werden, werden von ihm oder ihr vielleicht nicht so gesehen. Versuche, Veränderungen zu erzwingen, können eine Herabsetzung der anderen Person enthalten. Selbst wenn diese Veränderungen zu rechtfertigen und auch möglich sind, werden sie nur eintreten, wenn der zu verändernde Partner sie selbst von sich aus wünscht. Diesem Wunsch muß aber stets das Gefühl des Geliebt- und Anerkanntseins vorausgehen.

Regel 5
Liebende sind keine Gedankenleser

Zu den Phantasievorstellungen der Liebe gehört, daß unser Partner uns in einer Weise kennt wie niemals jemand zuvor, und daß er oder sie irgendwie auf unsere innersten Gedanken und Träume eingestimmt ist. Dieser Wunsch, so intim erkannt zu werden, spornt uns häufig bei unserer Suche nach Romantik an. Uns verlangt nicht nur nach Liebe, sondern auch nach einem Gefühl, nicht allein zu sein, sondern erkannt und sichtbar. Wann immer Männer und Frauen von »Chemie« sprechen, meinen sie damit zum Teil ein Gefühl des Erkennens, ein Bewußtsein, ähnlich und »geistig verwandt« zu sein. Daher nehmen wir an, daß unser Partner uns kennt, uns versteht und vorausahnen kann, was wir denken und fühlen. Und wenn unser Partner das nicht tut, sind wir leicht betrübt, enttäuscht und fühlen uns sogar verraten.

So sehr wir es auch wünschen mögen, unser Partner

ist doch nie ein Gedankenleser. Wir können nicht davon ausgehen, daß der andere immer um unsere Wünsche, Hoffnungen und Schmerzen weiß. Wir müssen uns denen, die wir lieben, bekannt machen. Menschen, die Verständnis brauchen, aber nicht den Versuch machen, sich zu verstehen zu geben, sind selbst daran schuld, wenn sie sich als Opfer fühlen. Manche sind der Ansicht, wenn sie ihrem Partner erst sagen müßten, was sie brauchten, dann sei etwas nicht in Ordnung, selbst wenn sie dann doch bekommen, was sie wollen. Männer und Frauen, die so empfinden, glauben, eine Liebesgabe bemesse sich danach, wie feinfühlig und intuitiv sie sei, während tatsächlich das Gegenteil eher zutrifft. Wenn Sie einem Mann sagen, was Sie vermissen, und er auf ihren Wunsch eingeht, beweist er damit wirklich seine Liebe zu Ihnen. Vorahnung Ihrer Wünsche, Gedankenlesen gibt es nur in der Phantasie; ein Partner, der genug Anteil nimmt, um zuzuhören und liebevoll zu reagieren, ist ein Schatz.

Männer und Frauen, die von denen verstanden werden, die sie lieben, erreichen das, indem sie mitteilen, wer sie sind. Sie erwarten von der geliebten Person keine irgendwie magische Intuition. Wenn aufrichtige Offenbarung und Anteilnahme fehlen, kann das nur zu Fehlinterpretationen, Gefühllosigkeit und Verletzungen führen.

Regel 6
Nicht was Sie sagen, ist wichtig, sondern was Sie tun

Allgemeine Weisheit besagt, daß Beziehungen durch Kommunikation bereichert werden und leicht auf Grund laufen, wenn der Dialog zwischen einem Mann und einer Frau spärlich ist. Man macht uns glauben, daß Verwirrendes geklärt wird, wenn Liebende offene und ehrliche Gespräche führen. Es scheint sicherlich wahr zu sein, daß uns an gestörten Ehen vor allem eine Atmosphäre der Kälte und des Schweigens auffällt. Es ist auch oft zutreffend, Kommunikationsprobleme als Faktoren von Beziehungskonflikten herauszustellen, aber ob mehr Kommunikation notwendig ist, ist nicht so klar.

Manchmal reden Leute zuviel – sie sagen etwas und meinen in Wirklichkeit etwas anderes, oder sie sagen etwas zueinander, das mit dem Kundtun von Informationen oder dem Ausdruck von Gefühlen nichts zu tun hat. Sehr oft wird Kommunikation genutzt, um zu manipulieren, Schuldgefühle zu wecken oder Vorwürfe auszuteilen, auch wenn die Worte positiv und liebevoll klingen. Kommunikation kann eine Waffe sein und wird auch oft so genutzt. In manchen Beziehungen ist Reden nicht ein Mittel, um Informationen auszutauschen, sondern eine subtile Form von Zwang oder Manipulation mit dem Ziel, die andere Partei zu ändern.

In der endgültigen Analyse wird eine Beziehung am Betragen beider Teile gemessen und bewertet und nicht nur anhand dessen, was gesprochen wird. Worte mögen Absichten übermitteln, aber wirkliche Bedeutung hat nur, was wir aus diesen Worten machen. Wenn Sie sich eine lebendige und liebevolle Beziehung wünschen, teilen Sie sich am besten durch Akte der Liebe, Zuneigung und Empfindsamkeit mit. Sich zu fragen, was Sie in letzter Zeit für Ihren Geliebten getan haben, ist besser als dieser Person nur zu sagen, was Sie tun möchten.

Regel 7
Stabile Beziehungen verändern sich dauernd

Den meisten von uns bringt man bei, Stabilität beruhe auf Gleichgewicht, Beständigkeit und Dauer. Wir lernen, Veränderung könne gefährlich sein und solle daher vermieden werden, und auch Gefühlswallungen sollten um jeden Preis gering gehalten werden, da sie die Reinheit und Fortdauer einer Beziehung nur gefährden könnten. Man sagt uns, eine stabile Beziehung bliebe Jahr um Jahr unverändert und sei von den verräterischen Kräften, die ihr einen anderen Verlauf geben wollen, nicht zu erschüttern.

In Wahrheit verändern sich Beziehungen dauernd, denn wir als Individuen befinden uns auf dem Weg durchs Leben in einem Dauerzustand des Wachstums und Entwickelns. Und die Fähigkeit, mit Veränderungen positiv umzugehen, ist eine grundlegende Notwendigkeit in einer starken, liebevollen Beziehung. Paare geraten in Schwierigkeiten, wenn sie sich stur gegen Veränderung sperren – aus Angst, ihre Liebe könne nicht stark oder haltbar genug sein, um die unberechenbaren Wirkungen von Veränderungen verkraften zu können. Dauerhafte Beziehungen sind so flexibel, daß sie dem Wechsel nicht mit Furcht, sondern mit Zustimmung und einer positiven Einstellung entgegensehen.

Eine Ehe entwickelt und verändert sich dauernd im Lauf der Zeit. Zu Beginn ist das wundervolle Gefühl des Verliebtseins eng mit dem Neuen und dem langsamen Prozeß, jemanden genau kennenzulernen, verbunden. Am Anfang haben wir keine Angst vor Veränderung, weil wir viel zu sehr damit beschäftigt sind, uns an der Entdeckung dieser und jener neuen und interessanten Seite unseres Geliebten zu freuen. Dann geschieht etwas Seltsames. Wir kommen an einen Punkt, wo uns alles absolut perfekt erscheint und wir es nur so haben wollen und nicht anders. Wenn der Zustand des Neuseins sich abnutzt, können wir sogar das Gefühl haben, als sei die Verliebtheit vorbei. Wir können aber in den fortdauernden Genuß des Neuen kommen, wenn wir der Veränderung aufgeschlossen gegenüberstehen.

Wir müssen lernen, mit zweierlei Veränderung umzugehen: Mit unserer eigenen als Individuum und mit den Veränderungen, die wir an unserem Partner beobachten. Wichtig ist, nicht ängstlich gegenüber den eigenen persönlichen Wandlungen oder denen des Partners zu sein. Nehmen Sie das Risiko auf sich, und gehen Sie davon aus, daß Ihr Partner Ihr Wachstum vertragen kann, daß seine Liebe stark genug und sein Vertrauen groß genug sind und daß er nicht dabei zugrunde gehen wird. Und gönnen Sie ihm ebensoviel Respekt, Spielraum und Platz, um seinerseits zu wachsen.

Die Entwicklung der Gefühle, die ein unabdingliches Nebenprodukt persönlicher Veränderungen ist, ist zwar oft unbehaglich, aber auch ein wunderbares Mittel gegen die Momente von Schalheit und Langeweile, die in jeder lang andauernden Beziehung vorkommen. »Schlechte Zeiten« zu erleben, bedeutet nicht, daß die Beziehung schlecht oder ernsthaft gestört ist. In allen guten Beziehungen kommen gelegentlich schwierige Zeiten vor. Es ist wichtig zu verstehen, daß diese schlechten Zeiten nicht besagen, daß der Beziehung etwas mangelt, sondern eher auf irgendeine Veränderung hindeuten, der sich das Paar auf positive und flexible Weise stellen muß.

Regel 8
Liebe wird von Untreue immer vergiftet

In den letzten beiden Jahrzehnten haben wir gesehen, wie Intellektualismus und Zynismus in diesem Land ständig zugenommen haben. Geburtenkontrolle und die darauffolgende sexuelle Revolution führten zu einem weit verbreiteten Experimentieren und einer langsamen, aber ständigen Aushöhlung des Wertes der Treue. Leider haben wir uns an die Untreue gewöhnt, da Affären immer mehr zur Normalität geworden sind. Einst galt es bei Männern als viel wahrscheinlicher, außereheliche Beziehungen zu haben, als bei Frauen; heute begeben sich Männer wie Frauen mit gleicher Häufigkeit in Affären. Zum Teil ging man davon aus, Affären könnten keinen besonderen Schaden anrichten. »Was ich nicht weiß, macht mich nicht heiß« wurde zum dürftigen Leitspruch. »Affären können einer Beziehung sogar guttun«, lautete die von Wunschdenken bestimmte Entschuldigung. Die Menschen wiegten sich in dem Glauben, Untreue sei eigentlich recht zuträglich – wenn alle es so machen, muß es in Ordnung sein. Falsch! Wenn Untreue auch heute nicht mehr so oft zur Scheidung führt wie in der Vergangenheit, schädigt sie doch auf die Dauer das Band der Liebe.

Eine Affäre ist keine Lösung, sie ist das Symptom eines Problems. Männer und Frauen, die untreu sind, versuchen, eine innere Notlage zu lösen, indem sie vorübergehend Zuflucht bei einem anderen Partner suchen. Diesen Weg einzuschlagen, ist als Lösung selten wirksam und selbst, wenn alles in Ordnung zu sein scheint, ist doch etwas Zerstörerisches passiert, das nicht rückgängig zu machen ist, auch wenn die andere Person nie dahinterkommt. Man hat seine Bindung gebrochen, und das hat gewichtige Konsequenzen.

Wenn wir die eheliche Bindung respektieren und ehren, fühlen wir uns wohl und sind mit unserem Betragen einverstanden. Wir brauchen nichts zu verbergen und keine Spuren zu verwischen. Täuschung ist ein schädlicher und unehrenhafter Akt, der nie zu einem positiven Ausgang führt. Und wenn wir unaufrichtig handeln, wissen wir es insgeheim genau und fühlen uns ehrlos und schäbig.

Ehrgefühl und Loyalität sind entscheidend für jede enge, liebevolle Beziehung. Ehre ist nicht nur ein abstrakter, abgehobener Begriff, sie ist ein ständiger Teil unseres täglichen Verhaltens. Auch Loyalität muß ständig praktiziert und hochgehalten werden, sonst läßt die Liebe nach, und das Vertrauen schwindet. Traditionelle Wertmaßstäbe entwickelten sich aus vernünftigen Überlegungen. Sie wurden nicht einfach aufgestellt, um die Ehe zu rechtfertigen oder um Verbote zu formulieren, die die persönliche Freiheit einschränken. Sie haben sich statt dessen auf empirischem Wege im Lauf der Zeit herausgebildet und spiegeln Verhaltensweisen wider, die die Liebe stärken und fördern, anstatt sie zu zerstören.

Regel 9
Schuldzuweisungen sind schädlich

Wenn wir allein leben, können wir keinen anderen für unser Glück oder Unglück verantwortlich machen. Wenn wir mit uns selbst zufrieden sind und uns wohl fühlen, wissen wir, daß wir diese Gefühle uns selbst zu verdanken haben. Auch wenn wir uns schlecht fühlen, sind wir uns darüber klar, daß die Gründe dafür bei uns selbst liegen müssen. Wir können unserem Schicksal mit der Faust drohen oder uns darüber aufregen, daß wir als Kinder nicht richtig behandelt worden sind, aber es gibt niemanden, dem wir unsere Enttäuschung, unsere Frustration oder unseren Kummer anlasten können. Mit der Eheschließung aber ändert sich alles! Am Hochzeitstag sind wir voll hochfliegender Hoffnungen, begierig auf die Zukunft und bereit, unsere Liebe im Überfluß zu vergeben. Doch was müssen wir erleben? Schon bald wird aus der Eheseligkeit ein Alltag voll Unzulänglichkeiten, wir müssen mit Erstaunen und Enttäuschung erkennen, daß die Ehe nicht all unsere Bedürfnisse erfüllt, sondern sogar neue Probleme schafft, mit denen wir uns auseinandersetzen müssen.

Die Ehe ist ein perfektes Medium zum Ausbrüten von Schuldzuweisungen und Anklagen. Solange wir ledig sind, lautet die Erklärung für Unzufriedenheit: »Wenn ich unglücklich bin, so ist das *meine* Schuld.« Bei Verheirateten aber heißt es schon bald: »Wenn ich unglücklich bin, so ist es *deine* Schuld.« Ehepartner bieten sich als Sündenböcke geradezu an.

Selbstkritik fällt immer sehr viel schwerer, als einem anderen die Schuld zu geben. Es ist viel weniger beunruhigend, Fehler bei anderen zu suchen, und sehr viel schmerzlicher, sich mit den eigenen Handlungen auseinanderzusetzen. Der Vorwurf sagt sich leicht: Es ist *dein* Fehler – ganz einfach. Es ist viel leichter, einem anderen die Verantwortung für unser Unglück zuzuschieben und sich selbst leid zu tun, als selbst die Verantwortung für die eigene Lage zu übernehmen.

Schuldzuweisungen haben selbstzerstörerische Wirkung. Sie verstärken die eigene Passivität, geben uns das Gefühl, Opfer und von der Behandlung durch andere abhängig zu sein. Der Zweck einer Schuldzuweisung, auch wenn sie nicht klar definiert wird, besteht darin, irgendeine Veränderung, die wir gerne sehen würden, zu erreichen. Aber damit überlassen wir die Erfüllung *unseres* Wunsches der Aktivität *eines anderen.* Vorwürfe pflegen häufig wiederholt zu werden, sie sollen in unserem Partner Schuldgefühle wachrufen. Doch das Ergebnis häufig wiederholter Vorwürfe ist nur selten eine positive Veränderung, viel häufiger führen sie zu zunehmender Verärgerung und schwindender Liebe bei unseren Partnern.

Verfallen Sie nicht in den Fehler, anderen die Schuld zuzuschieben, es bringt nichts. Nehmen Sie statt dessen eine selbstbewußtere Haltung ein. Machen Sie sich genau klar, was Sie wirklich wollen, und überlegen Sie sich im einzelnen, wie Sie vorgehen können, um es zu erreichen. Je mehr Verantwortung wir für unser eigenes Leben übernehmen, desto weniger brauchen wir anderen die Schuld zuzuweisen, und – was noch wichtiger ist – desto glücklicher werden wir.

Regel 10
Geben ist ansteckend

Die Liebe verlangt Augenblicke wirklicher Selbstlosigkeit und uneingeschränkten Gebens. Liebe ohne Gegenseitigkeit ist mehr eine Abhängigkeit als liebende Achtung und Fürsorge füreinander. Die Liebe zwischen Erwachsenen verlangt zwar ein Gleichgewicht zwischen Geben und Nehmen, aber dennoch sind Augenblicke selbstloser Liebe die Essenz des Ganzen.

In den sechziger Jahren lernten wir, unsere Gefühle zu erforschen und uns zu ihnen zu bekennen. Jene Ära gab uns aber auch den Freibrief, uns ausgiebig mit uns selbst zu beschäftigen und unser persönliches Glück zum wichtigsten Mittelpunkt jeder Beziehung zu machen. Sogar das traditionelle Ehegelübde wurde entsprechend geändert: Aus »bis daß der Tod uns scheidet« wurde »solange wir unsere gegenseitigen Bedürfnisse erfüllen«. Obwohl die sechziger Jahre lange vorbei sind, gibt es noch immer Spuren der Hinterlassenschaft der »Ich-Generation«. Zwar lassen wir allmählich die Zeit hinter uns, in der Ehen beiläufig aufgelöst und Scheidungen als interessantes Abenteuer angesehen wurden, aber die hartnäckige Konzentration auf das Ich und die eigene Befriedigung ist geblieben. Eine Liebe zu erhalten, braucht aber mehr.

Wirkliche Liebe verlangt manchmal, die eigenen Wünsche und Bedürfnisse zurückzustellen und Rücksicht auf die Wünsche des Partners zu nehmen – nicht immer und nicht immer nur einseitig, aber manchmal. Die wichtigste und eindrucksvollste Erfahrung, die wir in einer Liebesbeziehung machen können, besteht darin, unserem Partner gegenüber selbstlos zu geben. Damit gelangen wir in das Zentrum der wahren Liebe. Tatsächlich spüren wir viel mehr Liebe, wenn wir geben, als wenn wir nehmen.

Geben in einer Liebesbeziehung ist ansteckend. Damit wird ein Beispiel für Großzügigkeit und Fürsorge vorgelebt, das den anderen zur Nachahmung anregt. Aber geben Sie nicht nur, um zu bekommen, das wäre lieblos. Auch sollten Sie nicht darauf bestehen, endlos und unentwegt zu geben, wenn Ihr Gegenüber nichts als ein Vakuum ist. Über den Daumen gepeilt, könnte man sagen: Geben Sie 70 Prozent und nehmen Sie dafür 30 Prozent.

Regel 11
Liebe straft nicht, sie vergibt

Jeder macht Fehler. Jeder verletzt oder enttäuscht einmal seinen Partner. Wir alle können manchmal schwierig oder unerträglich sein. Dann gibt es zwei Möglichkeiten: Entweder wir können vergeben und weitermachen, oder wir sammeln immer mehr Groll an.

Es gibt zwei Arten von Vergebung. Zuerst einmal ist es wichtig, sich selbst vergeben zu können. Keiner von uns ist vollkommen, wir alle fügen ab und zu unseren Liebespartnern Schmerz zu. Sich selbst zu vergeben heißt nicht, die Handlungen, mit denen wir Schmerz bereiteten, zu entschuldigen oder zu rechtfertigen, es heißt nichts weiter als vergeben – geben Sie die negativen Gefühle auf, die Sie mit Ihren Handlungen verbinden, die den Schmerz bei Ihrem Partner auslösten. Sich selbst zu vergeben, ist ein wichtiger Schritt, der nicht zu leicht genommen werden sollte, denn ohne ihn käme es zu einer Ansammlung destruktiver Schuldgefühle und Selbstvorwürfe.

Zum zweiten ist es wichtig, dem Partner vollständig vergeben zu können. Der Wunsch, Schmerz zuzufügen, zurückzuschlagen, recht zu behalten und sogar ein Schuldbekenntnis vom anderen zu erzwingen ist ganz normal. Nur Engel spüren nicht diese primitiven selbstgerechten Bedürfnisse. Doch am Ende, wenn der Zorn abkühlt, muß der letzte Schritt zur Wiederherstellung der Liebe und der Harmonie erfolgen, und dieser Schritt ist die Vergebung. Auf die Vergebung folgt die Liebe. Ganz gleich, wie verletzt oder zornig Sie sind, ganz gleich, wie sehr Sie sich im Recht fühlen, und auch unabhängig davon, wie gerne Sie zurückschlagen oder dem anderen die Schuld geben würden, Sie sind erst wieder in der Lage, aufrichtig und positiv zu lieben, wenn Sie sich dazu entschlossen haben zu vergeben.

Was ist eigentlich Vergebung? Einmal ist es eine Handlung, die mit voller Absicht unternommen wird, nachdem man sich zu dem Entschluß durchgerungen hat. Vergebung kann nicht erzwungen werden. »Ich nehme die Entschuldigung an« ist nicht genug. Vergebung besteht nicht in den Worten, die jemand äußert, sie ist kein verbaler Prozeß. Vergebung ist ein innerer Akt, der Zorn und Schmerz ablöst. Vergeben ist nicht Vergessen. Wenn wir ein böses Erlebnis für eine gewisse Zeit aus unserer Erinnerung verdrängen, haben wir es deswegen noch lange nicht vergeben. Vergebung ist nicht dasselbe wie eine Entschuldigung, sie hat nichts mit einer rationalen Erklärung für verletzte Gefühle zu tun. Vergeben bedeutet, bereit zu sein, schmerzliche negative Gefühle aufzugeben. Dieser aktive Entschluß ist notwendig, damit die Beziehung wieder warmherzig und liebevoll werden kann.

Nach unseren Erfahrungen können diese elf Regeln Paaren dabei helfen, eine Atmosphäre in ihrer Beziehung zu schaffen, in der wahre Liebe gedeiht. Wenn Sie diesen Regeln folgen und gleichzeitig ein Bewußtsein dafür entwickeln, was zwischen Mann und Frau sich wirklich abspielt, dann werden Sie unserer Überzeugung nach eine Ebene von Glück und Befriedigung erreichen, die die ganze notwendige Mühe lohnt. Mit diesem Buch haben wir beabsichtigt zu zeigen, daß es möglich ist, eine Liebe zu bewahren, und daß die Mühe, eine Liebesbeziehung am Leben zu erhalten, nicht in Enttäuschung und Frustration enden muß, wie es so oft bei so vielen Paaren den Anschein hat. Obwohl wir uns vor allem auf die männlichen Reaktionen auf weibliche Liebesbezeugungen konzentriert haben, hoffen wir, daß Sie den Kern unserer Botschaft verstanden haben: Alles, was Ihr eigenes Selbstwertgefühl, Ihre persönliche Würde und Integrität unterstützt und steigert, sollten Sie auch dem Menschen, den Sie lieben, entgegenbringen – nichts anderes. Wenn wir uns selbst gut fühlen, strahlen wir Selbstvertrauen und Entspanntheit aus, und nur dadurch können wir Liebe wecken und über die Jahre erhalten.

Anhang

Tests: Die verschiedenen Arten zu lieben

Die folgenden Tests sollen dazu dienen, die verschiedenen Arten zu überprüfen, die es gibt, um Beziehungen anzuknüpfen und zu vertiefen. Sie werden sehen, daß jeder Test sich auf ein bestimmtes Kapitel in diesem Buch bezieht. Der Zweck der Tests besteht darin, Ihnen mehr Verständnis dafür zu vermitteln, wie Ihre persönliche Einstellung, Ihre Gefühle und Ihr Verhalten Männern gegenüber die Qualität Ihrer Beziehungen beeinflussen können.

Wir halten es für hilfreich, wenn Sie sich jedem einzelnen Test unterziehen, um eventuelle Problembereiche in Ihren Beziehungen zu Männern aufzudecken. Wenn Sie Ihre jeweilige Punktzahl herausgefunden haben, könnte es unter Umständen für Sie sinnvoll sein, das betreffende Kapitel noch einmal nachzulesen, um Ihr Verständnis für bestimmte Einstellungen oder Verhaltensmuster zu vertiefen.

Kapitel 2: Frauen, die unbewußt Intimität fürchten

1. Ich kann mir nicht vorstellen, zu einem Mann genauso offen wie zu einer Frau zu sein. R F
2. Ich bin davon überzeugt, daß der Mann in meinem Leben auch ein sehr enger Freund ist. R F

3. Ich weiß, daß ich ein starkes Bedürfnis nach Unabhängigkeit habe. R F
4. Ich fühle mich einem Mann am nächsten, wenn ich ihm gegenüber mich gleichzeitig auch sehr offen und verletzlich fühle. R F
5. Oft habe ich das Gefühl, daß ich Barrieren errichte, wenn ich mit einem Mann zusammen bin. R F
6. Mit meinen Freundinnen fühle ich mich wohler als mit Freunden. R F
7. Ich hasse lange Redepausen, wenn ich mit einem Mann eine längere Autofahrt unternehme. R F
8. Ich habe Freude an langen Spaziergängen Hand in Hand zusammen mit dem Mann, an dem mir etwas liegt. R F
9. Wenn ein Mann in meiner Gegenwart weint, fühle ich mich unbehaglich. R F
10. Wenn ein Mann Gefühle zeigt, frage ich mich, ob er ein Schwächling ist. R F
11. Am liebsten bin ich in Gesellschaft eines Mannes, wenn wir nicht ganz auf uns gestellt sind – wenn noch andere Freunde dabei sind, Kinder, oder irgendwelche organisierten Unterhaltungsaktivitäten stattfinden. R F
12. Bei Männern gefällt mir am besten der beherrschte, starke und schweigsame Typ. R F
13. Ich habe Angst, daß ein Mann mich nicht mehr mag, wenn ich ihn wissen lasse, wie ich wirklich bin. R F
14. Ich muß zugeben, daß ich Männern nicht sehr traue. R F
15. Ich mag einem Mann meine Seele nicht offenlegen, genauso wenig wie ich es mag, wenn er mir seine Seele offenlegt. R F
16. Je mehr ich einem Mann von mir selbst offenbare, desto besser fühle ich mich. R F

17. Nach dem Liebesakt fühle ich mich am besten, wenn mich der Mann fest und wortlos umarmt. R F
18. Es gibt Dinge in meiner Vergangenheit, die ich einem Mann nie erzählen könnte. R F
19. Ich habe ernsthafte Zweifel an mir selbst und fühle mich unzulänglich. R F
20. Es ist sehr schwierig für mich, einem Mann meine innersten Gefühle zu zeigen. R F
21. Ich bin mir darüber klar, daß ich es mir nicht gestatte, einem Mann zu nahe zu kommen, um den Schmerz zu vermeiden, den ich empfinden würde, wenn der Mann, an dem mir viel liegt, mich wieder verläßt. R F
22. Wenn ich mich vollkommen öffnen würde, fürchte ich, daß der Mann zuviel verlangt und zuviel erwartet. R F
23. Gespräche mit Männern über ihre Arbeitsprobleme machen mir im Grunde keine Freude. R F
24. Je enger mein Kontakt mit einem Mann ist, desto besser fühle ich mich. R F
25. In meinen Beziehungen schätze ich es nicht, allzu viel über Gefühle zu sprechen. R F

Auswertung:

Für jede Aussage, bei der Sie »Richtig« (R) angekreuzt haben, erhalten Sie einen Punkt, vorausgesetzt, es handelt sich um eine der folgenden: 1, 3, 5, 6, 7, 9, 10, 11, 12, 13, 14, 15, 18, 19, 20, 21, 22, 23, 25.

Haben Sie bei den Aussagen 2, 4, 8, 16, 17, 24 »Falsch« (F) angekreuzt, erhalten Sie ebenfalls jeweils einen Punkt.

Zählen Sie Ihre Punkte zusammen.

0–4 Punkte: Dieses Ergebnis signalisiert ein beständiges persönliches Wohlgefühl, Lockerheit und die Bereitschaft, auch in Gegenwart eines Mannes Sie selbst zu sein, sowie Ihren Wunsch, Gefühle von Nähe zu bestärken. Darüber hinaus zeigt es, daß Sie Männer grundsätzlich akzeptieren und daß es Ihnen Freude macht, wenn Sie Ihnen gegenüber offen sind und sich Ihnen nähern. Ihr Selbstvertrauen und Ihre Selbstachtung helfen Ihnen, eine enge, intime Bindung zu entwickeln und zu bewahren.

5–7 Punkte: Im allgemeinen fühlen sich Männer in Ihrer Gegenwart ungehemmt und ermutigt, offen zu sein, obwohl das Ergebnis verrät, daß Sie dazu neigen können, Schranken zu errichten, die eine wirkliche und dauerhafte Nähe zu einem Mann beeinträchtigen können. Die Errichtung dieser Schranken kann eine Folge von Selbstzweifeln oder ambivalenten Reaktionen auf die Verletzlichkeit männlicher Gefühle und Verhaltensweisen sein.

8–11 Punkte: Dieses Ergebnis bedeutet, daß Ihre Fähigkeit, wirkliche Nähe zu einem Mann zu empfinden, in gewisser Weise beeinträchtigt ist. Daran sind nicht die Männer und ihre Probleme mit Intimität schuld, sondern eher Ihre eigene Angst vor emotionaler Nähe. Es könnte für Sie wichtig sein, sich mit Fragen des Selbstwertgefühls und des Selbstvertrauens auseinanderzusetzen.

12 und mehr Punkte: Dieses Ergebnis zeigt an, daß Sie große Probleme mit Intimität haben. Minderwertigkeitskomplexe und die Angst vor Bloßstellung sind die Ursachen für diese Probleme. Männer fühlen sich unbehaglich, wenn sie in Ihrer Gegenwart offen sein sollen, denn sie spüren Ihre Angst, wann immer das Gespräch innerste Gefühle berührt. Es könnte Ihnen helfen, wenn Sie herauszufinden versuchen, in welchem Maß Sie sich selbst überhaupt akzeptieren und ob Sie es ertragen können, wenn ein Mann weiß, wer und wie Sie wirklich sind.

Kapitel 3: Wie harmlose Erwartungen gefährlich werden können

1. In einer Liebesbeziehung erwarte ich von einem Mann nicht, daß er mir gegenüber die gleichen romantischen Gefühle hegt wie ich ihm gegenüber. R F
2. Ich bin enttäuscht, wenn ein Mann nach einer Weile die kleinen Gesten unterläßt, die wirkliche Zuneigung verraten. R F
3. Ich fühle mich nur in der Gegenwart eines Mannes wohl, der über eine bessere Ausbildung als ich verfügt und der mehr Geld als ich verdient. R F
4. Nur selten verliere ich vor einem Mann den Respekt, weil er mir gegenüber nicht stark und selbstbewußt auftritt. R F
5. Wenn ein Mann nicht so sehr wie ich an einer festen Bindung interessiert ist, fühle ich mich zurückgewiesen. R F
6. Es macht mir nichts aus, wenn der Mann, an dem mir liegt, nicht als mein Beschützer auftritt. R F
7. Ich kann es nicht ausstehen, mit einem Mann zusammenzusein, der zuläßt, daß andere ihn herumstoßen oder ausnutzen. R F
8. Ich mag es nicht, wenn ich an einem Mann Anzeichen von Furcht spüre. R F
9. Im allgemeinen stört es mich nicht, wenn Anregungen für ein Abendessen zu zweit oder ein gemeinsames Wochenende mit einem Mann immer von mir ausgehen müssen. R F
10. Meinen Freundinnen gestatte ich sehr viel eher Gefühlsausbrüche als einem Mann. R F
11. Im allgemeinen halte ich nicht viel von einem Mann, der es nicht deutlich weiter als ich gebracht hat. R F

12. Ich dränge nie zu sehr in einer Beziehung. R F
13. Die meisten Männer, die ich kenne, sind stärker als ich. R F
14. Ich muß zugeben, daß ich mich in Gegenwart eines sehr empfindsamen Mannes etwas unbehaglich fühle. R F
15. Es macht mir nichts aus, wenn ein Mann seine Freunde offenbar ebenso nötig braucht wie mich. R F
16. Im Grunde bin ich der Meinung, daß Männer Frauen manipulieren wollen. R F
17. Es ärgert mich, wenn ein Mann kein Gefühl für Mode hat und nicht weiß, wie er sich anziehen soll. R F
18. Ich fühle mich überhaupt nicht unbehaglich, wenn ein Mann Zeichen von Unsicherheit offenbart. R F
19. An einen Mann stelle ich keine höheren Erwartungen als an eine Frau. R F
20. Im allgemeinen wünsche ich mir einen Mann, der stärker und tüchtiger als ich ist. R F
21. Ich erhebe nicht den Anspruch, daß ein Mann in einer gefährlichen oder schwierigen Situation immer wissen sollte, was zu tun ist. R F
22. Ich bevorzuge den starken, selbstbewußten Typ Mann. R F
23. Im Verlauf einer Beziehung neige ich dazu, von meinem Partner enttäuscht zu sein – ich wünsche, er könnte sich ändern und ginge mehr auf meine Bedürfnisse ein. R F
24. Von dem Mann in meinem Leben erwarte ich nicht, daß er alles genauso sieht wie ich, und ich bin nur selten enttäuscht, wenn er es nicht tut. R F
25. Mein Vater war stark, tüchtig und erfolgreich – er gab mir alles, was ich mir nur wünschte. R F

Auswertung:

Wenn Sie bei den Aussagen 2, 3, 5, 7, 8, 10, 11, 13, 14, 16, 17, 20, 22, 23, 25 mit »Richtig« (R) geantwortet haben, erhalten Sie jeweils einen Punkt.

Haben Sie bei den Aussagen 1, 4, 6, 9, 12, 15, 18, 19, 21, 24 »Falsch« (F) angekreuzt, erhalten Sie ebenfalls jeweils einen Punkt.

Zählen Sie Ihre Punkte zusammen.

0–4 Punkte: Dieses Ergebnis beweist ein gut ausgebildetes Selbstbewußtsein. Sie ruhen sicher genug in sich selbst, um Männer in einem klaren Licht zu sehen und keine übertriebenen Erwartungen an sie zu stellen. Zweifellos fühlen sich Männer in Ihrer Gegenwart wohl, wenn sie ganz sie selbst sein können, und genießen es, daß Sie sie grundsätzlich akzeptieren.

5–7 Punkte: Dieses Ergebnis läßt vermuten, daß Sie zwar die Grundlagen des männlichen Verhaltens erkennen können, daß Sie aber dennoch manchmal enttäuscht und verärgert über Männer sind. Es kann deshalb geschehen, daß die Erwartungen, die Sie an die Männer stellen, zu gewissen Enttäuschungen und einer allmählichen Desillusionierung führen können.

8–11 Punkte: Offenbar hegen Sie einige falsche Illusionen über Männer und fühlten sich auch schon häufig von ihnen enttäuscht. Die Erwartungen, die Sie in eine Beziehung einbringen, bergen die Gefahr in sich, daß Sie die Männer unter Druck setzen und in ihnen ein Gefühl des Unbehagens hervorrufen. Ihr Verhalten Männern gegenüber, das von Gefühlen der eigenen Unsicherheit bestimmt wird, kann dazu führen, daß gegenseitiges Vertrauen und Nähe nur schwer zu erlangen sind. Ihre Erwartungen werden von Männern als Forderungen empfunden.

12 und mehr Punkte: Dieses Ergebnis weist auf ernsthafte Probleme mit Männern hin, die auf falsche Vorstellungen über Männer allgemein zurückzuführen sind.

Männer fühlen sich nicht wohl in Ihrer Gegenwart, und je mehr Sie Ihre Einstellung zu erkennen geben, desto unbehaglicher fühlen sie sich und desto mißtrauischer und unfreundlicher werden sie. Es könnte Ihnen helfen, wenn Sie im einzelnen Ihre hochgespannten Erwartungen einmal überprüfen, um zu erreichen, daß ein Mann sich mit Ihnen zusammen wohl fühlt.

Kapitel 4: Frauen, die insgeheim Männer verachten

1. Der Gedanke, einen Mann zu brauchen, ängstigt mich nicht. R F
2. Oft spüre ich, daß ich mich über Männer ärgere, ohne zu wissen, warum. R F
3. Die meisten Männer neigen dazu, sich entweder als Rüpel oder als Schwächlinge aufzuführen. R F
4. Ich achte und schätze Männer genauso wie Frauen. R F
5. Nie möchte ich so sehr an einem Mann hängen, daß ich mich völlig gebrochen fühle, wenn er mich verläßt. R F
6. Ich genieße es, wenn der Mann in meinem Leben mit mir sowohl seine persönlichen Probleme als auch seine Erfolge teilt. R F
7. Das einzige, was Männer wirklich emotional berühren kann, sind Sportereignisse und berufliche Probleme. R F
8. Fern von ihrem Arbeitsplatz und außer Hörweite ihrer Freunde neigen Männer dazu, sich wie große Babys aufzuführen. R F
9. Wenn ein Mann »bedürftig« scheint, neige ich dazu, den Respekt vor ihm zu verlieren. R F
10. Ich befürchte nicht, einen Teil meiner Zeit oder meiner Energie zu verlieren, die ich für meine

eigenen Probleme brauche, wenn ich einem Mann gebe, was er braucht. R F

11. Ich habe Angst, mich selbst in einer Beziehung zu verlieren, und ich habe sehr hart daran gearbeitet, daß das niemals passiert. R F
12. Männer behaupten immer, sie wollten Nähe, aber in Wirklichkeit wollen sie eine Frau nur besitzen. R F
13. Ich bin davon überzeugt, daß zwischen mir und meinem Partner ein gesundes Gleichgewicht gegenseitiger Abhängigkeit herrscht. R F
14. Ich bin glücklich, wenn ein Mann auch verletzlich ist – es zeigt mir, daß er menschlich ist und daß ich ihm vertrauen kann. R F
15. Ich fühle mich genauso gut, wenn ich einem Mann geben kann, was er braucht, wie wenn er verstehen kann, was ich brauche. R F
16. Ich weiß, daß ich einen Mann in meinem Leben brauche, aber im Grunde mag ich Männer im allgemeinen nicht sehr. R F
17. Wenn ein Mann nicht damit fertig wird, daß ich sexuell die Initiative ergreife, dann ist das sein Problem. R F
18. Ich neige dazu, einem Mann schnell mein Vertrauen zu schenken. R F
19. Ich bin davon überzeugt, daß die meisten Männer im Grunde ziemlich selbstsicher sind. R F
20. In Gegenwart eines Mannes fühle ich mich genauso wohl, wenn ich unternehmungslustig und selbstbewußt bin, wie wenn ich sanft und entgegenkommend bin. R F
21. Ich genieße es, wenn ich einen Mann richtig vorführen kann. R F
22. Es fällt mir schwer, einem Mann sexuell entgegenzukommen und auf seine Avancen zu reagieren, wenn die Initiative nicht von mir ausgeht. R F

23. Im Grunde erwarte ich von einem Mann, daß er immer zu sexuellem Kontakt bereit ist, auch wenn das bei mir selbst nicht zutrifft. R F
24. Ich bin davon überzeugt, daß im Grunde alle Männer gleich sind. R F
25. In Gegenwart meines Vaters fühlte ich mich nie wohl. R F

Auswertung:

Wenn Sie bei den Aussagen 2, 3, 4, 5, 7, 8, 9, 11, 12, 16, 17, 21, 22, 23, 24, 25 »Richtig« (R) angekreuzt haben, erhalten Sie jeweils einen Punkt.

Haben Sie bei den Aussagen 1, 6, 10, 13, 14, 15, 18, 19, 20 »Falsch« (F) angekreuzt, erhalten Sie ebenfalls jeweils einen Punkt.

Zählen Sie Ihre Punkte zusammen.

0–4 Punkte: Es fällt Ihnen leicht, die emotionalen Anforderungen, die eine Beziehung stellt, mit Ihrem Wunsch nach Unabhängigkeit im Privatleben und im Beruf zu vereinbaren. Ihr Ergebnis beweist, daß Sie sich in der Gegenwart von Männern wohl fühlen und ganz entspannt geben können. Obwohl Sie vielleicht eine starke und erfolgreiche Persönlichkeit sind, spielen Sie diese Eigenschaften Männern gegenüber nie so aus, daß Verärgerung oder Konkurrenzneid entstehen könnten. Auch wenn Ihnen in der Vergangenheit von Männern einmal Schmerz zugefügt wurde, Sie haben diesen Schmerz ausreichend verarbeitet, so daß er neue Beziehungen nicht mehr zerstören kann. Sie sind Männern gegenüber wirklich verständnisvoll und verfügen über ein einfühlsames Gespür für ihre Verletzlichkeit, das nie in herbe Kritik ausartet.

5–7 Punkte: Obwohl Sie sich relativ wohl in einer Beziehung fühlen, die von gegenseitigem Geben und Nehmen bestimmt ist, fürchten Sie doch manchmal, daß eine größere Bereitwilligkeit zum Geben von Ihrer Seite dazu führen wird, daß Sie selbst weniger bekommen – Sie haben Angst, daß der Mann zu anspruchsvoll werden könnte. Ihre Beantwortung der Testfragen läßt eine leichte Tendenz erkennen, daß Sie unter Umständen gewisse Bereiche der Beziehung lieber außer acht lassen oder verdrängen. Es könnte sein, daß Sie feststellen müssen, daß Männer sich Ihnen gegenüber etwas vorsichtig und zurückhaltend geben.

8–11 Punkte: Sie neigen dazu, die emotionalen Bedürfnisse eines Mannes zu übersehen oder sogar absichtlich nicht wahrzuhaben. Das Ergebnis weist darauf hin, daß sogar höchst selbstbewußte Männer Ihnen vorsichtig und immer auf der Hut gegenübertreten. Ein Mann wagt nicht, sich Ihnen gegenüber offen zu zeigen, weil er fürchtet, daß Sie ihn dann gering achten könnten. Es kann Ihnen passieren, daß Männer Ihre Stärken nicht als wunderbare und interessante Eigenschaften ansehen, sondern eher als unangenehme Waffen. Wahrscheinlich färben schmerzhafte Erlebnisse aus der Vergangenheit auf Ihre gegenwärtigen Beziehungen ab, weil Sie sie nicht bewältigt haben, und verursachen bei den Männern, denen Sie jetzt begegnen, Unbehagen und Entfremdung. Sie müssen sich selbst uneingeschränkter akzeptieren und lockerer werden.

12 und mehr Punkte: Die Tatsache, daß Sie sich unbehaglich fühlen, wenn ein Mann seine Bedürfnisse erkennen läßt, und Ihre Furcht, von einem Mann emotional ausgebeutet zu werden, führen dazu, daß Sie sich gefühlsmäßig von jedem Mann fernzuhalten versuchen. Sicherlich wollen Sie auf einen Mann nicht einschüchternd wirken, aber dennoch fühlen sich Männer von Ihnen eingeschüchtert. Sie bringen in eine Beziehung Schärfe und Spannung, die unweigerlich in jedem Mann Beunruhigung hervorrufen muß. Es könnte Ihnen helfen, wenn Sie sich der Mühe unterziehen zu überprüfen, wie Sie selbst Ihren eigenen Stärken gegenüberstehen, und versuchen, alte Schmerzen zu verarbeiten, die

Ihnen von Männern zugefügt wurden, um neue Beziehungen nicht mehr damit zu belasten.

Kapitel 5: Wie das Bedürfnis nach Kontrolle zurückschlägt

1. Ich halte das männliche Interesse an Sport für etwas übertrieben und sehe es als ein Zeichen von Unreife an. R F
2. Im Grunde sind Männer nur großgewordene kleine Jungen. R F
3. Es ist für mich nicht entscheidend, ob in einer Beziehung alles so läuft, wie ich es will. R F
4. Die meisten Männer hätten es nötig, etwas erwachsener zu werden. R F
5. Meine Methode, Dinge anzupacken, ist im allgemeinen die beste. R F
6. Ich habe keine Angst vor dem Fliegen. R F
7. Es macht mir nichts, in einer Menschenmenge oder in engen Räumen, aus denen ich nicht leicht herauskommen kann, eingepfercht zu sein. R F
8. Ich mag es nicht, wenn ein Mann in mir das Mütterliche sucht. R F
9. Die meisten Männer sind in einer langandauernden Beziehung zur Monogamie fähig. R F
10. Ich fühle mich besonders sicher, wenn ich weiß, daß ein Mann mich braucht. R F
11. Ich neige dazu, mißtrauisch zu sein, auch wenn mir ein Mann gar keinen Grund dazu gibt. R F
12. Es macht mir nichts aus, wenn mein Partner allein auf Reisen geht. R F
13. Wenn man nicht ständig auf der Hut ist, nutzen die Männer das aus. R F
14. Die meisten Männer brauchen eine gute Frau, die ihre rauhen Kanten abschleift. R F

15. Es ist immer gut, einen Mann in dem Glauben zu lassen, daß er derjenige ist, der die Entscheidungen trifft. R F
16. Ich fühle mich nicht unbehaglich in einer Beziehung, in der ich oft nicht weiß, wo mein Partner gerade ist oder mit wem er zusammentrifft. R F
17. Wenn der Mann es zuläßt, neige ich dazu, die Führung zu übernehmen und die dominierende Rolle zu spielen. R F
18. Die meisten Männer sind zu platonischen Freundschaften mit Frauen in der Lage; wenn ein Mann eine Vertraute hat, muß es sich nicht immer um eine sexuelle Beziehung handeln. R F
19. Nur wenn ich in der richtigen Stimmung bin, kommt es zu sexuellem Kontakt. R F
20. Kritik einzustecken ist für mich nicht schwieriger, als selbst Kritik zu üben. R F
21. Noch nie habe ich in einer Beziehung versucht, den anderen herumzukommandieren. R F
22. Ich bin überhaupt nicht besitzergreifend und nie eifersüchtig. R F
23. Ich empfinde ein gewisses Unbehagen, wenn ich nicht genau über alle Aktivitäten meines Partners informiert bin. R F
24. Ich habe einen stark ausgeprägten Sinn für Ordnung und Organisation und erwarte, daß alles in einer bestimmten Weise erledigt wird. R F
25. Ich neige dazu, mich aufzuregen, wenn ich jemanden nicht am Telefon erreichen kann. R F

Auswertung:

Wenn Sie die Aussagen 1, 2, 4, 5, 8, 10, 11, 13, 14, 15, 17, 19, 23, 24, 25 mit »Richtig« (R) beantwortet haben, erhalten Sie jeweils einen Punkt.

Haben Sie die Aussagen 3, 6, 7, 9, 12, 16, 18, 20, 21,

22 mit »Falsch« (F) beantwortet, erhalten Sie ebenfalls jeweils einen Punkt

Zählen Sie Ihre Punkte zusammen.

0–4 Punkte: Dieses Ergebnis beweist, daß Sie sich in der Gegenwart von Männern wohl fühlen und daß Sie eine vertrauensvolle, lockere Art des Umgangs mit ihnen haben. Weil Sie mit sich selbst zufrieden sind, haben Sie nicht das Bedürfnis, die Gefühle oder die Handlungen Ihres Partners zu kontrollieren oder zu steuern. Zwar kann es Ihnen passieren, daß Sie einem Mann gegenüber, der Ihnen viel bedeutet, auch einmal zu großzügig sind, aber Sie werden niemals eine zu starke Kontrolle über einen Mann ausüben und ihn dadurch verärgern oder ablehnende Gefühle hervorrufen.

5–7 Punkte: Dieses Ergebnis deutet darauf hin, daß das Bedürfnis nach Kontrolle für Sie ein Problem darstellen könnte, auch wenn Sie es Männern gegenüber gut verbergen können. Männer verhalten sich Ihnen gegenüber unter Umständen etwas vorsichtig. Sie fragen sich, ob Sie sie eigentlich wirklich mögen und ihnen vertrauen. Sie spüren unterschwellig Ihr Bedürfnis nach Kontrolle, das Ihnen ein größeres Sicherheitsgefühl vermittelt.

8–11 Punkte: Für Sie ist die Tatsache, Kontrolle auszuüben, ein wichtiger Faktor, der Ihre Beziehungen zu Männern stark beeinflußt. Ihnen fällt es schwer, Männern zu vertrauen, sie zu mögen und zu akzeptieren, wie sie sind, und oft verspüren Sie den dringenden Wunsch, sie zu ändern. Die Kräfte, die von derartigen Empfindungen freigesetzt werden, können einen Mann davon abhalten, sich in Ihrer Gegenwart locker zu geben.

12 und mehr Punkte: Ein Ergebnis in dieser Höhe spiegelt starke Bedürfnisse nach Kontrolle und der Übernahme der dominierenden Position in einer Beziehung wider. Enttäuschungen und Verwundungen in der Vergangenheit haben Sie dazu gebracht, sich durch die

Ausübung von Kontrolle schützen zu wollen – Sie verlangen ständig Liebesbeweise, sind voll Mißtrauen, greifen zu Drohungen und sind von der Angst besessen, daß Sie machtlos sein werden, wenn Sie keine Macht besitzen. Ihr unablässiges Bedürfnis, Kontrolle auszuüben, das zu einer »Füge-anderen-Schmerz-zu-bevorsie-dir-Schmerz-zufügen«-Einstellung führt, wird Männer nur abstoßen, vor allem diejenigen, an denen Ihnen am meisten liegt.

Kapitel 6: Frauen, die zu großzügig geben

1. Ich fürchte, daß mein bloßes »Dasein« für einen Mann nicht genug ist – daß es auf mein »Tun« ankommt und daß ich immer mehr tun muß, um sein Interesse aufrechtzuerhalten. R F
2. Normalerweise bin ich die diejenige in einer Beziehung, die sich am meisten Mühe gibt. R F
3. Ich bin davon überzeugt, für einen Mann wirklich liebenswert zu sein. R F
4. Je mehr ich einen Mann liebe, desto weniger habe ich Angst, verlassen zu werden. R F
5. Es fällt mir nicht schwer herauszustellen, was ich in einer Beziehung von einem Mann benötige und erwarte. R F
6. Im allgemeinen fühle ich mich wohler dabei, einem Mann etwas zu geben, als etwas von ihm anzunehmen. R F
7. Ich gebe einem Mann zuviel, weil ich zuviel brauche. R F
8. Ich muß feststellen, daß ich mich immer wieder zu Männern mit persönlichen Problemen hingezogen fühle und daß am Ende immer ich diese Probleme lösen muß. R F

9. Es macht mir keine Freude, mich um einen Mann ernsthaft zu kümmern. R F
10. Mir ist klar, daß ich davon abhängig bin, daß ein Mann mir ständig seine Liebe versichert. R F
11. Ich habe das Gefühl, daß mein Vater mich nie wirklich liebte. R F
12. Ich versuchte alles, um die Bejahung und Zuneigung meines Vaters zu erlangen. R F
13. Ich kann mich nicht daran erinnern, daß ich jemals die Art mißbilligte, mit der meine Mutter meinen Vater behandelte. R F
14. Weder mein Vater noch meine Mutter waren alkohol- oder drogenabhängig. R F
15. Ich scheine es nie wirklich glauben zu können, wenn ein Mann mir sagt, daß er mich liebe. R F
16. Es ist mir klar, daß ich Männern gegenüber nur ein geringes Selbstvertrauen besitze. R F
17. Im allgemeinen lasse ich mich nicht zu schnell oder zu eng mit einem Mann ein. R F
18. Auch wenn ich einen Mann sehr gern mag, pflege ich seine Bedürfnisse nicht über meine zu stellen. R F
19. Ich neige dazu, einem Mann gegenüber immer nachzugeben, auch wenn ich im Recht bin. R F
20. Eher würde ich in einer Beziehung auf meine Ansprüche verzichten, als zu anspruchsvoll dazustehen. R F
21. Nur selten geschieht es, daß ich mich um alles in einer Beziehung kümmern muß, vor allem dann nicht, wenn ich weiß, daß der Mann sehr gut in der Lage ist, sich um seine eigenen Angelegenheiten zu kümmern. R F
22. Noch nie in meinem Leben habe ich mich von einem Mann ausgebeutet gefühlt. R F
23. Meine größte Angst in einer Beziehung besteht darin, verlassen zu werden. R F
24. Ich genieße es, wenn eine Beziehung auf Ge-

genseitigkeit aufgebaut ist, aber ich käme nie auf den Gedanken, Gegenseitigkeit zu fordern. R F

25. Nur sehr selten habe ich das Gefühl, daß mich mein Partner als etwas Selbstverständliches betrachtet. R F

Auswertung:

Wenn Sie bei den Aussagen 1, 2, 6, 7, 8, 10, 11, 12, 15, 16, 19, 20, 23, 24 »Richtig« (R) angekreuzt haben, erhalten Sie jeweils einen Punkt.

Haben Sie bei den Aussagen 3, 4, 5, 9, 13, 14, 17, 18, 21, 22, 25 »Falsch« (F) angekreuzt, erhalten Sie ebenfalls jeweils einen Punkt.

Zählen Sie Ihre Punkte zusammen.

0–4 Punkte: Dieses Ergebnis spiegelt ein erfreuliches Maß an Selbstvertrauen wider. Zweifellos verlassen Sie sich auf Ihre eigenen Empfindungen und auf Ihr Gespür, was richtig ist, und deshalb verfallen Sie auch nicht in eine selbstaufopfernde Haltung. Sie fühlen sich liebenswert, und Sie erwarten einen angemessenen Grad von Gegenseitigkeit; die Folge ist, daß Männer Sie mögen und respektieren.

5–7 Punkte: Dieses Ergebnis läßt vermuten, daß Sie gewisse Zweifel an Ihrem eigenen Wert und an der Liebe Ihres Partners hegen. Deshalb könnte es sein, daß Sie sich ein wenig zu selbstverständlich verfügbar machen. Sie neigen dazu, überaufmerksam zu sein und Ihre eigenen Bedürfnisse zu vernachlässigen.

8–11 Punkte: Dieses Ergebnis spiegelt ernsthafte und langjährige Selbstzweifel wider. Sie erwarten viel zuviel von sich selbst und viel zuwenig von einem Mann, was Empfindsamkeit und Gegenseitigkeit betrifft. Sie könnten in die Gefahr geraten, von Männern vollkommen links liegen gelassen zu werden, weil Sie sich scheuen, in einer Beziehung die Rechte für sich zu verlangen, die Ihnen zustehen.

12 und mehr Punkte: Sie laufen ernsthaft Gefahr, der Gnade der Männer völlig ausgeliefert zu sein und von ihnen zum Opfer gemacht zu werden. Sie neigen zur vollständigen Selbstaufgabe. Doch anstatt sich dadurch einem Mann als besonders liebenswert darzustellen, werden die meisten Männer Sie eher ausbeuten, nicht beachten oder sogar mißbrauchen. Es ist überaus wichtig für Sie, sich mehr auf sich selbst zu konzentrieren, sich um Ihre eigenen Bedürfnisse zu sorgen und sich selbst zu akzeptieren, anstatt immer nur einem Mann gefallen zu wollen.

Kapitel 8: Auf den Märchenprinzen verzichten und den Mann finden

1. Männer können beruflich tüchtig sein und dennoch sehr zurückgeblieben, was Liebe und enge Bindungen angeht. R F
2. An vielen Männern, die ich kenne, kann ich etwas Interessantes oder Liebenswertes entdekken. R F
3. In den vergangenen Jahren haben sich die Frauen sehr geändert; nun ist es meiner Meinung nach an den Männern, sich zu ändern – und da gibt es vieles, das sich ändern müßte. R F
4. Ich glaube nicht, daß ich Männer wirklich verstehe. R F
5. Ich muß zugeben, daß ich Angst vor Männern habe und ihnen gegenüber sehr vorsichtig bin. R F
6. Ich habe den Eindruck, daß ich fast alle Illusionen, die ich über Männer hatte, aufgegeben habe, und dennoch mag ich sie. R F
7. Ich bin nie wirklich in der Lage gewesen, eine platonische Freundschaft zu einem Mann zu entwickeln. R F

8. Es fällt mir schwer, einem Mann zu vergeben, wenn er mich enttäuscht oder verletzt hat. R F
9. Von anderen verlange ich nie mehr als von mir selbst, und ich beurteile andere auch nicht kritischer, als ich mich selbst beurteile. R F
10. Im Grunde meines Herzens bin ich eine Idealistin. R F
11. Es gibt nur zwei Möglichkeiten, etwas zu tun: eine richtige und eine falsche. R F
12. Manche bezeichnen mich als Perfektionistin. R F
13. In meiner Gegenwart neigen Männer dazu, sich offen auszusprechen. R F
14. Ich habe meinen Bruder als Kind sehr geliebt. R F
15. Obwohl sie nicht vollkommen sind, mag ich Männer und bin gerne in ihrer Gesellschaft. R F
16. Meiner Meinung nach haben die meisten Männer einige sehr schwerwiegende Fehler. R F
17. Die meisten Männer verfügen über eine empfindsame Seite an ihrem Charakter, die ich sehr liebenswert finde. R F
18. Meine Kontakte mit Männern sind meist oberflächlich und gehen selten über das Stadium eines Flirts hinaus. R F
19. Ich führe gerne Gespräche mit Männern, die private, vertrauliche Dinge behandeln. R F
20. Mit meinem Vater zu sprechen, war für mich immer schwierig und unangenehm. R F
21. Solange eine Beziehung dauert, bin ich immer monogam. R F
22. Mein Partner fühlt sich meiner Liebe sicher. R F
23. Ich mag Männer gerade so, wie sie sind. R F
24. Der Mann in meinem Leben scheint seinen Freunden mehr anzuvertrauen als mir. R F
25. Ich billige und unterstütze die Beziehungen meines Partners zu seinen Freunden. R F

Auswertung:

Wenn Sie bei den Aussagen 2, 6, 9, 13, 14, 15, 17, 19, 21, 22, 23, 25 »Richtig« (R) angekreuzt haben, erhalten Sie jeweils einen Punkt.

Haben Sie bei den Aussagen 1, 3, 4, 5, 7, 8, 10, 11, 12, 16, 18, 20, 24, »Falsch« (F) angekreuzt, erhalten Sie ebenfalls jeweils einen Punkt.

Zählen Sie Ihre Punkte zusammen.

21–25 Punkte: Sie genießen wirklich die Gesellschaft von Männern. Sie wollen die Männer kennenlernen, ohne Vorurteile und ohne festgefügte Erwartungen, wie sie sein sollten. Deshalb suchen Männer Ihre Gesellschaft und sind bereit, sich Ihnen emotional zu nähern, denn sie wissen, daß sie von Ihnen akzeptiert werden, wie sie sind.

17–20 Punkte: Im allgemeinen akzeptieren Sie Männer, wie sie sind, aber immer wieder gibt es Momente, in denen in Ihnen alte Gefühle des Mißtrauens hochkommen, die Sie veranlassen, auf der Hut zu sein. Obwohl Männer sich davon noch nicht gleich abgestoßen fühlen, können Sie Ihnen gegenüber unter Umständen eine abwartende Haltung einnehmen und weniger bindungsbereit sein.

13–16 Punkte: Sie sind in der Gegenwart von Männern nicht locker und verlangen mehr Verständnis, als Sie selbst zu geben bereit sind. Ihre Einstellung, die Bedürfnisse eines Mannes nicht ernst zu nehmen, und die Tatsache, daß Sie im Grunde nicht verstehen, wie ein Mann wirklich ist, sind schuld daran, daß Männer Ihnen gegenüber von Mißtrauen erfüllt sind.

12 Punkte oder weniger: Infolge von Enttäuschungen und Schmerzen, die Ihnen in der Vergangenheit zugefügt wurden, begegnen Sie allen Männern mit Mißtrauen und haben Schwierigkeiten, ihnen gegenüber echte freundliche Gefühle zu entwickeln. In Ihrer Gegenwart wappnen sich die meisten Männer mit Zurückhaltung

und Vorsicht, unterschwellig kann sogar Feindseligkeit herrschen, denn sie sind nicht unbedingt in der Lage zu erkennen, daß Sie Ihre Fassade nur errichtet haben, um zu vermeiden, erneut verletzt zu werden. Kaum ein Mann wird es lange in einer Beziehung aushalten, in der es so wenig Wärme und positive Bejahung gibt.

Kapitel 9: Einem Mann zutrauen, weibliche Stärke zu lieben

1. Ich fühle mich unbehaglich, wenn ich mich in einer Führungsrolle befinde. R F
2. Ich zögere nie, meine Gefühle zu zeigen oder meine Meinung zu sagen. R F
3. Ich bin überzeugt, eine gute Menschenkenntnis zu besitzen, und ich kann meinen Urteilen trauen. R F
4. Ich habe nur wenig Illusionen über Männer und kann ihre Stärken und Schwächen klar erkennen. R F
5. Ich bin selbst kaum an einer beruflichen Karriere interessiert und habe auch nur wenig Erfahrung und Verständnis für männliche Berufsprobleme. R F
6. Männer respektieren mich, mein Wissen und meine Leistung. R F
7. Ich habe nicht das Gefühl, daß ich von den Männern, die ich kenne und die ich schätze, als ebenbürtig und gleichberechtigt behandelt werde. R F
8. Wenn ich einem Mann etwas gebe, verliere ich gleichzeitig auch immer ein wenig den Respekt vor ihm. R F
9. Die Männer, die mir etwas bedeuten, schätzen meine Ansichten und Überzeugungen. R F

10. Die Männer, für die ich mich interessiere, halten mich für stark, fühlen sich dadurch aber nicht eingeschüchtert. R F
11. Ich habe Verständnis für die Schwächen meines Partners. R F
12. Oft bin ich überaus kritisch und kleinlich. R F
13. Der Mann in meinem Leben sieht in mir die ebenbürtige Partnerin. R F
14. Meist bin ich sehr viel abhängiger von einem Mann als er von mir. R F
15. Männer fühlen sich leicht von meinen Stärken und Fähigkeiten eingeschüchtert, ja bedroht, anstatt darin positive Eigenschaften zu sehen. R F
16. Ich respektiere einen Mann nicht deshalb weniger, weil wir beide wissen, daß ich auf manchen Gebieten einfach besser als er bin. R F
17. Es fällt mir sehr schwer, in einer Beziehung meine Stärken konstruktiv einzusetzen und sie nicht als Wettbewerbsvorteile auszuspielen. R F
18. Ich hatte noch nie eine enge und ebenbürtige Beziehung zu einem Mann. R F
19. Wenn ich in einer Beziehung zu einem Mann, den ich liebe, die Führungsrolle innehabe, beeinträchtigt das nicht meine Gefühle für ihn. R F
20. Männer neigen dazu, mir gegenüber überheblich zu sein und beinahe herablassend mit mir zu sprechen. R F
21. Für den Mann in meinem Leben bedeutet unsere Beziehung genausoviel wie für mich. R F
22. Mit Männern sollte man immer ganz vorsichtig umgehen und sie so behandeln, als ob sie ein sehr zerbrechliches Selbstwertgefühl hätten. R F
23. Ich schätze Männer, und mit einigen verbinden mich sehr feste Freundschaften. R F
24. Von einem Mann erwarte ich nicht mehr Unterstützung und Schutz, als ich selbst bereit bin, ihm zu geben. R F

25. In Gesellschaft eines Mannes verberge ich oft meine Kompetenz und meinen Verstand. R F

Auswertung:

Wenn Sie bei den Aussagen 2, 3, 4, 6, 9, 10, 11, 13, 16, 19, 21, 23, 24 »Richtig« (R) angekreuzt haben, erhalten Sie jeweils einen Punkt.

Haben Sie bei den Aussagen 1, 5, 7, 8, 12, 14, 15, 17, 18, 20, 22, 25 »Falsch« (F) angekreuzt, erhalten Sie ebenfalls jeweils einen Punkt.

Zählen Sie Ihre Punkte zusammen.

21–25 Punkte: Ihr Sinn für Unabhängigkeit und Ihr Wunsch, die Herausforderungen des Lebens anzunehmen, wirken ansteckend und auf Männer besonders anziehend. Weil Sie auf Ihre Stärken vertrauen und Selbstbewußtsein ausstrahlen, fühlen sich Männer gefühlsmäßig zu Ihnen hingezogen, schätzen aber auch Ihre Intelligenz und Begeisterungsfähigkeit.

17–20 Punkte: Meist vertrauen Sie Ihren Stärken und haben nichts dagegen, die Initiative zu ergreifen. Sie haben nur selten Probleme, sich zu Ihren Fähigkeiten zu bekennen, obwohl es auch Zeiten gibt, in denen Sie insgeheim den Wunsch verspüren, der Mann in Ihrem Leben möge doch einmal die Führungsrolle übernehmen, dominierender auftreten oder die Initiative ergreifen, um gemeinsam Neues zu erleben.

13–16 Punkte: Wenn Sie feststellen müssen, daß in einer Beziehung die Zuständigkeiten gleich verteilt sind, fühlen Sie sich etwas unbehaglich. Einer Ihrer größten Wünsche an eine Beziehung besteht in der Phantasievorstellung, daß es möglich sein müßte, die Verantwortung für das gemeinsame Leben dem Partner zu übertragen. Sie sind insgeheim davon überzeugt, daß immer der Mann derjenige sein müßte, der die Regeln des Zusammenseins bestimmt, und dadurch vermeiden Sie es, Ihr eigenes Selbstvertrauen auszubauen und Ihre eigenen Fähigkeiten weiter zu entwickeln.

12 Punkte oder weniger: Sie wollen immer, daß der Mann der Stärkere ist. Sie klammern sich an längst überholte Vorstellungen vom Wesen des Mannes und sind immer auf der Suche nach dem starken, entschlußkräftigen Mann, der Sie beschützen soll. Die meisten Männer spüren Ihre geheime Wunschvorstellung und fühlen sich dadurch belastet und abgestoßen. Die Tatsache, daß Sie auf diesen althergebrachten Vorstellungen über die Beziehungen zwischen Mann und Frau bestehen, beraubt Sie der Möglichkeit, neue Erfahrungen zu machen, die Ihr Selbstvertrauen stärken könnten.

Kapitel 10: Wie man Lust und Leidenschaft bei einem Mann erregt

1. Ich sehe mich selbst als eine zurückhaltende und konservative Person. R F
2. Meine Gefühle sind sehr viel stärker, als es nach außen hin scheint. R F
3. Es gibt nur wenige Einschränkungen, die ich mir auferlege, wenn ich mit jemandem zusammen bin, den ich wirklich gern mag. R F
4. Ich vermute, daß man mich für spontan und etwas unberechenbar hält. R F
5. Ich habe oft lang andauernde Phasen von Langeweile und Apathie. R F
6. Manchmal regen mich Menschen auf, die sich sehr jung oder kindlich albern geben. R F
7. Im allgemeinen hält man mich für sehr humorvoll. R F
8. Es macht mir oft Spaß, vergnügt und sogar albern zu sein. R F
9. Ich neige dazu, mich selbst zu ernst zu nehmen. R F

10. Mir fällt es schwer, meine Schüchternheit und meine Hemmungen zu überwinden, selbst wenn ich mit jemandem zusammen bin, den ich mag und dem ich vertrauen kann. R F
11. Ich wünschte, ich könnte etwas lebhafter und begeisterungsfähiger sein. R F
12. Es ist sehr wichtig für mich, immer beherrscht zu sein. R F
13. Starke sexuelle Gefühle können mich manchmal nervös machen. R F
14. Gelegentlich kann ich sehr eifersüchtig und erzürnt sein. R F
15. Ich kann ebenso offen über meine Gefühle der Unsicherheit wie über meine Sehnsüchte sprechen. R F
16. Meist fühle ich mich meiner selbst nicht sicher und habe Hemmungen. R F
17. Ich brauche nicht die Bejahung und Wertschätzung eines Mannes. R F
18. In der Gegenwart von Frauen fühle ich mich wohler und kann offener sprechen, als wenn ich mit Männern zusammen bin. R F
19. Mir gefällt meine Individualität. R F
20. Wenn ich mit einem Mann zusammen bin, habe ich oft Angst, einen Teil meines Selbsts zu verlieren. R F
21. Meine Mutter und mein Vater zeigten ganz offen ihre Zuneigung füreinander. R F
22. Als Kind war ich immer sehr gehorsam und muckte nur selten auf. R F
23. Nur sehr selten greife ich zu »schmutzigen« Ausdrücken. R F
24. Ich mag meinen Körper und habe im Bett keine Hemmungen. R F
25. Ich ziehe es vor, wenn bei sexuellem Verkehr alle Lichter gelöscht sind. R F

Auswertung:

Wenn Sie bei den Aussagen 3, 4, 7, 8, 15, 17, 19, 21, 24 »Richtig« (R) angekreuzt haben, erhalten Sie jeweils einen Punkt.

Haben Sie bei den Aussagen 1, 2, 5, 6, 9, 10, 11, 12, 13, 14, 16, 18, 20, 22, 23, 25 »Falsch« (F) angekreuzt, erhalten Sie ebenfalls jeweils einen Punkt.

Zählen Sie Ihre Punkte zusammen.

21–25 Punkte: Es macht Ihnen große Freude, das Leben anzupacken. Die Fähigkeit, Ihren eigenen Instinkten zu trauen, und Ihre Zufriedenheit mit Ihrer physischen Existenz rufen in Männern ein leidenschaftliches Interesse hervor. Sie können Männer erregen, und Sie ziehen sie an, weil Ihre Natur ihnen intensive und lebendige gemeinsame Erfahrungen verspricht.

17–20 Punkte: Sie haben keine großen Probleme, offen zu sein und Ihre Gefühle auszudrücken, doch oft neigen Sie zu einer gewissen Zurückhaltung und Vorsicht, so daß Sie sich, vor allem auf dem Gebiet der Sexualität, nicht immer ganz wohl fühlen. Männer fühlen sich zu Ihnen hingezogen, aber schwanken – genau wie Sie – oftmals zwischen Gefühlen des Vertrauens und der Zurückhaltung.

13–16 Punkte: Nur sehr selten gelingt es Ihnen, spontan sexuelle Empfindungen auszudrücken. Unglücklicherweise werden durch diese Angst, zuviel von sich selbst zu offenbaren, Gefühle der Intimität zwischen Männern und Ihnen beeinträchtigt. Ohne genau zu wissen, warum, fühlen sich die Männer zu Ihnen als Sexualpartnerin nicht hingezogen.

12 Punkte oder weniger: Die Schwierigkeiten, die Sie mit der Äußerung von Emotionen und sexuellen Empfindungen haben, hindern Sie, sich in der Gegenwart von Männern locker zu geben und sich wohl zu fühlen. Unweigerlich spürt ein Mann diese Hemmungen, auch wenn er darüber keine Worte verliert, und damit wird

der sexuelle Bereich für Sie und Ihren Partner zu einem Problemfeld. Unabhängig von Ihren früheren Erfahrungen mit Männern – durch Ihre Einstellung berauben Sie sich selbst des Genusses, das Leben voll auszuleben. Ihre Zurückhaltung ist eindeutig übertrieben.

Kapitel 11: Liebe durch Freundschaft vertiefen

1. Seit ich erwachsen bin, ist es mir nicht mehr gelungen, eine platonische Freundschaft mit einem Mann aufrechtzuerhalten, der mich interessierte. R F
2. Ich mag es, mit einem Mann gemeinsame Interessen zu haben und Erfahrungen auszutauschen. R F
3. Ich könnte nie als besten und vertrautesten Freund einen Mann haben. R F
4. Ich kann mir nicht vorstellen, daß Männer bei einer Frau nur Freundschaft suchen – sie wollen immer mehr. R F
5. Mein Partner ist gleichzeitig auch mein bester Freund. R F
6. Obwohl ich Unterschiede mache, im Grunde neige ich dazu, Männer zu mögen und ihnen zu vertrauen. R F
7. Ich schätze es in einer Beziehung, wenn ich den Mann genau kenne und er mich auch genau kennt. R F
8. Ich habe keine Befürchtungen, daß eine enge und vertraute Freundschaft zwischen mir und meinem Partner unserer Leidenschaft füreinander schaden könnte. R F
9. Ich akzeptiere meinen Partner vollkommen so, wie er ist, auch wenn ich seine Fehler kenne. R F

10. Für den Mann in meinem Leben bin ich eine Stütze. R F
11. Der sexuelle Kontakt zwischen mir und meinem Partner kann genauso spielerisch wie leidenschaftlich sein. R F
12. Meine Beziehungen zu Männern können sich auf unterschiedlichsten Ebenen abspielen – sie können vergnügt und verspielt sein, tief aufrührende Gefühle beinhalten oder in ernsten, offenen Gesprächen bestehen. R F
13. Es ist für mich leichter, mit einem Mann Freundschaft zu schließen, für den ich keine romantischen Gefühle hege. R F
14. Ich kann mir überhaupt nicht vorstellen, mit einem Mann befreundet zu sein, denn die meisten Männer interessieren sich für Dinge, die mir völlig gleichgültig sind. R F
15. Mein Partner könnte es nie verstehen, wenn ich mit einem andern Mann nur einfach befreundet wäre, er empfände es immer als eine Bedrohung für unsere Beziehung. R F
16. Ich könnte meinem Partner niemals trauen, wenn er mit einer anderen Frau befreundet wäre und sie träfe, ohne daß ich dabei wäre. R F
17. Wenn man erst einmal die »Kameradin« eines Mannes geworden ist, wird er schon bald jedes Interesse verlieren und sich nach einer anderen Frau umsehen. R F
18. Ich schätze das Gefühl von Vertrauen und Sicherheit, das entsteht, wenn ein Mann zu meinem Freund wird. R F
19. Die meisten Männer sind viel mehr an dem Aussehen einer Frau interessiert als an der Frage, ob sie für eine Freundschaft taugt. R F
20. Wenn man zu nett zu einem Mann ist, wird man zur Selbstverständlichkeit, und er fängt schon bald an, einen schlecht zu behandeln. R F

21. Männer bleiben gern bei Frauen, die sie schlecht behandeln, denn im Grunde mögen sie es, wenn sie gequält werden. R F
22. Ich warte nie darauf, daß der Mann den ersten Schritt tut, ich bin freundlich zu ihm, nehme oft den ersten Kontakt auf und zeige ihm mein Interesse. R F
23. Ich frage einen Mann, ob er mit mir ausgehen möchte oder ob er Interesse daran hat, mit mir etwas Gemeinsames zu unternehmen, wenn er mir gefällt. R F
24. Ich kann nicht glauben, daß Männer in einer Beziehung viel Wert auf Kameradschaft legen. R F
25. Das Gefühl der Unabhängigkeit und Gleichberechtigung, das ich daraus gewinne, daß auch ich in unserer Beziehung zum Unterhalt beitrage, ist für mich sehr wichtig. R F

Auswertung:

Wenn Sie bei den Aussagen 2, 5, 6, 7, 8, 9, 10, 11, 12, 18, 22, 23, 25 »Richtig« (R) angekreuzt haben, erhalten Sie jeweils einen Punkt.

Haben Sie bei den Aussagen 1, 3, 4, 13, 14, 15, 16, 17, 19, 20, 21, 24 »Falsch« (F) angekreuzt, erhalten Sie ebenfalls jeweils einen Punkt.

Zählen Sie Ihre Punkte zusammen.

21–25 Punkte: Sie können Ihr Bedürfnis, sich einem Mann nahe zu fühlen und mit ihm auf partnerschaftlicher Basis zusammenzuleben, auf herzliche, einladende Weise vermitteln. Diese Fähigkeit, eine Atmosphäre von Vertrauen zu schaffen, ermöglicht es Ihnen, reiche und erfüllende Beziehungen zu Männern einzugehen.

17–20 Punkte: Sie genießen Gefühle von Nähe und Freundschaft mit Männern, aber es gibt auch Zeiten, in denen Ihre überkommenen romantischen Wunschvorstellungen der Erfahrung echter Partnerschaft im Wege stehen. Ein Mann, der wirklich Wert auf Gleichberechtigung und Ebenbürtigkeit legt, könnte sich in Ihrer Gegenwart leicht unbehaglich fühlen.

13–16 Punkte: Nur selten empfinden Sie genug Vertrauen, um mit einem Mann Freundschaft zu schließen, obwohl Sie in der Lage sind, Ihr Mißtrauen so weit zu verbergen, daß daraus keine großen Probleme entstehen müssen. Dennoch werden sich Männer, die Gleichberechtigung, Kameradschaft und Loyalität in einer Beziehung suchen, bei Ihnen nie völlig entspannt oder zufrieden fühlen.

12 Punkte und weniger: Sie sind nicht bereit, romantische und andere unrealistische Erwartungen aufzugeben und können einem Mann gegenüber nur sehr selten Vertrauen empfinden. Sie können nicht glauben, daß zwischen Mann und Frau Offenheit und Ebenbürtigkeit überhaupt möglich sind. Für Sie ist der »Kampf der Geschlechter« nie vorüber. Selbst wenn es Ihnen gelingt, eine Beziehung aufzubauen, werden Sie immer Ihrem Partner ein wenig fern und fremd bleiben.

Danksagung

Wir möchten Robert Gottlieb, unserem literarischen Agenten, für seine begeisterte Unterstützung, für seine Professionalität und seine klugen Ratschläge danken.

Besonders herzlich danken wir auch Carol Southern bei Clarkson N. Potter sowie Elain Koster und der Redaktion bei der New American Library für ihre verständnisvolle Unterstützung und ihre äußerst hilfreichen Anmerkungen bei der Fertigstellung des Manuskripts.

Unser Dank gilt auch Carol Lacey und Linda Shulman für ihre Hilfe bei der Ausarbeitung des Manuskripts sowie Laura Daltry für ihre redaktionelle Unterstützung und ihre verständnisvollen Ratschläge.

Ganz besonders möchten wir auch unserer unermüdlichen Lektorin Carolyn Hart danken. Ihre kritischen und konstruktiven Anmerkungen sowie ihre sinnvollen und überlegten Ratschläge waren für dieses Buch unerläßlich.

Und schließlich gilt unser Dank und unsere Liebe unseren Frauen Casey und Sara für ihre herzliche Unterstützung, für ihre Bereitschaft, unermüdliche Gesprächspartner abzugeben, und für ihre Geduld.